全国中国特色社会主义政治经济学研究中心（福建师范大学）学者文库

主编 李建平

张薰华
经济思想研究

A STUDY ON ZHANG XUNHUA'S
ECONOMIC THOUGHTS

王 盛 ◎ 著

中国财经出版传媒集团
经济科学出版社
Economic Science Press

图书在版编目（CIP）数据

张薰华经济思想研究/王盛著.—北京：经济科学
出版社，2018.11
（全国中国特色社会主义政治经济学研究中心
（福建师范大学）学者文库）
ISBN 978 - 7 - 5218 - 0038 - 8

Ⅰ.①张…　Ⅱ.①王…　Ⅲ.①张薰华 - 经济思想 -
研究　Ⅳ.①F092.7

中国版本图书馆 CIP 数据核字（2018）第 283146 号

责任编辑：孙丽丽　胡蔚婷
责任校对：蒋子明
责任印制：李　鹏

张薰华经济思想研究

王　盛　著

经济科学出版社出版、发行　新华书店经销
社址：北京市海淀区阜成路甲 28 号　邮编：100142
总编部电话：010 - 88191217　发行部电话：010 - 88191522
网址：www. esp. com. cn
电子邮件：esp@ esp. com. cn
天猫网店：经济科学出版社旗舰店
网址：http://jjkxcbs. tmall. com
北京季蜂印刷有限公司印装
710×1000　16 开　16 印张　300000 字
2019 年 5 月第 1 版　2019 年 5 月第 1 次印刷
ISBN 978 - 7 - 5218 - 0038 - 8　定价：48.00 元

2017 年 1 月，本书作者夫妇与张薰华教授、宁荫老师合影

总　序[*]

在 2017 年春暖花开之际，从北京传来喜讯，中共中央宣传部批准福建师范大学经济学院为重点支持建设的全国中国特色社会主义政治经济学研究中心。中心的主要任务是组织相关专家学者，坚持以马克思主义政治经济学基本原理为指导，深入分析中国经济和世界经济面临的新情况和新问题，深刻总结改革开放以来中国发展社会主义市场经济的实践经验，研究经济建设实践中所面临的重大理论和现实问题，为推动构建中国特色社会主义政治经济学理论体系提供学理基础，培养研究力量，为中央决策提供参考，更好地服务于经济社会发展大局。于是，全国中国特色社会主义政治经济学研究中心（福建师范大学）学者文库也就应运而生了。

中国特色社会主义政治经济学这一概念是习近平总书记在 2015 年 12 月 21 日中央经济工作会议上第一次提出的，随即传遍神州大地。恩格斯曾指出："一门科学提出的每一种新见解都包含这门科学的术语的革命。"① 中国特色社会主义政治经济学的产生标志着马克思主义政治经济学的发展进入了一个新阶段。我曾把马克思主义政治经济学 150 多年发展所经历的三个阶段分别称为 1.0 版、2.0 版和 3.0 版。1.0 版是马克思主义政治经济学的原生形态，是马克思在批判英国古典政治经济学的基础上创立的科学的政治经济学理论体系；2.0 版是马克思主义政治经济学的次生形态，是列宁、斯大林等人对 1.0 版的

　＊ 总序作者：李建平，福建师范大学原校长、全国中国特色社会主义政治经济学研究中心（福建师范大学）主任。

　① 马克思. 资本论（第 1 卷）[M]. 北京：人民出版社，2004：32.

坚持和发展；3.0 版的马克思主义政治经济学是当代中国马克思主义政治经济学，它发端于中华人民共和国成立后的 20 世纪 50~70 年代，形成于 1978 年党的十一届三中全会后开始的 40 年波澜壮阔的改革开放过程，特别是党的十八大后迈向新时代的雄伟进程。正如习近平所指出的："当代中国的伟大社会变革，不是简单套用马克思主义经典作家设想的模板，不是其他国家社会主义实践的再版，也不是国外现代化发展的翻版，不可能找到现成的教科书。"① 我国的马克思主义政治经济学"应该以我们正在做的事情为中心，从我国改革发展的实践中挖掘新材料、发现新问题、提出新观点，构建新理论。"② 中国特色社会主义政治经济学就是具有鲜明特色的当代中国马克思主义政治经济学。

中国特色社会主义政治经济学究竟包含哪些主要内容？近年来学术理论界进行了深入的研究，但看法并不完全一致。大体来说，包括以下 12 个方面：新中国完成社会主义革命、确定社会主义基本经济制度、推进社会主义经济建设的理论；社会主义初级阶段理论；社会主义本质理论；社会主义初级阶段基本经济制度理论；社会主义初级阶段分配制度理论；经济体制改革理论；社会主义市场经济理论；使市场在资源配置中起决定性作用和更好发挥政府作用的理论；新发展理念的理论；社会主义对外开放理论；经济全球化和人类命运共同体理论；坚持以人民为中心的根本立场和加强共产党对经济工作的集中统一领导的理论。对以上各种理论的探讨，将是本文库的主要任务。但是应该看到，中国特色社会主义政治经济学和其他事物一样，有一个产生和发展过程。所以，对中华人民共和国成立七十年来的经济发展史和马克思主义经济思想史的研究，也是本文库所关注的。从 2011 年开始，当代中国马克思主义经济学家的经济思想研究进入了我们的视野，宋涛、刘国光、卫兴华、张薰华、陈征、吴宣恭等老一辈经济学家，他们有坚定的信仰、不懈的追求、深厚的造诣、丰硕的研究成果，为中国特色社会主义政治经济学做出了不可磨灭的

---

① 李建平. 构建中国特色社会主义政治经济学的三个重要理论问题 [N]. 福建日报（理论周刊）. 2017 - 01 - 17.

② 习近平. 在哲学社会科学工作座谈会上的讲话 [M]. 北京：人民出版社，2016：21 - 22.

贡献，他们的经济思想也是当代和留给后人的一份宝贵的精神财富，应予阐释发扬。

　　全国中国特色社会主义政治经济学研究中心（福建师范大学）的成长过程几乎和改革开放同步，经历了 40 年的风雨征程：福建师范大学政教系 1979 年开始招收第一批政治经济学研究生，标志着学科建设的正式起航。以后相继获得：政治经济学硕士学位授权点（1985 年）、政治经济学博士学位授权点（1993 年），政治经济学成为福建省"211 工程"重点建设学科（1995 年）、国家经济学人才培养基地（1998 年，全国仅 13 所高校）、理论经济学博士后科研流动站（1999 年）、经济思想史博士学位授权点（2003 年）、理论经济学一级学科博士学位授权点（2005 年）、全国中国特色社会主义政治经济学研究中心（2017 年，全国仅七个中心）。在这期间，1994 年政教系更名为经济法律学院，2003 年经济法律学院一分为三，经济学院是其中之一。40 载的沐雨栉风、筚路蓝缕，福建师范大学理论经济学经过几代人的艰苦拼搏，终于从无到有、从小到大、从弱到强，成为一个屹立东南、在全国有较大影响的学科，成就了一段传奇。人们试图破解其中成功的奥秘，也许能总结出许多条，但最关键的因素是，在 40 年的漫长岁月变迁中，我们不忘初心，始终如一地坚持马克思主义的正确方向，真正做到了咬定青山不放松，任尔东西南北风。因为我们深知，"在我国，不坚持以马克思主义为指导，哲学社会科学就会失去灵魂、迷失方向，最终也不能发挥应有作用。"① 在这里，我们要特别感谢中国人民大学经济学院等国内同行的长期关爱和大力支持！因此，必须旗帜鲜明地坚持以马克思主义为指导，使文库成为学习、研究、宣传、应用中国特色社会主义政治经济学的一个重要阵地，这就是文库的"灵魂"和"方向"，宗旨和依归！

　　是为序。

李建平

2019 年 3 月 11 日

---

① 习近平. 在哲学社会科学工作座谈会上的讲话 [M]. 北京：人民出版社，2016：9.

前　言

　　张薰华教授是我国研究《资本论》的著名权威，是我国当代著名的马克思主义经济学家、教育家。自 1959 年从复旦大学选派到"中共中央高级党校理论班"学习开始，他就与《资本论》结下了不解之缘。半个多世纪以来，他潜心研究《资本论》，不仅编写了数部《资本论》解说类著作及相关的本科和研究生教材，而且始终站在《资本论》教学的第一线，为传播马克思主义经济理论做出了卓越贡献。改革开放后，他秉承马克思主义唯物辩证的科学方法，娴熟运用《资本论》的基本原理与研究方法，思考分析中国现代经济社会问题，在经济规律体系、土地批租、人口资源环境和社会主义市场经济等诸多领域取得了丰硕成果。

　　本书以历史唯物主义与辩证唯物主义为指导，以张薰华教授改革开放后的经济思想为研究对象，结合当时社会历史条件，深刻剖析了张薰华经济思想产生的根源、研究方法和主要内容，并以我国社会发展的客观实践为标准对其思想进行评介，从历史与现实的角度体现了张薰华经济思想的主要内容及其创新与现实意义。本书主要从以下四个方面研究张薰华教授的经济思想：一是概括总结了张薰华教授为《资本论》方法和理论的普及和传播做出的突出贡献；二是展现了张薰华教授研究《资本论》过程中形成的圆圈式分析和数量分析的方法；三是详细总结了张薰华教授以发展生产力为核心的经济规律体系思想、人口资源环境可持续发展的生态文明思想；四是概括介绍了张薰华教授运用《资本论》基本原理对社会主义经济的一系列探索，提出了利用市场机制发展生产力、土地批租等理论，这些成果充分展现了张薰华经济思想的理论意义与实践价值。张薰华教授的经济思想是中国特色社会主义政治经济学的重要组成部分，是对马克思主义政治经济学理论的丰富与发展，对于当前我国社会主义市场经济发展和现代化建设仍具有指导意义。

虽然，改革开放已进行了将近四十年，许多理论与政策已成为我国经济建设中的基本原理和共识，但在普通人的观念中，这些思想和政策好像是自然形成的、早已确定的，并没有理解其中真正的内涵与探索的艰辛。因此，研究张薰华经济思想的意义和价值主要表现为以下三点：首先，张薰华教授是一位著名马克思主义经济学家，也是《资本论》的研究权威，他为《资本论》在我国的传播做出了重要贡献，研究他的经济思想有助于我们深刻理解和把握马克思主义经济思想；其次，张薰华经济思想体现了马克思主义基本原理和方法的科学性与开放性，他的经济思想是马克思主义与我国改革开放实践相结合的产物，是中国特色社会主义道路探索过程中的理论结晶，是马克思主义政治经济学理论的丰富和发展，无论从历史的角度还是现实的角度，他的经济思想都具有较强的前瞻性和实践指导意义。因此，研究张薰华经济思想可以加强我们具体运用马克思主义理论的能力，加深我们对党和政府重大决策的理解，深刻我们对改革开放艰辛探索历程的认识，对于我们总结和发展中国特色社会主义政治经济学也具有重要的启示；最后，张薰华教授追求真理、崇尚科学、尊重规律、严于律己、追求高尚的治学态度和人格是广大理论工作者学习的榜样。

目录

CONTENTS

绪　　论

一、背景和意义

（一）研究背景

中华人民共和国成立以来的历史，是中华民族摆脱备受欺凌的屈辱历史走上伟大复兴的历程。改革开放前，我国由一个落后的农业国家建设成为一个门类齐全的工业国，为改革开放奠定了良好的基础。改革开放后的三十多年，中国在前三十年建设的基础上，取得了举世瞩目的成就，综合国力和国际地位明显提升，人民生活水平发生了翻天覆地的变化。任何一个伟大的国家都离不开先进思想的指引，中国道路成功的根本原因在于正确思想的指引，中国共产党从建党开始就确立了以马克思主义为指导思想的宗旨，中华人民共和国宪法从新中国成立开始就明确了马克思主义的指导地位，历次党的全国代表大会报告都强调了马克思主义的指导地位。在我国社会主义经济建设的各个阶段，党和政府运用马克思主义的基本原理和方法，不断在实践和理论上进行总结、反思和创新，丰富和发展了马克思主义，逐渐形成了中国特色社会主义道路。这充分说明了在我国社会主义建设的伟大进程中，必须坚持马克思主义的指导，必须重视马克思主义在理论和实践中的发展与运用。

当今世界还未走出国际金融危机的阴影，"黑天鹅""灰犀牛"事件频发，整个世界发生着极为广泛而深刻的变化。国内经济进入新常态，改革进入攻坚阶段，经济发展面临一系列突出的矛盾和挑战，未来发展道路上还有很多艰难险阻和严峻挑战，习近平总书记在 2015 年指出"我国经济社会发展前景广阔，同时

1

面临不少困难和挑战，调结构、转方式、促创新任务仍然艰巨①。"在我国经济发展方式中，还大量存在着依靠高投入拉动增长的粗放方式，产业结构存在着明显的结构性问题，科技创新还未摆脱模仿方式，创新能力有待提高，城乡区域发展差距有待缩小，社会收入分配需要进一步公平，等等。"解决这些问题，关键在于深化改革②。"2013 年 11 月，中共十八届三中全会通过的《中共中央关于全面深化改革若干重大问题的决定》特别强调了深化改革的指导思想："全面深化改革，必须高举中国特色社会主义伟大旗帜，以马克思列宁主义、毛泽东思想、邓小平理论、'三个代表'重要思想、科学发展观为指导③"。马克思主义是我们立党立国的根本指导思想，纵观历史，党和政府各项事业的成败得失恰恰取决于是否坚持马克思主义的指导地位，是否正确运用马克思主义的基本原理来指导中国社会主义经济建设，也充分说明了马克思主义不是教条主义，而是不断发展创新的科学，只有在实践中不断地运用、发展和深化，才能指导我国社会主义建设的不断开拓创新，才能不断完善社会主义各项制度，推动经济社会持续、稳定、健康地发展，实现人民生活富裕、国家富强和谐的目标，实现中华民族伟大复兴。这是中华儿女的共同愿望，更是经济研究者义不容辞的历史使命。

（二）研究意义

张薰华教授是我国著名的马克思主义经济学家，也是经济学界认同的"杰出经济学家④"（程恩富，2006）。在长达半个世纪的时间里，他致力于《资本论》原理与方法的教育和传播，致力于运用马克思主义政治经济学基本原理分析和解决中国经济社会现实问题，并取得了丰硕的成果。曾获"全国优秀教师"（1989）"全国环境教育先进个人⑤"（1995）和"世界马克思经济学奖⑥"（2012）等荣誉。

---

① 抓住机遇立足优势积极作为系统谋划"十三五"经济社会发展［N］. 人民日报，2015 - 05 - 29（001）.
② 习近平. 关于《中共中央关于全面深化改革若干重大问题的决定》的说明［J］. 求是，2013（22）：19 - 27.
③ 中共中央关于全面深化改革若干重大问题的决定［N］. 人民日报，2013 - 11 - 16（001）.
④ 程恩富. 改革开放与马克思主义经济学创新［J］. 华南师范大学学报（社会科学版），2009，01：5 - 15 + 157.
⑤ 傅萱. 一生结缘复旦——记经济学院张薰华教授［EB/OL］. 复旦新闻文化网，http：//news. fudan. edu. cn/2005/0908/7485. html，20050908.
⑥ 中国社会科学报. 2012 年经济学主要奖项获得者［EB/OL］. 全国哲学社会科学规划办公室，http：//www. npopss-cn. gov. cn/n/2013/0106/c219468 - 20102242. html，2013 - 01 - 06.

深入研究和发掘张薰华经济思想具有重要的意义和价值。首先，张薰华教授是一位著名的马克思主义经济学家，也是《资本论》的研究权威，他为《资本论》在我国的传播做出了重要贡献，研究他的经济思想有助于我们深刻理解和把握马克思主义经济思想；其次，张薰华的经济思想体现了马克思主义基本原理和方法的科学性与开放性，他的经济思想是马克思主义与我国改革开放实践相结合的产物，是中国特色社会主义道路探索过程中的理论结晶，是马克思主义政治经济学理论的丰富和发展，无论从历史的角度还是现实的角度，他的经济思想均具有较强的前瞻性和实践指导意义，因此，研究张薰华经济思想可以加强我们具体运用马克思主义理论的能力，加深我们对党和政府重大决策的理解，深刻我们对改革开放艰辛探索历程的认识，对于我们总结和发展中国特色的马克思主义政治经济学也具有重要的启示；最后，张薰华教授追求真理、崇尚科学、尊重规律、严于律己、追求高尚的治学态度和人格是广大理论工作者学习的榜样。

1. 研究张薰华经济思想有利于《资本论》原理和方法的传播

《资本论》是马克思以毕生精力撰写的一部辉煌巨著，是马克思历史唯物主义和辩证唯物主义的思想宝库，充分体现了马克思的两大发现：历史唯物主义和剩余价值学说，这两大发现深刻揭示了社会主义必将取代资本主义的历史必然性。在《资本论》这个思想宝库中，蕴含着大量的现代经济社会必须遵循的客观规律，这些客观规律对于我国社会主义现代化建设具有重要的指导意义。然而，《资本论》这部巨著多达 200 多万字，篇幅宏伟。从《资本论》第一卷出版至今已经 150 年，当时的社会历史环境与当今世界相比大为不同；《资本论》也是一部重要的哲学著作，蕴含着深刻的哲学思想，因此读懂《资本论》并不是件容易的事，与马克思同时代的人也很少能真正理解。《资本论》德文第一版第一卷出版时，当时的德国社会民主党人弗兰茨·梅林（Franz Erdmann Mehring）认为："对《资本论》表示惊讶的人多，读它的人少，对它表示钦佩的人多，能理解它的人少[①]。"如今一百多年过去了，大部分的现代人对于《资本论》仍有梅林所说那种感觉。

张薰华在讲授和研究《资本论》十余年的基础上编写的《〈资本论〉提要》三册专著（1977～1982），以及随后撰写的《〈资本论〉中的再生产理论》(1981)《〈资本论〉脉络》(1987) 和《〈资本论〉中的数量分析》(1993) 等一系列著作，不仅为马克思主义经济学的传播做出了重要贡献，也反映了他对马克思主义经济学理论体系的系统理解。因此，对张薰华经济思想以及学术贡献的

---

① （德）弗·梅林. 德国社会民主党史（第三卷）[M]. 青载繁译. 上海：三联书店，1966：293.

研究，可以帮助我们进一步深刻理解《资本论》这一部伟大著作，更加坚定地信仰马克思主义，对于马克思主义在我国的指导地位的强化也具有重要意义。

2. 研究张薰华经济思想有助于理解马克思主义政治经济学在当代中国的发展

中国进行的社会主义改革是史无前例的社会改革，它本身没有固定的模式，没有现成的经验可循。邓小平同志说过："我们现在所干的事业是一项新事业，马克思没有讲过，我们的前人没有做过，其他社会主义国家也没有干过，所以，没有现成的经验可学①。"我国的改革开放过程就是在实践中不断遇到问题不断解决问题的过程。三十多年的改革开放的实践，使我国逐步形成了具有中国特色的社会主义政治经济学理论体系，不断开拓了当代中国马克思主义政治经济学的新境界。张薰华作为一名坚定的马克思主义经济学家，坚持运用《资本论》的基本原理和方法来分析中国社会主义建设中的新情况、新问题，积极倡导中国社会主义的改革。他的经济思想是对马克思主义政治经济学的丰富和发展，是对中国特色社会主义发展道路的可贵探索。研究他的经济思想，可以学习老一辈马克思主义经济学家对政治经济学理论的运用和发展，可以梳理改革开放以来中国特色社会主义政治经济学理论的发展脉络，可以帮助我们理解改革开放以来一系列重大决策的深刻意义。

3. 研究张薰华经济思想对于当前全面深化改革，在当代实现"两个一百年"和民族复兴的目标具有重要指导意义

马克思、恩格斯多次强调他们的学说不是教条，而是行动的指南，列宁明确指出："马克思主义的精髓、马克思主义的活的灵魂：对具体情况作具体分析②。"作为一位真正的马克思主义者，张薰华没有僵化、机械地理解、运用《资本论》的基本原理，而是根据我国社会主义经济建设的具体情况，运用《资本论》的基本原理和方法对具体问题进行具体分析。研究张薰华的经济思想可以发现，他的研究成果为我国生产力的发展，为我国经济建设道路的指引做出了诸多贡献，充实和发展了马克思主义经济理论，他的思想说明了马克思主义与时俱进的科学性与开放性，也是中国特色社会主义政治经济学的组成部分。尤其在当今世界，金融危机已持续多年，各国经济持续低迷，中国经济一枝独秀，西方主流经济学界至今尚无解决良策，无论是预测危机还是改变现实都显得无能为力，虽然西方经济学有其合理的一面，但是改变不了西方经济学在基础理论方面的缺陷。当今中国经济翻天覆地的变化说明了以马克思主义思想为指导的正确性，通

① 十三大的两个特点 [M]. 邓小平文选（第三卷）. 北京：人民出版社，1993：258.
② 共产主义 [M]. 列宁文集——论马克思主义. 北京：人民出版社，2009：293.

过对张薰华经济思想的研究也从一定层面上说明马克思主义经济学并不是保守、过时的学说，而是正在蓬勃发展的科学理论。张薰华的经济思想是马克思主义活的灵魂的体现，是具体运用理论指导实践的典范。例如张薰华土地批租理论，丰富了马克思主义的地租理论，使得政府充分运用土地这个最重要的生产要素促进经济发展，拉开了中国持续 30 多年的经济高速增长的帷幕；他的经济规律体系思想强调了经济规律之间的普遍联系与辩证关系，使政府增强了经济决策的科学性，不再片面运用某种经济规律，而是综合使用各种经济规律促进经济发展；他的生态文明思想以马克思主义基本原理为基础，较早地从促进生产力发展角度研究了人口、资源与环境问题，提出了诸多前瞻性观点，为当代生态文明思想的构建打下了基础；他的市场机制作用理论为我国社会主义市场经济中的价格体系完善也做出了贡献。张薰华的经济思想体现一个马克思主义经济学家崇尚科学、尊重规律的品格，体现了一个经济学家的责任和担当。研究张薰华的经济思想，对于当前全面深化改革，实现"两个一百年"和民族复兴的目标具有重要指导意义。

二、理论界相关研究动态

目前，学术界关于张薰华的经济思想研究成果较少。在知网（www. cnki. net）中以"张薰华"为关键词和题名搜索到的相关访谈、传记、回忆、书评和思想研究等文章仅有 24 篇，无相关博硕论文或相关研究的图书出版物。在 24 篇文章中，8 篇为人物简要传记，9 篇为访谈，4 篇为书评，3 篇为简要的经济思想研究。虽然研究成果较少，但张薰华教授在晚年出版的自选集《经济规律的探索》① 中，对自己的"生平、智力发展形成和重大问题的理论剖析"进行了简要的梳理②，这在一定程度上帮助笔者厘清了对其思想研究的路径。学界研究张薰华经济思想的内容主要集中在两个方面：一方面是对张薰华阐述、研究《资本论》原理所用的方法、特点的研究，包含对张薰华圆圈法、理论联系实际、经济规律体系、《资本论》中的数量分析等的研究；另一方面是对张薰华运用马克思主义经济学原理分析中国当代社会经济问题的研究，包含张薰华的土地批租、市场机制、人口生态环境可持续发展等问题的研究。现将学界研究情况分类概括如下：

---

① 张薰华. 经济规律的探索——张薰华选集（第二版）[M]. 上海：复旦大学出版社，2010.
② 张薰华. 锲而不舍，探索规律 [M]. 经济规律的探索——张薰华选集（第二版）[M]. 上海：复旦大学出版社，2010.

（一）关于张薰华对《资本论》解说类著作的研究

1.《资本论》叙述方法的形象化

王中保、严法善、何干强、冒佩华等学者对张薰华的圆圈法进行了研究，认为这是张薰华解析原理、分析问题的主要方法，这种方法来自经马克思改造的黑格尔逻辑方法，张薰华用圆圈套圆圈的形象方式表示出来。张薰华在《资本论》解说类的著作中使用这种方法，形象地解释了《资本论》的原理和脉络，很好地引导了人们对《资本论》的解读。严法善（1988）指出，"这种论证方法展现了马克思所引以为豪的黑格尔'圆圈的圆圈'的逻辑方法。整个论述一层层地展开，使人读后回味无穷①。"王中保（2011）指出，张薰华使用圆圈法，用小圈外套大圈、圈圈拓展的形象方式，在《〈资本论〉脉络》一书仅仅20万字中浓缩了三卷本《资本论》的主要论点和脉络，这是张薰华对唯物辩证法深刻理解的应用，"给人们展示了马克思应用在人类社会的唯物辩证法②。"何干强、冒佩华（2002）指出，张薰华在充分理解了《资本论》辩证法的基础上，在《〈资本论〉提要》中"用资本的直接生产过程（里圆圈）、资本的流通过程（中间圆圈）、资本主义的生产总过程（外圆圈）三个圆圈扼要地概括出《资本论》的唯物辩证法，读者用这种方法可以克服理解上的障碍，加深对《资本论》是客观地、历史地、辩证地反映资本主义社会经济运动规律的'一个艺术的整体'的理解③。"张薰华教授对《资本论》的方法的理解是"整体的、多层次多视角的④"，他通过圆圈法将唯物辩证法具体化、形象化，使得人们能从宏观视角掌握《资本论》的架构、更加深刻地理解《资本论》的精华，更好地认识马克思所阐述的人类社会客观规律，为《资本论》的传播与普及化做出了重要贡献。

2. 在《资本论》研究中坚持联系社会主义经济建设的实践

严法善、王昕、陈逸鉴等学者认为张薰华在解读《资本论》的过程中善于理论联系实际，结合我国社会主义经济建设的实践进行原理的阐述，这种联系在同类著作中比较少见。严法善（1988）指出，张薰华在《〈资本论〉脉络》一书中论述生产力的要素时，指出了拉萨尔一要素和斯大林两要素观点的不足，如果认为生产力只有劳动力一个要素，这种观点在现实社会中"会造成人口再生产的过

---

① 严法善，王昕，陈逸鉴. 经世济民大情怀——张薰华教授经济思想评述 [J]. 当代经济研究，2012，12：82-85+4.

② 王中保. 张薰华经济思想扫描 [J]. 管理学刊，2011，05：13-15.

③④ 何干强，冒佩华. 用辩证法指导经济规律探索——张薰华教授的学术风格、学术成就与经济思想 [J]. 高校理论战线，2002，07：26-31.

多"，指出了我国人口过多的思想根源；如果只强调生产力的劳动力和劳动资料两个要素，就会"忽视工业和能源工业，搞无米之炊①"，指出了我国经济发展长期存在的弊端。可以说，张薰华强调生产力三要素观点更加全面，为我国社会主义经济建设的决策提供了一条很好的思路。严法善（1988）还指出，张薰华在资本形态循环这一章分析了资本循环所消耗的各种费用，在论述马克思分析减少运输费用的方法时，张薰华理论联系实际，提出这些节约运输费用的方法具有普适性，在社会主义国家也需要合理规划，节约运输费，进而张薰华提出："就国民经济长期来讲，还有必要对整个工厂，整个地区，整个部门，以至整个国家的基本建设事先做出总体的经济规划②"。严法善认为这是张薰华国家宏观调控思想的体现。

严法善认为，张薰华在阐述土地两权与地租理论时，能密切联系我国社会主义初级阶段实际，指出我国在商品经济的基础上，土地公有制并不意味着取消地租，而是用改变过的地租形式使土地公有制在经济上得以实现，因此级差地租和绝对地租在目前社会主义社会依然存在，严法善认为张薰华阐述的地租观点很好地指出了我国以往在城市建设中存在问题的核心："废弃地租等于放弃'社会的整个利益'。特别对大城市由于地理位置所形成的高额超额利润，如果不作为地租收上来，其结果会导致社会主义国家蒙受损失，又使城市臃肿起来③。"

3. 构建了以生产力系统为核心的经济规律体系

恩惠、施镇平（1990）认为，"张薰华开拓性地建构以社会生产力发展规律为核心的经济规律体系④。"《资本论》的研究对象一直是学界长期争论的一个问题，张薰华认为"只有把社会关系归结于生产关系，把生产关系归结于生产力的高度，才能有可靠的根据把社会形态的发展看作自然历史过程。同样，一切经济规律都源于社会生产力的发展，只有把它们归结到生产力发展规律的高度，才有可能建构科学的经济规律体系⑤。"恩惠、施镇平认为，张薰华认为《资本论》的研究对象应该包括生产力的观点是经过细致研究的，较为科学地反映了马克思的原意。

---

①② 严法善．学习《资本论》的指南——《资本论脉络》一书评介 [J]．世界经济文汇，1988 - 04 - 30．

③ 严法善，王昕，陈逸鉴．经世济民大情怀——张薰华教授经济思想评述 [J]．当代经济研究，2012，12：82 - 85 +4．

④ 恩惠，施镇平．经济规律体系研究的新突破——评张薰华的《生产力与经济规律》[J]．学术月刊，1990，06：19 - 22 +66．

⑤ 张薰华．生产力与经济规律 [M]．上海：复旦大学出版社，1989：3．

恩惠、施镇平认为张薰华的经济规律体系研究打破了传统片面化、孤立化的研究状态，建立了全面联系的经济规律体系。他们认为张薰华的《生产力与经济规律》一书是对经济规律体系所作的开拓性研究，贡献是多方面的。就经济规律体系的自身内容而言，恩惠、施镇平认为他的贡献大致体现在四个方面："一是构建了生产力要素和源泉系统，完整揭示了社会生产力规律体系；二是揭示了国民经济发展比例和速度与社会生产力发展规律的内在联系；三是揭示了生产力和生产关系相互作用规律与社会生产力发展规律的本质关系。四是揭示了在商品经济下主要经济规律——价值规律为社会生产力发展规律开辟道路①。"

4. 开辟了《资本论》的数量分析的新视角

程恩富、齐新宇（1997）认为，"张薰华的《〈资本论〉中的数量分析》填补了《资本论》研究中数量分析的研究空白，有力地澄清了某些错误观点，并开辟了《资本论》研究的新视角和新领域②。"他们认为，《〈资本论〉中的数量分析》一书系统地介绍了《资本论》三卷中的数量分析，在此基础上进一步阐述马克思平均数规律的原理，该书有四个鲜明的特征："第一，在分析结构上是按照《资本论》三卷体系的逻辑顺序展开的。第二，以平均数规律为核心。第三，量的分析与质的研究紧密结合。第四，论证时运用了加权平均的方法和数学图表予以证明劳动价值论③。"

（二）关于张薰华对社会主义经济规律探索的研究

改革开放以来，张薰华运用唯物辩证法和他所构建的以生产力发展为核心的经济规律体系，悉心研究中国社会主义现实经济问题，在土地批租、人口资源环境等一系列重大社会经济问题上，提出了颇有价值的观点。

1. 土地批租理论

程恩富（2006）认为，张薰华是"我国土地管理体制改革的最早倡导者和杰出贡献者④。"《论社会主义经济中地租的必然性》及《论社会主义商品经济中地租的必然性》阐述了国有土地可以存在地租，级差地租应为国家财源之一这一思路，为中国土地批租制度的建立提供了理论依据。

陈学法（2011）认为，社会主义国家土地批租理论是由张薰华教授首先提出

① 恩惠，施镇平. 经济规律体系研究的新突破——评张薰华的《生产力与经济规律》[J]. 学术月刊，1990，06：19-22+66.

②③ 程恩富，齐新宇. 马克思经济学是同时代经济学数量分析的典范——《〈资本论〉中的数量分析》读后感 [J]. 复旦学报（社会科学版），1997，06：107-108.

④ 程恩富. 改革开放与马克思主义经济学创新 [J]. 社会科学管理与评论，2008，04：15-28.

的，张薰华的土地批租理论的主要贡献在于继承并发展了马克思的地租理论，并结合英国在香港的土地批租相关制度的实施效果，提出了适合我国土地管理体制的改革思路，使我国的土地管理体制改革在科学理论的指导下进行，这是改革的一个转折点，具有里程碑意义。土地批租为我国城市经济的发展提供了初始的条件，为我国土地制度改革指明了国有化方向，为我国土地政策的制定与法律制度的完善做出了重要贡献①。

2. 林业是国民经济的基础

张薰华通过对经济规律的研究，提出林业在大农业构成中应排为首位，森林是生态系统的支柱，是国民经济的基础②。石山（1994）认为，张薰华对于"林农牧渔副新排列次序是我国农业的一次思想革命，将人类生存的长期问题与温饱的短期问题联系考察，从理论上深刻阐述可持续发展的理念，反映了生态时代人与自然界关系的新变化，即两者应为和谐的伙伴关系③。"石山认为，张薰华"林字当头"的观点对于我国长期以来农业社会形成的小农业经营思想和经营方式造成了很大冲击，他的观点使得人们重新思考森林的作用，促进政府和人民加强森林保护的意识；纠正了小农经济的思维和做法，提出大农业的发展战略；提出建设山区的重要性，促进了退耕还林的开展；提出水利建设必须依托森林进行，促使社会加强水利设施周边的森林保护；提出通过发展林业改善食物结构，提高人民的健康水平④。

何干强、冒佩华（2002）也认为，张薰华强调生态系统整体效益的重要性，认为他的见解对于提高人们保护生态环境的自觉性具有重大意义⑤。

3. 人口与资源环境理论

何干强、冒佩华（2002）认为，张薰华"从唯物史观的高度强调保护环境、控制人口的极端重要性，从中国的实际出发，把经济学和生态学结合起来研究，认为生态环境被破坏的根本原因在于人口数量过大、素质低。结论是社会可持续发展的核心在于控制人口、提高人口质量⑥。"

王中保（2011）指出，张薰华的"控制人口数量、提高人口素质"的人口理论，辩证分析了两者之间相辅相成的关系，提出了控制人口数量才能提高人口

---

① 陈学法. 土地批租理论与我国土地管理制度变革［J］. 马克思主义研究，2011，02：61－70.

② 张薰华. 林字当头与林农牧渔副为序［J］. 林业经济，1992，03：1－4.

③④ 石山. 我国农业的一次思想革命——林农牧渔副新排列次序论引发的思考［J］. 生态经济，1994，03：6－10.

⑤⑥ 何干强，冒佩华. 用辩证法指导经济规律探索——张薰华教授的学术风格、学术成就与经济思想［J］. 高校理论战线，2002，07：26－31.

素质的观点，为我国生育控制提供了理论依据。他认为张薰华的人口理论还区分了人类生产活动的体力或智力为主的两个时期，人类的生产活动路径是由以体力劳动为主（体力密集型）发展到以智力劳动（智力密集型）为主，以体力劳动为主时人类就会增加人口，以智力劳动为主时人口会自然减少，在目前我国已完成工业化初级阶段的建设，正在向工业化中高级阶段进军的途中，生产劳动更需要人类的智力劳动，因此计划生育的基本国策是合乎当前我国人口的自然规律和经济规律的。

（三） 对现有研究的评析

通过对上述文献的阅读和整理，笔者发现大部分研究是针对张薰华某一时期著作或观点的概括和评介，从历史的延续性、多维度进行研究的论文仅有 2 篇，分别为何干强、冒佩华在 2002 年 7 月《高校理论战线》杂志上发表的《用辩证法指导经济规律探索——张薰华教授的学术风格、学术成就与经济思想》，以及王中保在 2011 年 10 月《管理学刊》杂志上发表的《张薰华经济思想扫描》。两篇文章因篇幅所限，在阐述张薰华经济思想方面不可能深入展开，也缺乏时代背景和当时学术界对相关问题的不同思考，使得张薰华经济思想的理论和实践贡献没有完整体现，但是他们的研究初步整理了张薰华经济思想的脉络，开拓了本书的研究视野，为本书研究的深入开辟了道路。但研究的完整性尚存在不足，主要体现在以下三个方面。

1. 研究不够全面深入

目前的研究不够完整，不能全面反映张薰华经济思想全貌。如前所述，目前对张薰华经济思想已有的研究多数就某一著作或观点进行评述，例如：恩惠，施镇平对《生产力与经济规律》一书的评述，严法善对《〈资本论〉脉络》一书的评介，程恩富，齐新宇对《〈资本论〉中的数量分析》的评析，石山对张薰华林农牧渔副新排列次序的思考等。学界对张薰华学术贡献和思想内容整体概括的研究也较为稀少，仅有上文提及的两篇文章，尚无系统和深入研究的专著或学位论文，应该说，对张薰华经济思想进行研究的成果十分有限，这与张薰华的学术贡献是不成比例的。尤其是对其以生产力为核心的经济规律体系思想、人口资源环境与可持续发展思想的研究都以书评或观点评论为主，未能深入地挖掘与分析，没有充分体现张薰华经济思想的理论意义与当代价值。

2. 研究缺乏时代背景的结合

目前研究缺乏时代背景的结合，忽视了张薰华经济思想与马克思主义经济思想的重要的历史继承性。按照历史唯物主义观点，任何一种思想都不是凭空产生的，必然带有鲜明的时代特征和时代精神。张薰华的经济思想的产生也具有其特定的历史环境和社会条件，他的研究内容涉及当时社会经济发展中的重大理论或实践问题，这充分体现了一位经济学家的责任心和时代感，具有重要的社会意义和时代价值。同时，张薰华所研究内容是马克思主义经典著作没有考虑或来不及完成的，张薰华并没有教条地批判改革中的某些做法，而是实事求是，根据马克思政治经济学的基本原理与方法，分析当时中国经济建设的具体实践，这是对马克思主义政治经济学的深化和发展，也是中国道路理论体系的组成部分。通过对张薰华经济思想时代背景的研究，有助于人们更加深刻认识社会主义经济发展的规律。现有的研究较少基于社会历史背景和理论渊源探讨张薰华经济思想的形成和发展，也就较难深刻体现他的思想的理论与实践价值。

3. 研究缺乏现实意义与启示

目前学界对张薰华经济思想的研究着重思想内容的阐述，对其现实意义或现代启示的研究较为欠缺。张薰华很早就对我国社会主义经济建设的问题开始了探索，前瞻性地研究了社会主义初级阶段的部分经济社会问题，并且与时俱进地深化他的观点，如土地批租问题、经济规律问题、人口资源环境问题、可持续发展问题等。这些学术成果对于当前建设中国特色的社会主义仍具有重要的指导意义。但目前对他的研究多集中在对其思想简单的概括和评论，对其思想的现代启示与意义研究甚少，这也是未来研究中有必要进一步深化和拓展的方向。

三、本书的研究思路和研究方法

（一）研究思路

本书的研究对象为张薰华经济思想的内容、特点和理论与实践价值，以及他对马克思主义经济思想的丰富和发展，时间范围从 20 世纪 50 年代开始至 2015年，受"文化大革命"干扰，张薰华的主要学术成果是在改革开放后取得的，因此研究对象主要以张薰华改革开放后的经济思想为主。本书的研究思路是：首先介绍张薰华经济思想产生的背景和意义，整体综述学界对张薰华经济思想的研究现状，介绍本书的研究思路、方法和论文创新，本部分内容作为绪论；其次，对张薰华人生经历和学术生涯进行梳理，分析张薰华经济思想产生的时代背景与理论渊源，介绍张薰华经济思想发展阶段的简要内容，本部分内容作为本书第一章；第三，总结分析张薰华学术研究所用的方法，主要介绍他的唯物辩证的圆圈法和数量分析法，本部分内容作为本书第二章；第四，详细阐述张薰华主要经济思想的内容及其意义，包括以生产力发展为核心的经济规律体系思想、生态文明（人口资源环境及可持续发展）思想、运用《资本论》基本原理对社会主义经济的探索形成的思想三个主体部分的内容，本部分内容作为本书的第三章至第五章；第五，提炼张薰华经济思想的学术研究特点、学术贡献，阐述张薰华经济思想的启示与现代意义，本部分内容为本书第六章；最后，结论部分对全书的研究进行归纳和总结。

（二）研究方法

一是以历史唯物主义和唯物辩证法为指导，从历史的角度完整客观地研究张薰华经济思想的形成和发展过程，辩证地分析张薰华经济思想的脉络和逻辑，深入分析张薰华经济思想与《资本论》基本原理的内容联系，充分说明他的思想是马克思主义经济学原理与我国社会主义经济建设相结合的成果，有着深刻的历史背景与内在的理论依据。

二是采用史论结合的分析方法，全面展示张薰华的经济思想。本书以张薰华的著作、论文、访谈等文献为研究基础，以他人对其研究的文献为参考，较为全面深入地研究张薰华经济思想，使本研究更具有理论的延续性与逻辑历史的统一性。

三是注重理论联系实践的研究方法。首先，张薰华经济思想是在我国社会主义经济建设实践中形成和发展的，是对我国经济发展实践规律的提炼与总结；其次，张薰华在研究过程中始终坚持马克思主义的原理与方法，他的观点及思想都是由《资本论》基本原理出发，结合当时社会经济实际思考产生的，具有很强的理论与实践指导意义；最后，张薰华研究的对象虽然随着时代变更发生了很大变化，但研究对象的本质与基本条件还未有很大改变，考查张薰华经济思想的现代意义也显得尤为重要。因此，要研究张薰华经济思想必须采用理论与实践相结合的分析方法，把张薰华经济思想的理论观点与历史现实相结合进行研究。

（三）研究框架

张薰华经济思想既涉及到《资本论》基本原理和方法的教育和传播，又涉及到对《资本论》基本原理和方法的应用，尤其我国的社会主义初级阶段与社会主义市场经济的理论与实践，在世界历史上是前无古人的创举，必然遇到大量的现实问题，张薰华作为一名杰出的经济学家，必然会试图关注、分析、解决中国特色社会主义进程的各种问题。因此，张薰华的经济思想蕴含着我国社会主义建设进程中丰富的内容，因为本人学术能力与学术视野的局限，可能无法剖析张薰华所有的思想，为此，本书根据张薰华研究成果的文献、张薰华本人的自我总结，以及当前社会关注的重点问题，选定了以下几个方面作为本书的研究内容：

绪论，介绍张薰华经济思想产生的背景和意义；在理论界相关动态研究中总结其他学者对张薰华的相关研究；提出本书的研究内容、研究方法、创新和有待进一步研究之处等。

第一章，简要介绍张薰华的个人经历及学术生涯与学术贡献。本章的主要内容有：张薰华简历及学术生涯简介、张薰华经济思想产生的时代背景、发展阶段，简要阐述了他的学术贡献。

第二章，论述张薰华经济思想的方法论，着重分析唯物辩证法和圆圈法、数量分析法。

第三章，总结张薰华的以发展生产力为核心的思想与经济规律体系思想。主要内容有：经济规律体系思想的产生背景、社会生产力规律体系思想、国民经济发展比例与速度规律、生产力和生产关系相互作用的规律体系思想、价值规律体系思想以及简评。

第四章，总结和分析张薰华的人口、资源与环境的可持续发展与生态文明思想。主要内容有：概述了张薰华的人口资源环境和可持续发展思想、生态文明思想的背景，主要总结了张薰华在土地资源、水资源、林业资源的保护与开发的思想，以及张薰华人口发展规律及素质结构思想。

第五章，总结和分析了张薰华运用《资本论》基本原理对社会主义经济的探索。主要对张薰华的社会主义市场经济系统、利用市场经济机制发展生产力思想、土地批租思想和体制改革思想进行分析和简评。

第六章，总结张薰华学术研究的特点、学术贡献及启示。通过对张薰华学术贡献的总结和对其各个领域的思想内容进行研究和分析，笔者认为其学术研究有以下特点：对于马克思主义的坚定信仰、追求真理，反对本本主义、崇尚科学，尊重规律。张薰华的学术贡献可以归纳为四个方面，一是他对《资本论》的数量分析填补了国内此项研究的空白；二是他的生态文明思想研究角度独特，为我国生态文明建设提供了理论基础；三是他的以生产力为中心的经济规律体系开拓了经济规律体系研究的新范式；四是他的批租理论和土地管理体制改革的建议丰富和发展了马克思主义经济学的地租理论。张薰华学术思想的启示主要表现为，巩固了马克思主义政治经济学的指导地位，为建设中国特色社会主义政治经济学理论体系提供了丰富素材；他的生产力发展思想回答了社会主义的本质问题；

他的生态文明思想对落实五大发展理念，推进生态文明社会的建设提供了理论基础。

结论，对本书的研究内容及提出的观点进行总结。

四、创新点及有待于进一步研究之处

（一）创新之处

本书的创新主要体现在选题、研究的整体性、综合性上，具体创新点如下：

1. 较为系统和全面地研究张薰华经济思想

张薰华的学术研究和经济思想都是在新中国成立以后逐步形成的，他的指导思想、理论基础、分析框架反映了时代的特点，是老一辈马克思主义经济学家学术研究的缩影，研究他的经济思想具有典型意义。但是，学界对他的经济思想的研究数量少，比较零散，主要是对张薰华学术经历的简单总结，或对其著作或观点的简要介绍和评价，整体性和深刻性有一定欠缺。本书较为系统和全面地研究张薰华的经济思想，尤其注重剖析张薰华经济思想产生的历史背景、理论意义与现实意义，在一定程度上填补了系统研究张薰华经济思想的空白。

2. 注重张薰华经济思想产生的历史背景与理论渊源

张薰华经济思想不是凭空而来，而是"在直接碰到的、既定的、从过去承继下来的条件下创造的[①]"，研究历史条件与理论继承可以更加深刻理解其思想的意义。本书注重从当时历史条件与理论氛围出发，探索其思想产生的客观依据，这部分基于历史与理论继承的研究与以往的研究有所不同。

3. 挖掘张薰华经济思想的理论与当代价值

本书着重分析张薰华经济思想对马克思主义经济理论的丰富和发展，以及他的思想对于当时我国经济建设的重要理论意义和实践价值，更重要的是指出张薰华的诸多观点对于当前我国经济建设仍具有较高指导价值。如以生产力发展为核心的经济规律体系思想，系统阐明了我国经济建设要遵循的经济规律；土地批租理论推动了我国土地管理体制改革的进程，为我国改革开放打下了良好基础，他的土地批租理论中的诸多观点对于当前我国土地制度的改革仍有借鉴意义；他的人口、资源环境及可持续发展的思想是我国生态文明思想的重要组成部分，对于

---

① 路易·波拿巴的雾月十八日 [M]. 马克思恩格斯文集（第 2 卷）. 北京：人民出版社，2009：470 - 471.

当前我国生态文明的建设仍有指导意义。

（二）有待于进一步研究之处

张薰华是我国研究《资本论》的权威专家，他数十年如一日研究《资本论》，学术功底扎实，尤其擅长唯物辩证法的运用，他的文章涉及领域较宽，例如经济规律体系、人口、资源与环境的可持续发展、科学与生产力和生产的社会形式等领域。限于笔者的学术水平与理论视野，可能对张薰华经济思想涉及的领域研究不够深入，理论视野的局限可能对相关问题研究的广度不足，不一定能全面系统地反映张薰华经济思想的理论和实践意义。因此，本书只是系统研究张薰华经济思想的一个开端，研究的深度和广度都有待于在今后的研究中进一步加强。

第一章

张薰华的学术生涯概述

第一节　张薰华简历及学术生涯简介

张薰华，江西九江人，复旦大学经济学院教授，博士生导师。张薰华教授是我国《资本论》研究领域权威专家之一，也是我国当代著名的马克思主义经济学家。他曾长期担任复旦大学经济系主任（1962～1984年，"文革"期间中断），并先后担任中国《资本论》研究会副会长（现任名誉顾问），上海经济学会会长（现任名誉会长），上海市土地学会顾问，上海市人民政府立法咨询委员会委员，上海市体改研究会、金融学会、价格学会顾问和复旦大学环境经济研究中心名誉主任等学术或社会兼职。1985年，在国务院学位委员会的专业学位评估中，他负责的政治经济学专业研究生培养质量被评为全国优等。1988年，他主讲的研究生课程《政治经济学研究》获教育优秀奖，1989年，他因教育成果卓著被国家教委评为全国优秀教师，1995年，因其生态保护思想和环境经济的教育研究，国家教委与国家环保局联合授予他"全国环境教育先进个人"称号[1]，2012年，因其为经济学发展和人类进步做出的卓越贡献荣获"世界马克思经济学奖[2]"（Marxian Economics Award）。

2011年，张薰华教授在《解放日报》的访谈中，将自己的一生分为三个30年：第一个30年为1921～1949年，第二个30年为1949～1978年，第三个30年

---

① 严法善. 博士生导师张薰华教授 [J]. 复旦学报（社会科学版），1992（01）：2.
② 中国社会科学报. 2012年经济学主要奖项获得者 [EB/OL]. 全国哲学社会科学规划办公室，http：//www. npopss-cn. gov. cn/n/2013/0106/c219468-20102242. html，2013-01-06.

为 1978 年 ~ 2011 年①。他的复旦大学后学及同事洪远朋教授对其生涯的概括更为形象，他认为张薰华不仅是一名学者，还是一位革命者，一位领导者②。第一个 30 年张薰华作为一个坚定的革命者积极参加爱国运动，因其贡献，2015 年 9 月，张薰华教授被中共中央、国务院、中央军委授予抗战胜利 70 周年纪念章③。第二个 30 年张薰华曾任新中国成立后复旦大学首届校务委员兼常务委员、工会主席和经济系主任，为复旦大学和经济系的建设与管理投入了大量精力，是党难得的好干部，是一位受尊敬的领导者④。期间张薰华经中央党校培养，开始了《资本论》的教学与研究，成为一位马克思主义经济学的学者；第三个 30 年张薰华出版了 10 部论著，发表了 100 多篇论文，成为国内外研究《资本论》的著名权威，这时的他作为一位卓有成就的马克思主义经济学家为人所熟知。下面以 1949 年新中国成立、1978 年十一届三中全会召开为分界点简述张薰华的人生经历。

一、坚定的革命者（1921 ~ 1949 年）

1. 颠沛流离的少年时期

1921 年 12 月 31 日，张薰华出生于江西九江风景秀丽的庐山脚下。那个时代中国处于被压迫、被凌辱的黑暗岁月，是一个充满了铁血和战火的时代。少年时代的张薰华和普通的中国人一样历经各种磨难。

张薰华少年时母亲早逝，父亲在外地任职。他由从事中医的祖父抚养，就读私塾 3 年。虽然家世清寒，但是学业未断。少年私塾的熏陶为他打下较好的文字功底，也养成了他行文简练的习惯。至今《论语》《孟子》中某些警句，《左传》《史记》一些精彩段落，《古文观止》中某些范文，还能背诵⑤。

祖父去世后，他只好投靠在上海的外祖母和姨母，就读初中，继续在上海完成学业。平静的生活并没有持续多久，1937 年淞沪会战爆发，上海沦为战区，1938 年，日军开始进攻张薰华的家乡九江，张薰华和家人四处逃难，开始了颠沛流离的生活。在上海读书期间，他目睹了上海租界内帝国主义在我国领土上为

①　曹静. 三个 30 年的见证 [N]. 解放日报，2011 - 06 - 24 (017).

②　洪远朋. 学者·革命者·领导者 [N]. 社会科学报，2013 - 08 - 08 (005).

③　复旦大学. 我校 47 位离休干部获抗战胜利纪念章 [EB/OL]. http：//retiree. fudan. edu. cn/ggw/51/88/c3614a86408/page. psp，2015 - 09 - 02.

④　贱尺壁而重寸阴——为张薰华教授九十华诞而作 [EB/OL]. 复旦新闻文化网，http：//news. fudan. edu. cn/2010/0823/25288. html，2010 - 08 - 07.

⑤　张薰华. 孜孜不倦探索经济规律 [J]. 毛泽东邓小平理论研究，2011 (03)：78 - 82 + 87.

非作歹，体会到丧权辱国的耻辱；在战乱逃难期间，他深深了解了中国人民的苦难，尤其是他的祖母和乡亲多人在战乱中遇难，使他认识到国弱被人欺的事实，救国之心逐渐加强。1939 年他回到上海，就读于避难上海的苏州工业学校土木科，开始高中课程的学习。在此期间，他较早学习了高等数学，为以后从事统计学和研究《资本论》中的数量分析打下了基础。在这里，饱含忧国忧民之心的张薰华积极寻求救国之道，并参加了"上海市学生抗日救亡协会"，这是一个由中国共产党领导的地下学生外围组织，由此，他开始了由青年学生向革命者的转变。

2. 求学救国的青年时期

1940 年夏天，张薰华高中毕业，在浙江丽水报考了复旦大学，并被农艺系录取。因战事紧张，同年，张薰华随复旦大学迁至重庆北碚。在大学期间，张薰华深感"在抗日救亡运动中，国无宁日，虽薄技随身亦复何用①。"于是，研究国家富强、经世济国的经济学吸引了他的目光，1942 年大学二年级，他由农艺系转入经济系。在重庆学习期间，他受到强烈爱国思想的熏陶，并通过自己的观察思考，对国民党政府的腐朽有了更深刻的认识，对坚持抗日的共产党日益钦佩。爱国救亡思想使他利用各种机会与党组织建立了密切的联系，他的革命觉悟进一步提高，并决心投奔党组织，为抗日救亡贡献自己的力量。1944 年，张薰华加入了"中国学生导报社②"，这是一个由复旦大学学生发起、由中共南方局青年组领导的青年外围爱国组织。在中国学生导报社的引导下，张薰华走上了革命的道路，积极开展各种革命活动，传播爱国进步思想，组织和开展与反动势力的斗争，努力打破国民党反动派的封建独裁和文化专制。经过实践斗争的锻炼，张薰华的革命思想日益成熟，他郑重向党组织申请成为一名共产党员，但因蒋介石政府在重庆大肆制造白色恐怖，镇压学生运动，搜捕共产党人和革命青年，党组织为了保护革命火苗暂时停止了发展党员计划。虽然未能如愿，但张薰华继续参与进步的地下组织，广泛结交进步青年，开展"勤业、勤学、勤交友"的活动，同时认真学习专业知识，学习党的方针政策，从书本中寻求救国之道。

1945 年，张薰华因其出色的组织领导能力，被推选为复旦大学 1945 届毕业同学会主席。同年，在经济系主任樊弘的倾力支持下，张薰华毕业留校，任经济系助教③，并担任"统计学""经济学数学"课程教师。留校后，他被委以重任参与接管复旦的准备工作，在组织复旦讲师助教会的同时，联合复旦教授会，积

---

① ②　曹静. 三个 30 年的见证 [N]. 解放日报，2011－06－24（017）.
③　王一. 1949 年，我参与了接管复旦 [N]. 解放日报，2014－10－01（007）.

极参与接管复旦任务和上海解放运动，为完整接管复旦大学做出了贡献。1947年，他光荣地加入了中国共产党①。

在第一个三十年中，张薰华从青年时期就积极参加党的各种组织，在党的领导下，为抗日战争和解放事业做出了许多重要贡献，因其贡献，2015年9月，张薰华教授被中共中央、国务院、中央军委授予抗战胜利70周年纪念章。②

二、身体力行的领导者与马克思主义学者（1949～1978年）

1. 校务行政工作时期

1949年5月，上海解放，复旦大学获得新生。因张薰华政治成熟，熟悉校情，被任命为"校务委员并兼常务委员③"，兼任主任秘书（相当于如今的校办主任），负责学校行政事务④。新中国的复旦大学迎来了新的发展机遇，日常行政事务百废待兴，如平整土地、规划基建、人事调整等等。张薰华身体力行，积极投入到新复旦的建设中。1952年，我国仿效苏联式的高校体系，对全国高校进行院系大调整，同时大批工农干部进入复旦大学参与行政管理，不仅加强了党对高校的领导，而且及时补充了行政工作人员，复旦大学的行政工作也走上正轨。这时，张薰华考虑重归他所热爱的教学研究工作，经学校同意，他只保留了校工会主席职务，开始逐步退出学校行政工作，转回复旦大学经济系任教，并于1962年开始担任系主任职务，直到八十年代⑤。

2. 教学研究初期

革命时代的繁重工作使他无法潜心学术研究。复旦接管工作完成后，他认识到经济学术领域也需要进一步开辟，便义无反顾地由行政转入教学、科研中。在经济系担任教师期间，张薰华发挥经济学和高等数学方面的特长，讲授经济数学和统计学。很快，他投入的努力取得了成果。在教学上，他精心编写的《统计学原理讲义》被中央高等教育部列为全国推荐教材（1953年）⑥。在科研上，他敢于坚持真理，不畏权威的学术研究品性也显示了出来。1956年，他发现苏联统

① 曹静. 三个30年的见证［N］. 解放日报，2011－06－24（017）.

② 复旦大学. 我校47位离休干部获抗战胜利纪念章［EB/OL］. http：//retiree. fudan. edu. cn/ggw/51/88/c3614a86408/page. psp，2015－09－02.

③ 复旦大学经济学院. 恢复建院30周年：院庆专访——张薰华：家国情怀·大师风骨［EB/OL］. http：//www. econ. fudan. edu. cn/newsdetail. php？cid＝8689，2015－09－23.

④ 王一. 1949年，我参与了接管复旦［N］. 解放日报，2014－10－01（007）.

⑤ 朱国宏. 贱尺璧而重寸阴——为张薰华教授九十华诞而作［N］. 解放日报，2010－08－07（009）.

⑥ 熊诗平，徐边主编. 经济学家之路（第二辑）［M］. 上海：上海财经大学出版社，2001：04.

计学家卡拉谢夫的观点存在问题，于是发表了论文《论国民经济发展的平均速度指标》，文中用大量例证明确指出："仅就卡拉谢夫的论文看来，他不仅没有看到方程法比几何平均法有着更大的局限性，相反却用了一些不够朴实的例证来夸大方程法的作用①。"这篇论文受到了国家统计局的重视，统计局的机关刊物《统计工作通讯》（1989 年更名为《中国统计》）在 1956 年第 24 期进行了转载，潜心研究的张薰华开始崭露头角，其坚持独立思考的勇气成为学界效仿的榜样。

3. 中央党校学习时期

1959～1961 年，中央为了培养理论工作者，专门在中央党校开办了三届"中共中央高级党校理论学习班"，俗称"秀才班"。张薰华被选派参加第一届"秀才班"，脱产学习三年。理论班汇集了各学科领域中的大师，中国马克思主义历史科学的重要奠基人之一翦伯赞讲授历史，主编了我国第一部比较完整系统的自然辩证法著作《自然辩证法提纲》、中央高级党校副校长兼哲学研究室主任艾思奇讲授哲学，著名的马克思主义经济学家、教育家王学文讲授《资本论》等。在张薰华的回忆中，中央党校的学习经历是他生平感觉最幸福的时光，他格外珍惜这个难得的学习机会，每天除了日常的身体锻炼外，所有的时间甚至节假日，他都在如饥似渴地钻研学习。他的指导教师是著名的马克思主义经济学家、《资本论》研究权威王学文教授，在王学文教授的指导下，他认真学习和钻研了各学科的理论，全面系统地进行了马克思主义理论体系的训练和培养，为研究《资本论》打下了坚实的理论基础。从此开始了他长达半个多世纪的《资本论》研究，他在采访中回忆："这三年，我在德、智、体方面收获都很大②。"

4.《资本论》教学研究初期

1962 年 12 月，张薰华在中央党校完成学业，返回复旦后开始长期从事《资本论》的教学工作。除了教学工作，他开始运用《资本论》原理和方法分析社会主义经济建设中的问题。历经数年，他结合教学和研究编写出了一套《资本论》讲义。他的《资本论》讲义和其他类型的《资本论》解说不同，并不是逐字逐句解释《资本论》原文，而是用他改造的由内及外、由抽象到具体的圆圈法进行表述，这种教学方法容易抓住事物之间的根本联系和内在逻辑，教学效果良好。

1966 年"文化大革命"爆发，复旦大学和其他高校一样受到了冲击。在"文革"动乱、人心惶惶的年代，他的行政职务和教学研究被迫中断，他本人也

---

① 张薰华. 论国民经济发展的平均速度指标 [J]. 复旦学报（人文科学版），1956（02）：149 - 164.

② 曹静. 三个 30 年的见证 [N]. 解放日报，2011 - 06 - 24（017）.

遭受了严酷的批斗，至今脸上还遗留了当年批斗受伤的痕迹，得益于两位学生的保护，张薰华幸免于难。即使在那个疯狂的年代，张薰华仍然潜心研究《资本论》①。张薰华回忆说："因年轻时读书的大好时光赶上战乱，许多时间不得不花在革命工作上，在创造力最旺盛的中青年时期，运动接连发生，很难静下心来做学问，因此在'文革'期间，他抓住一切机会学习钻研《资本论》②。"

三、卓有成就的马克思主义经济学家（1978 年至今）

1. 解说《资本论》时期

1977 年恢复高考，复旦迎来了"文革"后的首批大学生，张薰华也回到了教学和行政岗位，继续讲授和研究《资本论》。1978 年底，党的十一届三中全会胜利召开，会议提出要"解放思想，实事求是，团结一致向前看"，批判了"两个凡是"，确立了以经济建设为中心的指导思想，标志着从政治到经济拨乱反正的开始，从而开启了理论经济学研究的春天。如何进行经济建设？这是刚摆脱"十年浩劫"后举国上下共同的迷惑。作为以马克思主义为指导思想的社会主义国家，自然而然希望在马克思主义经典著作，尤其是《资本论》中寻求经济建设的答案。于是，三中全会以后，全国掀起了学习与研究《资本论》的热潮。研究《资本论》十年有余，接近退休年龄的张薰华迎来了学术上的收获季节。

《资本论》不仅仅是一部研究资本主义经济运行规律的著作，更是无产阶级的"圣经"，是马克思先生一生科学研究的成果，也是一部融合了哲学、政治经济学、科学社会主义为一体的马克思主义百科全书。没有深厚的理论基础，普通人是很难读懂《资本论》原著的。对于刚刚转向以经济建设为中心的中国，经济建设者也迫切需要了解经济的运行规律，最需要的就是能通俗解读《资本论》的辅助读物。为了满足人们读懂《资本论》的需求，张薰华在原有"《资本论》讲义"的基础上进行修订，并更名为《〈资本论〉提要》出版。1977 年 5 月，他和洪远朋出版了《〈资本论〉提要》第一册，至 1982 年 3 月，《〈资本论〉提要》三册本（第三册为张薰华独撰）全部出版。这部《资本论》解读著作因其表述体系新颖易懂，逻辑严密，解释准确，得到当时研究、学习《资本论》的学者和

---

① 复旦举行张薰华教授九十寿辰庆祝会暨"中国可持续发展与包容性发展道路研究"学术研讨会［EB/OL］. 复旦大学新闻文化网，http：//news. fudan. edu. cn/2010/1218/26676. html，2010 - 12 - 08.

② 傅萱，张薰华. 一生结缘复旦［EB/OL］. 凤凰网（原载《复旦大学校刊》651 期），http：//finance. ifeng. com/opinion/xuejie/20090903/1190047. shtml，2009 - 09 - 03.

高校学生一致好评，成为学习研究《资本论》案前必备的参考书之一。为了让读者迅速掌握建设社会主义的科学思想，张薰华认为"在科学的思想武器中，《资本论》中关于再生产的理论，有着重要地位①。""再生产运动发生在直接生产过程，并存在于资本主义生产总过程之中。因此三卷《资本论》都是论述再生产运动②"。1981 年 12 月，他对 200 多万字的《资本论》进一步进行提炼，仅用 12 万字介绍了《资本论》的生产与再生产的主要内容，出版了《〈资本论〉中的再生产理论》一书，为人们快速掌握《资本论》中关于生产与再生产的主要内容提供了有效方法。随着研究的深入，他深感马克思辩证逻辑的科学与简洁。1987 年 11 月，他按照《资本论》自身的辩证逻辑方法，用 20 万字浓缩了《资本论》的精华，阐述了《资本论》的脉络，出版了《〈资本论〉脉络》一书。在张薰华看来，"《资本论》的脉络和《资本论》的辩证法是分不开的，'谁能辩证地思维，谁就能理解他'③。"《〈资本论〉脉络》没有严格地按照原著篇章次序与目录编写，"它顺乎逻辑的展开，在一些地方将原著论点加以发挥，并将经济规律集中加以叙述④。"这种阐述脉络的方法使人感到《资本论》的确"是一个艺术的整体"。在研究《资本论》的过程中，他发现《资本论》中在计算方面存在一些笔误，秉承马克思恩格斯实事求是的学风，他在 1980 年发表了《试校〈资本论〉中某些计算问题》⑤，指出了《资本论》三卷中 20 余处的计算错误，他是中国学术界第一个指出《资本论》中的计算错误的学者⑥。这篇论文是党的解放思想、实事求是思想路线在中国理论界的具体体现，就像张薰华在文中所说的，"这是一个微乎其微的问题，无损于基本理论的光辉。这里不过是我在学习导师马克思、恩格斯的学风后，解放思想的一些想法而已⑦。"这篇论文所蕴含的实事求是的科学精神价值远远超过论文内容本身，引起了学界强烈反响，推动了学界解放思想、实事求是运动的开展。1993 年，他出版了《〈资本论〉中的数量分析》，系统地介绍了《资本论》三卷中的数量分析，填补了《资本论》中数量分析的研究空白，充分说明了马克思经济学是同时代经济学中数量分析的典范。

2. 研究中国现实经济问题时期

20 世纪 80 年代以来，他又开始关注发展生产力与构建经济规律体系的问题。

---

① 张薰华.《资本论》中的再生产理论 [M].上海：复旦大学出版社，1981：前言.
② 张薰华.《资本论》中的再生产理论 [M].上海：复旦大学出版社，1981：编后记.
③ 张薰华.《〈资本论〉脉络》（第二版）[M].上海：复旦大学出版社，2012：207.
④ 张薰华.《〈资本论〉脉络》（第二版）[M].上海：复旦大学出版社，2012：1.
⑤⑦ 张薰华.试校《资本论》中某些计算问题 [J].中国社会科学，1980（03）：53-63.
⑥ 傅萱.一生结缘复旦——记经济学院张薰华教授 [EB/OL].复旦新闻文化网，http：//news.fudan.edu.cn/2005/0908/7485.html，20050908.

他认为，为了发展生产力首先要先搞清楚生产力这个概念，除了弄清生产力的内容、源泉、结构和结果，还要深入探索它们之间相互转化的规律，搞清生产力发展规律后才能搞清由它展开的一切经济规律，由此他开始了经济规律体系的研究。1989 年 10 月，他的研究成果形成了《生产力与经济规律》一书。这本书基于马克思的生产力是一切社会发展的最终决定力量的基本原理，熟练运用了唯物辩证法构建了以生产力的发展规律为核心的经济规律体系。这本书不仅理论清晰、逻辑性强，而且在各章节中能做到理论紧密联系实际，用历史或现实的实践验证理论，如环境经济规律、人口发展规律等。"书中几乎章章有新意，处处引人入胜，发人深思，对社会主义建设有直接指导作用①。"

在经济规律体系研究的基础上，张薰华意识到生产力发展规律以及市场机制的重要性，在生产力发展规律方面，他认为"经济学研究的对象不应局限于生产关系，而应深入到生产力各要素中，深入到作为生产力源泉的人口、资源、环境等方面②"。在市场机制方面，他认为，生产关系可以划分为两个层次，《资本论》的原理如果去除其资本主义的性质，可以应用于我国社会主义市场经济体制中，应该利用市场机制促进生产力发展。由此，张薰华的研究形成了两个方向，一个方向是深入生产力结构和要素研究，一直深到人口、资源、环境的可持续发展，最终形成了他的生态文明思想；一个方向是研究我国社会生产的社会形式，将马克思主义的经济理论和方法应用于研究改革开放后我国商品经济（市场经济）的具体问题，"深入探索生产要素产权（所有权、使用权）如何通过分配关系（利息、地租、利润），进而通过市场价格来实现③"。著名经济学家、马克思主义理论家蒋学模教授曾经高度评价张薰华的研究成果："（张薰华的研究）无论在学术界还是在社会上都影响深远④。"

张薰华在研究生产力与生态文明阶段，发表了《试论环境经济规律》（1987）、《林字当头与林农牧渔副为序》（1992）、《土地与环境》（1995）、《试论环境科学与环境经济学》（1998）、《要正确处理好土地资源和人口、环境的关系》（2004）、《科学发展观焦点在生产力发展》（2009）和《生态文明建设要义论》（2014）等很具创见性的论述，他不仅在 20 世纪 80 年代初在经济系开设了环境经济学课程，还在 1993 年创办"复旦大学经济学院环境经济研究所⑤"

① 严法善. 博士生导师张薰华教授［J］. 复旦学报（社会科学版），1992（01）：2.
② 曹静. 三个 30 年的见证［N］. 解放日报，2011－06－24（017）.
③ 张薰华. 经济规律的探索——张薰华选集（第二版）［M］. 上海：复旦大学出版社，2010：7.
④ 汪仲启. 张薰华：中国土地批租制度的理论奠基人［N］. 社会科学报，2013－08－08（005）.
⑤ 复旦大学成立环境经济研究中心［N］. 中国环境报——产经周刊，2001－1－8 第一版.

(2011 年 11 月在此基础上重新组建"复旦大学环境经济研究中心"），承担了多项国家社会科学基金课题、上海市规划重点课题有关环境经济问题研究的项目，他的环境保护和可持续发展思想，得到了国家环保局的认可，并于 1995 年被授予"全国环境教育先进个人[①]"称号。

在研究我国生产的社会形式方面，他的研究成果主要体现在《土地经济学》（1987）、《交通经济学》（1992）和《土地与市场》（1996）等著作和一系列论文中，如：《遵循客观规律放手发展特区经济》（1984）、《论社会主义商品经济中地租的必然性》（1984）、《初级阶段的主要问题是人口膨胀》（1988）、《计划、市场与搞活大中型企业》（1991）、《两个根本转变的理论导向》（1997）、《体改的源头在金融与地产改革》（1998）、《从发展生产力剖解"三农"问题》（2005）等。在研究中国现实的社会经济问题的成果中，最广为人知的是他的土地批租理论。他是国内学术界第一个提出"土地批租"问题的学者，1984～1985 年期间，他发表了《论社会主义经济下地租的必然性》等一系列关于社会主义地租与土地批租的论文，引起了学术界和相关领导部门的高度重视，中央有关部门采纳了他的相关建议，并传达至各级政府，他的社会主义地租思想和土地批租理论为我国土地管理制度的改革提供了理论依据和政策建议，解决了我国改革开放初期资金筹集的问题，为改革开放的发展做出了重要贡献。著名马克思主义经济学家程恩富教授称之为："我国土地管理体制改革的最早倡导者和杰出贡献者[②]。"

3. 教书育人成效显著

张薰华教授执教半个多世纪，兢兢业业、一丝不苟，在他看来，教书育人是他的本分，更是责任。在讲授《资本论》及政治经济学相关课程的过程中，他从不照本宣科，而是与时俱进将研究成果融入课程，善于用"画圆圈"的方法板书，丝丝入扣，逻辑性强。在授课过程中，他总能理论联系实际，言之有物，引人入胜，以严谨的态度和清晰的思路受到学生的普遍欢迎[③]。同时，他对学生的学习要求严格，希望学生能够抓紧一切时间学习研究，打下良好的经济学理论基础。他通过独特的考试方式反对投机取巧的学习态度，检验学生的学习效果。例如他在《政治经济学研究》考试中采用口试考核方式，给定 100 道题范围并以抽签的方式进行，学生有两次抽题回答的机会，未过关就得次年补考，补考未过的

---

① 严法善. 博士生导师张薰华教授 [J]. 复旦学报（社会科学版），1992，01：2.
② 程恩富. 改革开放与马克思主义经济学创新 [J]. 社会科学管理与评论，2008，04：15–28.
③ 肖森. 穿越世纪的质朴华章——记我的导师张薰华先生 [J]. 学术评论，2014，04：63–67.

话只有毕业前的最后一次机会，仍不过关就不能按期毕业了①。这种考试方式不需要学生死记硬背，而是考核学生对于理论的理解应用能力，学生毕业后反馈印象最深，受益终身。张薰华教授还非常注重对学生的三观进行教育。他认为，只有正确的世界观、人生观和价值观，才能做到不唯上、不唯书，才能从人民群众的利益出发研究问题，才能形成正确的经济科学研究体系，因此他将三观教育和经济学体系教育并列写入"教学纲要"之中，这反映了他非常重视学风的态度。在教学研究之外的时间里，他积极与学生互动交流，开设"治学与做人""做人与做学问"等座谈，以自身的经历对学生进行学风教育。除了在学业和三观方面教育学生，他还关心学生的生活等问题，尽量帮助学生解决各种困难，就算在"文革"中对他进行打骂的学生，他也不计前嫌，认为年轻总有犯错的时候，改正了就是好青年。由于一贯坚持这样的教育理念，他为国家培养了大批人才，为教书与育人融为一体提供了极好范例。1989 年因其优秀的教育成果，张薰华被国家教委评为全国优秀教师。离休后，他并没有放弃他所热爱的教育事业，还经常回到课堂为学生开设讲座，在他 78 岁高龄的时候，还获得了复旦大学研究生教学一等奖②。

半个世纪以来，张薰华教授以"贱尺璧而重寸阴"自律，推崇"尊重科学而不做风派人物"的治学作风，始终专注于教书育人和学术研究，始终致力于《资本论》原理的传播和发展，并坚持运用《资本论》基本原理分析我国社会主义现实问题，在离开工作岗位的岁月里，他充满自信地说："我还将探索经济规律。"笔耕不辍，坚持科学研究，在他 95 岁时，还在《马克思主义研究》2015年第 5 期发表了论文《人口法制与依法治国》。他不仅为《资本论》的广泛传播做出了重要贡献，为国家培养了大批人才，而且在土地批租理论、生产力及经济规律体系、人口、资源和环境以及经济可持续发展等领域取得了诸多创新性的研究成果。至今已出版编著 10 余部，发表论文 100 余篇，为马克思主义经济理论的广泛传播和丰富发展做出了重要的贡献。2012 年 5 月在墨西哥都市自治大学霍奇米尔科分校召开的世界政治经济学学会第 7 届论坛上，因其为经济学发展和人类进步做出的卓越贡献被授予第二届"世界马克思经济学奖"（Marxian Economics Award），这是对他多年来从事马克思主义经济理论的教学科研贡献的积极肯定，可谓实至名归。

---

① 朱国宏. 贱尺璧而重寸阴——为张薰华教授九十华诞而作 [N]. 解放日报, 2010 – 08 – 07 (009).
② 傅萱. 一生结缘复旦——记经济学院张薰华教授 [EB/OL]. 复旦新闻文化网, http：//news. fudan. edu. cn/2005/0908/7485. html, 2005 – 09 – 08.

第二节　张薰华经济思想产生的时代背景

"观念的东西不外是移入人的头脑并在人的头脑中改造过的物质而已①"。人的思想不是固有的，也不是凭空而来的。按照历史唯物主义观点，社会存在决定社会意识，任何思想的产生都有其时代背景，都必须放在思想产生的时代中考察才能体现出其意义，而评判思想的正确性关键是看这个思想是否正确回答了时代的焦点问题。因此研究张薰华的经济思想就必须考察其所处的时代背景。

一、学习和传播《资本论》的迫切需要

1949年，中华人民共和国成立了，一个东方的社会主义大国冉冉升起，摆脱贫困落后的面貌成为新中国的首要任务。同为马克思主义指导的社会主义国家——苏联，在短短几十年的时间里，迅速由不发达的农业国建成了发达的工业国，这为我国起了很好的示范作用。因此在经济体制上，我国学习苏联建立了高度集中的计划经济体制。在经济思想上，50年代初期，我国经济学界主要学习斯大林的《苏联社会主义经济问题》和苏联科学院的《政治经济学教科书》。50年代中后期，随着经济发展，计划经济的弊端开始显现，苏联和东欧一些经济学家对斯大林的某些观点提出异议。我国经济学界也因为经济建设中的一些问题，开始对苏联的经济思想产生不同的认识，当时经济学界主要围绕着政治经济学的研究对象、社会主义基本经济规律和商品货币关系而展开热烈的讨论。50年代末和60年代初，由于我国"一五"计划实施效果良好，国民经济迅速发展，导致经济建设出现了"头脑过热"现象，在制定国民经济发展规划时，脱离生产力发展水平，片面追求所有制的"一大二公"，急于追赶发达国家，造成一系列经济社会问题，引起我国理论界的反思。但随着"文化大革命"的爆发，完全否定社会主义商品生产、对"唯生产力论"的批判开始风行，理论经济学各个学科逐渐萎缩，甚至停止了学术研究。邓小平在1985年会面坦桑尼亚副总统，总结新中国成立后的经验教训的时候认为："毛泽东同志是伟大的领袖，中国革命是在他的领导下取得成功的。然而他有一个重大的缺点，就是忽视发展社会生产

---

① 《资本论》（第二版第1卷）[M].马克思恩格斯文集（第5卷）.北京：人民出版社，2009：22.

力①。"的确,这一重大失误,离开了唯物史观的生产力决定性原理,陷入生产关系决定论,造成了当年"左倾"思想盛行。对于研究现代社会经济规律的《资本论》的研究,陷入了基本停滞的状态。根据《近年来我国经济类著作的出版情况》统计,"以对马克思的《资本论》研究为例,从1949年到1977年的28年中,我国学者撰写的研究《资本论》的著作只有十余种,有影响的著作更少②。"

1976年"文化大革命"结束后,中国开始反思新中国成立后的经验教训。1978年5月,光明日报发表了《实践是检验真理的唯一标准》一文,重新确立了马克思主义的理论与实践统一的原则,在我国引发了一场关于真理标准问题的大讨论,由此开始了"思想解放"运动。1978年12月,十一届三中全会提出了以经济建设为中心的指导思想,中国开始进入了发展的新时期,如何建设社会主义,如何发展社会生产力已成为必须解决的问题。经济学界在思想解放运动的推动下,开始反思苏联的斯大林模式,从而出现了新中国成立以来经济理论大发展的繁荣时期。经济理论界围绕着"什么是社会主义生产目的"展开了大讨论,总结了新中国成立以来经济工作的经验教训,证明了社会主义的经济建设也不能违背《资本论》中的原理和方法,马克思在《资本论》中揭示的生产力发展规律是适用于社会主义社会的,社会主义经济建设的规律也蕴含在《资本论》中。据说,改革开放的总设计师邓小平也建议从《资本论》中寻求经济建设的答案③,由此全国掀起了学习与研究《资本论》的热潮。应该说,这是我国重新认识《资本论》重要作用的关键时期,也是《资本论》重新焕发光彩的开始,更是马克思主义经济理论的正本清源。

《资本论》是马克思以毕生精力撰写的一部辉煌巨著,是博大精深的马克思主义百科全书,也是举世公认的人类经济文化思想宝库。它深刻揭示了人类社会发展的客观规律,科学地证明了生产力决定生产关系的原理。《资本论》中蕴含着大量的现代经济建设必须遵循的客观规律,为我们认识和研究社会主义经济提供了基本的原理和方法。

然而,《资本论》这部巨著,一～三卷就有200多万字,《资本论》作为马克思主义的百科全书,涉及政治、法律、历史、教育、文学、社会、人口等大量学科,没有一定的理论基础很难读懂《资本论》。尽管《资本论》出版已有150余年,从潘文郁1932年翻译《资本论》第一卷开始,《资本论》在中国传播也

---

① 政治上发展民主,经济上实行改革 [M]. 邓小平文选(第三卷). 北京:人民出版社,1993:116.
② 书林. 近年来我国经济类著作的出版情况 [J]. 出版工作,1984,07:15-19.
③ 陈征. 我与《资本论》[J]. 当代经济研究,2015(1):5-14.

有 40 余年，真正能理解的人很少，就像梅林在《资本论》第一卷德文版出版时所评论那样，"对《资本论》表示惊讶的人多，读它的人少，对它表示钦佩的人多，能理解它的人少①。"正因为如此，恩格斯在写给弗·凯利——威士涅威茨基夫人的信中提道："如果出一套用通俗的语言解说《资本论》内容的小册子，那倒是件很好的事情②。"苏联、德国、日本和我国等许多国家的学者都试图通俗地解释《资本论》，也出版了很多解读性质的专著，为《资本论》的传播做出了一定的贡献。但有的只是解释《资本论》第一卷，有的只是复述《资本论》的基本内容，没有从商品或市场经济的角度来进行研究。例如王思华的《〈资本论〉解说》，王亚南在刊物上对《资本论》第一卷的系列讲座等。当时我国面临经济改革的关键时期，迫切需要一部能通俗、完整、科学阐释《资本论》的著作，以满足经济工作者掌握马克思经济理论的迫切需求。

张薰华在"文革"前就已编写出一套"《资本论》讲义"，他的"《资本论》讲义"与其他《资本论》解说类读物不同，并不是逐字逐句解释《资本论》原文，而是用他改造的由内及外、由抽象到具体的圆圈法进行表述，这种教学方法容易抓住事物之间的本质联系和内在逻辑，教学效果良好。改革开放后，为了满足人们读懂《资本论》的需求，张薰华在原有"《资本论》讲义"的基础上进行修订，更名为《〈资本论〉提要》出版，1977 年 5 月，他和洪远朋出版了《〈资本论〉提要》第一册，至 1982 年 3 月，《〈资本论〉提要》三册本（第三册为张薰华独撰）全部出版。这部《资本论》解读著作因其表述体系新颖易懂，逻辑严密，解释准确，尤其是每卷书都附有"难句试解"，将公认的原著中的难点问题一一列出，释疑解惑，"当时在国内外尚属首创③"。这套著作得到当时研究、学习《资本论》的学者和高校学生一致好评，成为学习研究《资本论》案前必备的参考书之一。为了让读者迅速掌握建设社会主义的科学思想与理论武器，张薰华认为"在科学的思想武器中，《资本论》中关于再生产的理论，有着重要地位④。""再生产运动发生在直接生产过程，并存在于资本主义生产总过程之中。因此三卷《资本论》都是论述再生产运动⑤"。他对 200 多万字的《资本论》进

---

① （德）弗·梅林. 德国社会民主党史（第三卷）[M]. 青载繁译. 上海：三联书店，1966：293.

② 恩格斯致弗·凯利——威士涅威茨基夫人（1886 年 14 日）[M]. 马克思恩格斯全集（第一版第三十六卷）. 北京：人民出版社，1974：495.

③ 何干强，冒佩华. 用辩证法指导经济规律探索——张薰华教授的学术风格、学术成就与经济思想[J]. 高校理论战线，2002，07：26 –31.

④ 张薰华.《资本论》中的再生产理论 [M]. 上海：复旦大学出版社，1981：前言.

⑤ 张薰华.《资本论》中的再生产理论 [M]. 上海：复旦大学出版社，1981：编后记.

一步进行提炼，1981 年 12 月出版了《〈资本论〉中的再生产理论》一书，仅用12 万字介绍了三卷《资本论》关于生产与再生产的主要内容，为迅速掌握《资本论》主要内容起了一定作用。1987 年 11 月，他按照《资本论》自身的辩证逻辑方法，用 20 万字浓缩了《资本论》的精华，阐述了《资本论》的脉络，出版了《〈资本论〉脉络》一书。在张薰华看来，"《资本论》的脉络和《资本论》的辩证法是分不开的，'谁能辩证地思维，谁就能理解他'[1]。"《〈资本论〉脉络》没有严格地按照原著篇章次序与目录编写，"它顺乎逻辑的展开，在一些地方将原著论点加以发挥，并将经济规律集中加以叙述[2]。"这种顺乎逻辑阐述脉络的方法更使人感到《资本论》的确"是一个艺术的整体"。在教育教学过程中，张薰华发现大部分人存在着《资本论》只有定性分析而没有定量分析的误解，他认为，马克思在撰写《资本论》的过程中，对于各个经济范畴，始终在定性分析的基础上进行定量分析，因此 1993 年 12 月他又出版了《〈资本论〉中的数量分析》一书，主要以统计学的平均数规律，系统地介绍了《资本论》三卷中的数量分析，消除了读者对《资本论》没有定量分析的误解，填补了对《资本论》中数量分析的研究空白。这些《资本论》系列参考辅导用书受到学界和经济工作者的普遍好评，成为必备的参考书之一。其中三卷本《〈资本论〉提要》已发行数万册[3]。复旦大学经济学院至今仍将《〈资本论〉脉络》和《生产力与经济规律》作为学生必读教材。

二、确立改革开放指导思想的需要

新中国成立初期，我国学习苏联建立了高度集中的计划经济体制，这种体制对于迅速恢复国民经济、建立门类齐全的工业体系、实现我国由农业国向工业国转变发挥了积极的作用。50 年代中期后，随着我国国民经济的发展，高度集中的计划经济体制的缺陷逐渐暴露出来，阻碍了我国社会生产力的正常发展，经济学界开始对社会主义经济进行探索，频频向传统经济理论挑战，在经济管理体制上也出现了一些不同于苏联的若干特色。但随着"以阶级斗争为纲"极"左"路线的开展，"文革"的爆发，经济学界对于社会主义计划与市场的探索遇到了阻碍，片面强调生产关系的"左"的一套经济理论盛行，这段时期我国国民经济

---

① 张薰华.《〈资本论〉脉络》（第二版）[M].上海：复旦大学出版社，2012：207.
② 张薰华.《〈资本论〉脉络》（第二版）[M].上海：复旦大学出版社，2012：1.
③ 熊诗平，徐边主编.经济学家之路（第二辑）[M].上海：上海财经大学出版社，2001：04.

遭受了严重损失。十一届三中全会确立"解放思想，实事求是"的思想路线，党的工作重心转移到以经济建设为中心的轨道上，开启了改革开放的新时期。"什么是社会主义，怎样建设社会主义，如何发展生产力"成为当时重要的理论和实践探索的重要问题。改革开放初期，计划经济的老路已经被实践证明不适合我国当时实际情况，转轨商品经济，建立社会主义的市场经济制度是一场史无前例的改革，虽然有苏联和东欧国家的一些市场化经验可以借鉴，但残酷的事实证明了对计划经济的修修补补是不可能成功的，中国开始走向一条全新的道路，迫切需要理论的支撑与指引。按照我国国情和社会经济运动的规律，建设中国特色的社会主义道路，既不能照搬苏联的模式，又不能凭空主观去想象，经济学界转向《资本论》寻求答案。

马克思在《资本论》第一卷第一版序言中明确指出："本书的最终目的就是揭示现代社会的经济运动规律①。"《资本论》第一卷首版于1867年出版，很多人就认为《资本论》距今150年了，早过时了。不可否认，马克思在撰写《资本论》时研究的"现代社会"是当时的自由资本主义社会，但《资本论》揭示的并不仅仅是资本主义社会特殊的经济规律，其中还蕴含着大量现代社会普遍的经济规律。《资本论》的叙述方式采用了黑格尔辩证法的叙述方式，马克思运用生产力与生产关系相互关系历史唯物主义原理，由抽象到具体，由一般到特殊，在此基础上构建了各种经济范畴和规律，阐明了社会经济运行的一般原理和规律。虽然世界在这一百多年发生了翻天覆地的变化，出现了马克思不可预见的具体和特殊形式，但经济运行的基本原理没有变化，现代资本主义层出不穷的问题还未摆脱马克思的科学论断的范围，《资本论》中揭示的基本原理仍然在顽强地证明着自己的正确性。正如列宁所说："自从《资本论》问世以来，唯物主义历史观已经不是假设而是科学证明了的原理②。"历次资本主义的经济危机，都会在西方掀起一阵重读《资本论》的热潮，试图寻找解决经济危机的答案。当然，不改变社会制度，在既有的制度上修修补补仍然不能避免经济危机的发生，一次的经济危机验证了马克思的预言，这在某种程度说明了《资本论》所揭示的现代社会经济规律的正确性。只要还存在商品经济、市场经济，可以说《资本论》中现代社会经济运动的一般规律或基本原理仍不会过时，仍然是指导我国社会主义市场经济建设的重要指导思想。我国的社会主义初级阶段的理论与实践，也是以

---

① 马克思恩格斯文集（第5卷）[M]. 北京：人民出版社，2009：10.

② 什么是"人民之友"以及他们如何攻击社会民主党 [M]. 列宁专题文集——论辩证唯物主义和历史唯物主义. 北京：人民出版社，2009：163.

《资本论》中阐述的商品社会中一般的、具有普遍意义的市场机制、市场运行原理为理论基础的。

　　张薰华在《利用市场经济机制发展生产力》（1993）一文中，根据《资本论》的理论，划分了生产关系的两个层次，论证了《资本论》关于商品生产和市场经济的一般规律，同样可以为社会主义市场经济所用。他认为"商品经济本身并不具有特定的社会的性质，它可以与多种社会经济相结合①"。在当前我国社会主义初级阶段，也存在着商品生产，商品经济中的价值规律通过价格机制、竞争机制促进生产力的发展。因而"只要撇开生产的资本形式，这些规律也适用于我们的社会，因此这些一般规律在社会主义市场经济条件下仍然发生作用②。"因此，他认为，"学习《资本论》的目的在于弄清经济规律，运用这些原理按客观规律办事，才能使改革健康进行，生产力顺利发展③"。改革开放后三十多年我国国力迅速增强的事实，充分证明了马克思主义指导思想的正确，说明了我们所取得的成就与我们对《资本论》经济理论的正确认识和运用是分不开的。

三、解决改革开放实际问题的需要

　　马克思和恩格斯虽然创立了科学社会主义理论，但是由于历史条件的局限，他们未能对社会主义实践做出详尽的规划，新中国建国初期采用的苏联式高度集中的计划经济模式使我国逐步完成了由农业国向工业国的转变，但也暴露出越来越不适应社会生产力发展的弊端。中国进行社会主义经济改革是史无前例的社会改革，它本身没有固定的模式，没有现成的经验可循，完全是摸着石头过河。改革开放的过程就是在实践中不断遇到问题不断解决问题的过程，张薰华的经济思想也随着我国社会主义改革进程，不断发展和深化。

　　地租是土地所有权在经济上的表现，地租理论是马克思主义经济学的一个重要组成部分。马克思在《资本论》第三卷中研究的是资本主义的地租问题，体现的是地主对于农业雇佣工人的剥削，许多学者认为，在我国社会主义制度下，土地私有制被消灭，土地不能自由买卖和租佃，因此没有地租和级差地租存在的经济条件。所以，在计划经济时代，我国沿袭着苏联自然资源免费论的观点，存在着无偿使用土地，回避土地价格的问题。十一届三中全会后，随着经济体制的改革，对外开放政策的实施，实践中提出了新的课题。例如，在社会主义商品经济

①②　张薰华．利用市场经济机制发展生产力［J］．学术月刊，1993（06）：1-5．
③　张薰华．《资本论》与当代［J］．上海行政学院学报，2007，06：4-9．

中，各行各业大力推行经济责任制，实行独立核算，中外合资经营企业的建立与经济特区的开放，允许外商到中国来投资，必然会产生一个要在经济上体现土地所有权的问题。

张薰华在《资本论》地租理论的基础上，是第一个在国内学术界提出"土地批租"问题的学者①。土地是重要的资源和生产资料，一般认为，地租是土地私有制的产物，新中国成立后，我国消灭了土地私有制，建立了社会主义制度，随着国民经济发展，社会经济关系的许多方面发生了变化，经济理论界对于社会主义地租问题展开了讨论。60年代的讨论主要集中在农村人民公社的级差地租问题。80年代后随着改革开放的不断深入，中外合资企业的建立和经济特区的开放，允许外商到中国土地上投资，必然在经济上要体现土地所有权，经济理论界开展了社会主义绝对地租、级差地租等问题的讨论。如陈征的《要区分两种不同意义上的绝对地租》（1982）、洪远朋《试论社会主义绝对地租》（1983）、张薰华的《论社会主义商品经济中地租的必然性》（1984）、魏浩光的《论社会主义城市经济中的级差地租》（1984）等论文均从各自不同的角度提出了对社会主义地租的看法。

张薰华指出，在商品经济制度下，土地是一种重要的资源，使用的土地表现为具有价值，也就是土地必须有偿使用，无论是国有还是私有企业，只有有偿使用才能通过价值规律的调节达到合理的状态。"就经济学来讲，这就是地租问题：撇开绝对地租不说，就是在较优等土地上经营商品生产和流通必然会带来超额利润以及它的归属问题②"。张薰华认为，在我国社会主义初级阶段，土地所有制还存在着全民所有制和集体所有制的区别，各个国有企业是独立核算的单位，使用土地的企业和个人事实上只拥有土地所有权和经营权分离后的经营权。因此国家作为土地所有者应该收取地租体现所有权，尤其是由于土地的不同特性而带来的级差地租不应该由一部分人集体所有，"这个超额利润只应该由代表全民的国家来收取，才能消除一部分人对社会劳动的侵占③"。因此，张薰华认为，我国土地虽然消灭了私有制，但由于以上原因，国家土地的所有制通过地租在经济上实现，才能使得土地按照价值规律的调节合理使用，由土地带来的级差地租（超额利润）并不是由某个企业或集体创造的价值，而是由社会转移来的价值，这部

---

① 汪仲启．张薰华：中国土地批租制度的理论奠基人［N］．社会科学报，2013 - 08 - 08（005）.

② 张薰华．论社会主义商品经济中地租的必然性——兼论上海土地使用问题［A］．中国土地科学二十年——庆祝中国土地学会成立二十周年论文集［C］．2000：3.

③ 张薰华．论社会主义商品经济中地租的必然性——兼论上海土地使用问题（原载于《调查和研究》1985年第5期）［A］．中国土地科学二十年——庆祝中国土地学会成立二十周年论文集［C］．2000：3.

分超额利润也应由国家收取。

张薫华的这篇论文迅速引起上海市委研究室的重视。1985 年初，上海市委研究室委托张薫华针对上海土地的实际情况，增加政策建议部分，再写一篇论文。张薫华认真研究了熟悉香港制度的甘长求教授的介绍，考察了英国和港英当局的土地制度，经过认真调研思考，很快写成《再论社会主义商品经济中地租的必然性——兼论上海土地使用问题》一文。在这篇论文中，张薫华首次提出了用土地批租的办法来出租土地使用权。他认为，在土地的所有权和经营权分离的情况下，土地价格实际上是土地使用权（经营权）的出售价格，就是按利息率计算的地租价格。我国土地价格的拍卖可以借鉴英国和港英当局出售一定年限土地租用权、满期后连同地上建筑物一并收回的做法，简称"土地批租"。他认为，虽然英国是资本主义制度，但是这种土地批租的制度很好地解决了土地所有权和经营权分立后的价格确定问题，土地批租不会改变原有的土地所有权，也就不会改变我国土地公有制的性质。他建议，我国"可以将租期订为例如 20 年、30 年、40 年、50 年等等，按地段好坏定出地租级差标准，再按租期长短的利息率计出地价；并且，在租约中明文规定，必须按城市规划兴建某种建筑物（在市中心处运用高地价杠杆使建筑物被迫向高层发展），在租约满期后，也必须将地面建筑物完好地连同土地一起交给市房地产局。引进外资兴建工厂、宾馆、高速公路、码头等等都可用这种办法①。"

张薫华提出的土地批租思想及政策建议得到了上海和中央的重视和认可。很快，这篇文章由中央下发到各地机关，破除了人们头脑中传统的思维观念，土地这个重要的生产资料蕴含的巨大能量喷涌而出，产生了深远影响。张薫华的土地批租研究丰富了《资本论》的地租理论，奠定了我国城市地租重要的理论基础，催生了各地政府灵活运用土地的政策。在张薫华土地批租思想影响下，上海市首开先河，1986 年 10 月颁布了《中外合资经营企业土地使用管理办法》，首先在政策上明确了土地的有偿使用。1987 年 9 月，深圳市政府运用市场化手段，采取协商议标的形式出让有偿使用的第一块国有土地；1987 年 12 月，深圳市政府以拍卖形式出让第三块国有土地使用权，这是国内土地使用权拍卖第一槌②。1988 年 4 月，全国人大通过了《宪法》修正案，将《宪法》第十条第四款"任何组织或者个人不得侵占、买卖、出租或者以其他形式非法转让土地"，修改为"任何组织或者个人不得侵占、买卖或者以其他形式非法转让土地。土地的使用权可

---

① 该论文载于上海市委研究室《内部资料》第 6 期（1985 年 1 月 21 日印发）.
② 苏梅. "第一槌"响起的地方——深圳市土地市场化走笔 [J]. 国土资源, 2003, 05：56 – 59.

以依照法律的规定转让"。在"非法转让土地"的定义中去除了"出租"的形式，增加了"土地的使用权可以依照法律的规定转让①"条文。有了宪法的保障，出让土地使用权迅速成为各地政府财政的主要来源，为我国改革开放后的国民经济高速增长提供了充足的资金，打下了良好的基础。

改革开放的实践为张薰华的经济研究提供了大量素材和思路，土地批租思想就是张薰华一贯注重用马克思主义经济学原理分析解决中国现实问题的产物。改革开放后出现了一系列生态环境问题，虽然经济发展蒸蒸日上，但张薰华敏锐地意识到生态环境问题必将影响到生产力的发展，由此他展开了人口、资源、环境等基础性问题的研究，取得了丰硕的成果。

张薰华认为，研究经济规律的目的是为了促进社会生产力的发展，因此仅仅将经济规律的研究局限在生产关系是不够的，生产力作为生产关系的决定力量本身就是一个系统，生产力的系统尤其是生产力的源泉以及之间的关系更是生产力发展的内生力量，因此他认为经济学研究要深入到生产力系统内部，探究生产力源泉——人口、资源、环境与经济发展的内在联系，才能找到社会可持续发展的道路。

张薰华指出，按照生产力决定生产关系，生产关系反作用于生产力的原理，错误的生产关系也会对生产力源泉造成破坏，最终影响了生产力的发展。因此他提出要从生产关系的角度对生态环境进行保护，例如制定合理的国土规划体系，合理利用土地，通过市场化手段，改变资源利用不合理的僵化低价体系，促使经济模式由资源浪费的粗放型转向资源节约型的集约型模式。

在生产力源泉研究中，张薰华特别重视森林资源的保护。按照生态理论，森林在生态系统中起着基础性的作用，生态环境大部分因素都是依赖森林进行循环的，生态环境中如果缺失了森林这一要素，整个生态系统很快就会崩溃。因此他提出，保护和培育森林生态系统是人类环境保护的重点，以往农业产业的排序以农为首过于局限，这种排序将农（种植业）作为基础是错误的，从生态整体上看，林业才是基础性的产业。他把以往排序称之为"小农业"，若要实现可持续发展，必须从生态环境的整体效益出发，建立排序以林业为首的大农业，即林、农、牧、鱼、副业②。他的大农业排序思想是对小农经济思想的冲击，从生态保护与可持续发展的角度对农业发展道路进行了创新，具有很强的前瞻性。他还很

---

① 中华人民共和国宪法修正案（1988 年）[EB/OL]. 中国人大网，http：//www.npc.gov.cn/wxzl/wxzl/2000 - 12/05/content_4498.htm，2000 - 12 - 05.

② 张薰华. 林字当头与林农牧渔副为序 [J]. 林业经济，1992，03：1 - 4.

关注中国的人口问题，人口也是生态环境的重要因素，有很强的能动性，绝大部分的生态问题与人口的数量和质量密切相关。他从生态食物链角度分析，人作为生物金字塔的顶端，在取得对其他生态因素的优势地位后，必然会人口爆炸，最后造成生态环境失衡。张薰华通过生产力源泉的研究，指出可持续发展问题的核心问题是人口问题，如果不控制人口数量，提高人口质量，生态环境不能承受随之到来的人口爆炸。张薰华这些生态思想是我国生态文明思想的重要组成部分，尤其是他的生产力源泉分析角度，对于目前研究生态文明是一个很好的启示。

第三节　张薰华经济思想发展阶段

1959 年，张薰华被选送至中央党校理论班学习，跟随著名的马克思主义经济学家王学文学习研究《资本论》，自此开始张薰华就辛勤耕耘在《资本论》的阵地上。他始终致力于《资本论》原理的传播和发展，并坚持运用《资本论》基本原理分析我国社会主义现实问题，在诸多领域取得了丰硕的成果，为《资本论》的传播和马克思经济学的发展做出了突出的贡献。本节将回顾张薰华半个多世纪的理论教学和研究生涯，对张薰华教授每一阶段的经济思想成果进行梳理和总结。

一、对《资本论》理论和方法的研究和普及阶段

在马克思的墓碑下方刻着马克思的一句名言："哲学家们只是用不同的方式解释世界，问题在于改变世界[①]。"改变世界是马克思主义哲学的使命，马克思主义是实践的科学，是我们认识和改造世界的理论武器。改造世界需要尊重客观规律，尊重客观规律才能更好地发挥人的主观能动性，反之，违背客观规律就会受到惩罚。马克思主义经济学亦是如此，经济运行有其客观规律，探索客观经济规律是经济工作者重要的任务。科学的方法是探索发现经济规律的手段，唯物辩证法就是马克思主义者认识世界、改造世界的科学方法。张薰华教授在长期研究《资本论》的过程中对唯物辩证法深有体会，他认为，通过唯物辩证法这种科学的方法研究经济规律，而不是教条照搬、机械应用《资本论》的结论。只有根据

---

① 关于费尔巴哈的提纲［M］. 马克思恩格斯选文集（第 1 卷）. 北京：人民出版社，2009：502.

不同社会历史条件辩证地分析问题，探索其中的经济规律，才能促进生产力发展。在《遵循客观规律，促进经济发展》一文中，他的感受非常深刻："在近半个世纪的教学和科研生涯中，深深感到科学是一种方法论。马克思主义经济学不是教义而是科学，也是一种方法论，是经过马克思改造的黑格尔的辩证逻辑方法……科学的方法论使我不仅受益匪浅，而且不断扩展自己的知识面，深感社会主义经济建设一定要遵循客观规律办事，才能排除万难，真正促进经济的健康发展①。"

（一）系统简明地阐述《资本论》的内容

《资本论》这部社会科学巨著内容包罗万象，是人类先进文化和科学思想的结晶。由于篇幅长、道理深、难点多、典故繁，因此多数人浅尝辄止。张薰华在1959～1962年去中央党校理论班学习期间，刻苦学习马克思主义思想，接受了完整的马克思主义理论体系的训练，为他将来的科学研究打下了坚实的基础。1962年，他回到复旦大学从事《资本论》的教学研究工作，在教学工作中，他发现当时已有的《资本论》解读读物的不足，就开始自己编写《资本论》讲义，讲义中他注重将《资本论》原理与他的研究相结合，在教学过程中不断改进。经过三年的教学实践，他已编写出一套较为完整的《资本论》讲义。讲义不照本宣科，也非逐句解释，而是按照《资本论》原有框架和逻辑力求简要精干地阐述要点。1977～1982年，他历经五年时间重新修订了原有讲义，按照《资本论》三卷本的顺序出版了《〈资本论〉提要》三册本②。在当时，以经济建设为中心的思想确立，引发了全国学习《资本论》的热潮，各种解说《资本论》的著作相继出版，张薰华的这套著作由于简明扼要且逻辑性强，在当时引发巨大反响，成为学习《资本论》的必备参考书。这套著作按照《资本论》原有框架，言简意赅地系统阐述了《资本论》三卷原著的主要内容，而且张薰华根据教学过程中的经验，将学生难以理解的原著句子汇编成"难句试解"，附入每册书后，释疑解惑，受到正在学习《资本论》的读者普遍好评。

（二）深入研究并形象地阐述《资本论》的方法

列宁在《哲学笔记》中说道："虽说马克思没有遗留下'逻辑'（大写字母的），但他遗留下《资本论》的逻辑，应当充分地利用这种逻辑来解决当前

---

① 张薰华. 经济规律的探索——张薰华选集（第二版）[M]. 上海：复旦大学出版社，2010：37.
② 《〈资本论〉提要》第一册1977年5月出版，第二册1978年10月出版，第三册1982年3月出版.

的问题①。"张薰华多年研究《资本论》,对此深感认同。他认为,学习《资本论》不仅要学习马克思主义的基本原理,更重要的是学习《资本论》的逻辑,即唯物辩证法,只有真正掌握了唯物辩证法这一科学方法,才能摆脱教条主义、本本主义,才能认识客观经济规律,并运用规律来解决当前问题,改造世界。马克思曾说过:"不论我的著作有什么缺点,它们却有一个长处,即它们是一个艺术的整体;但要达到这一点,只有用我的方法。②"因此,如何深入浅出地让读者理解《资本论》的方法是关键问题,不仅有助于读者理解《资本论》的基本原理,更重要的是学会了认识世界、改造世界的科学方法论。关注《资本论》方法的教育也是张薰华著作的一个重要特色。他的著作、论文中非常重视科学理论与方法的运用,通过多年的研究,他不仅自己深刻掌握了《资本论》的方法,还希望人民群众掌握运用《资本论》的方法来改造世界,作为一个马克思主义者,他深知一个基本道理,"理论一经群众掌握,也会变成物质力量③",科学的方法论一旦为群众所掌握,就会爆发成为巨大的物质力量。因此,运用《资本论》的方法深入浅出阐述原理成为张薰华教授研究《资本论》的一大特色。例如,他在《〈资本论〉提要》第 3 册第 356 页中《关于〈资本论〉第三卷的标题》中阐述他所理解的唯物辩证法,他在著作中首次用"圆圈的圆圈"法来具体体现辩证逻辑,用不同层次的圆圈形象化地阐述了《资本论》三卷中资本的生产过程、资本的流通过程、资本主义生产总过程的辩证关系,让读者深刻理解"由抽象到具体、由简单到复杂、由本质到现象、由分析到综合的辩证逻辑方法④",使读者不仅理解了总过程之间的逻辑关系,而且理解了辩证逻辑的方法,让人易于理解,记忆深刻。

张薰华在教学中越来越深刻体会到辩证逻辑的方法是理解《资本论》的钥匙,因此,他尝试用辩证逻辑的方法重新阐述《资本论》,1987 年,他出版了研究《资本论》方法的重要成果《〈资本论〉脉络》一书,在书中附录《〈资本论〉脉络与辩证方法》中,他进一步阐述了《资本论》的辩证方法,分析了《资本论》的研究方法和叙述方法、历史与逻辑、定性分析与定量分析之间的辩证关系。他认为,理解《资本论》的逻辑应当从马克思的研究方法和叙述方法两

---

① 黑格尔辩证法(逻辑学)的纲要(批语摘选)[M].列宁专题文集——论辩证唯物主义和历史唯物主义.北京:人民出版社,2009:145.

② 马克思致恩格斯(1865 年 7 月 31 日)[M].马克思恩格斯文集(第 10 卷).北京:人民出版社,2009:231.

③ 《黑格尔法哲学批判》导言[M].马克思恩格斯文集(第 1 卷).北京:人民出版社,2009:11.

④ 张薰华.《资本论》提要(第 3 卷)[M].上海:上海人民出版社,1982:356.

个角度来领会。在研究方法上，马克思的研究方法是唯物的，从实际出发，由表及里，用头脑的抽象力由感性认识深入到理性认识，直至本质；而叙述方法要建立在研究方法得出的理性认识的前提下，然后由抽象到具体、由本质到现象，不能理解两者的区别，就不能正确认识唯物主义和唯心主义的区别，就不能正确认识马克思与黑格尔辩证法的根本区别①。张薰华的《〈资本论〉脉络》体现了他对唯物辩证法的深刻理解，通过一层层圆圈的形象方式，由抽象到具体、由简单到复杂、由本质到现象，展示了马克思应用在资本主义生产力和生产关系矛盾运动分析的唯物辩证法。这本书可以说是"《〈资本论〉提要》的提要②"，全书字数仅是《资本论》的十分之一，用20万字就将《资本论》的要点和方法完整地展现出来。读者通过这本书可以快速熟悉《资本论》的基本原理和方法，加深对《资本论》是客观地、历史地、辩证地反映资本主义社会经济运动规律的"一个艺术的整体"的理解。

（三）构建了以发展生产力为核心的经济规律体系

作为一个经济学家和革命者，张薰华有强烈的使命感，他并不满足于解读和传播《资本论》所取得的成就，在中华民族伟大复兴的社会主义建设新的征程中，他试图理论联系实际，重新审视构建社会经济规律体系。他说，"对于经济学家来说，掌握唯物辩证法的目的在于全面地认识并积极地发现客观经济规律。对于局部的经济规律，应当从它与整个社会经济规律体系的联系中来把握，才不会犯形而上学的错误③。"《资本论》中蕴含着大量现代社会经济运动的规律，但马克思并没有来得及构建一整套逻辑严密的经济规律体系。在前人学习研究《资本论》的过程中虽然总结了许多经济规律，但是还未有学者全面系统地构建现代社会经济规律体系。张薰华仔细研究了《资本论》中的经济规律，结合现代商品生产的具体实际，以唯物辩证法为分析方法，出版了《生产力与经济规律》一书。该书构建了以生产力发展为核心的经济规律体系，分析了各个规律之间的决定关系和内在联系。他认为，经济规律体系由社会生产力发展规律、生产力与生产关系相互作用的规律、价值规律三个子系统规律构成。其中，社会生产力发展规律、生产力与生产关系相互作用的规律体系是所有社会类型共有的规律体系，"社会生产力发展规律子系统是一切社会共有的首要的经

---

① 张薰华.《〈资本论〉脉络》（第二版）[M].上海：复旦大学出版社，2012：207.
② 张薰华.《〈资本论〉脉络》（第二版）[M].上海：复旦大学出版社，2012：1.
③ 张薰华.试论马克思主义基本原理 [A].上海市经济学会学术年刊（2006）[C].2007：6.

济规律①"，价值规律体系是商品经济社会特有的规律体系。社会生产力发展规律包括环境经济规律、人口经济规律、科学技术经济规律，以及它派生的国民经济按比例发展规律和国民经济发展速度规律。生产力与生产关系相互作用的规律子系统由生产力决定生产关系的规律、生产关系反作用生产力的规律和生产力与生产关系、分配关系相互作用的规律构成。价值规律子系统则由生产过程、流通过程和分配过程的价值规律以及价值实现规律构成，具体表现为价格规律。可以说，张薰华在构建经济规律体系的过程中，体现了他熟练运用《资本论》的方法的能力，通过他的经济规律体系，可以帮助人们从方法论上把握《资本论》的精华。

二、对生产力及生态文明的研究阶段

（一）由生产力研究深入到生态文明研究

早在 1985 年，张薰华就提出要重视研究生产力发展规律，并撰写了《论社会生产力发展规律》一文，探讨了生产力系统内部构成及相互作用的规律。随后发表了《论生产力决定生产关系的规律》（1986），从历史的角度阐述了马克思生产力与生产关系原理，再次强调社会发展是生产力、生产关系和上层建筑共同作用的过程。因为生产力在其中起了决定作用，因此形成了他关注生产力本身的研究思路。他通过研究认为，在马克思主义基本原理中，生产力决定了生产关系，但为了发展生产力却不研究生产力本身的结构、来源，这种研究方法不能说是完全错误的，至少是片面的，尤其是"文革"的那种片面强调生产关系的错误思想导致国民经济面临崩溃的教训，使他坚定地认为政治经济学的研究对象应该包含生产力，并将学术重点转移到生产力及其源泉的研究上。

1986 年，他发表了论文《土地与生产力》。文中指出，土地是生产力的原始源泉，无论在农业，还是工业、商业、采矿业和交通业中都是重要的生产资料，要充分保护和合理利用土地资源，在他与俞健合著《土地经济学》中详细地阐述了这一思想。由土地资源的研究开始，张薰华的研究视野又扩展到生态环境。1987 年《试论环境经济规律》一文阐述了他的生态环境思想，在文中他由分析生产力结构和源泉入手，结合生态学的研究，分析了生态环境内部的机理和辩证

---

① 张薰华. 遵循客观规律，促进经济发展 [M]（原文载于《我的经济观》1991 年第 3 册）//经济规律的探索——张薰华选集（第二版）. 上海：复旦大学出版社，2010：48.

关系，论证了生态环境在社会生产力中的基础作用，指出社会生产力的源泉——人口、资源、环境与人类社会可持续发展的重大问题密切相关。由此他开始了人口、资源环境和可持续发展等生态文明的基础研究，对生态文明中的人口、林业、农业资源等的可持续发展问题提出了精辟的见解。

（二）人口是经济发展核心问题观点的提出

张薰华深入地研究了生产力系统，分析其内部结构的关系后指出，人口问题是经济发展的核心问题。

生产力系统由三个层面组成，分别是生产力源泉，生产力本身和生产力的结果。这个系统内部各部分之间密切相关，互相进行着物质信息的交换。通过生产力本身的运动，将自然资源改造成人类的产品，也就是我们所说的生产过程。生产力源泉内部各要素相互制约，它们之间的比例决定了生产力系统内部各部分必须按比例均衡发展。不考虑整体均衡而强行加速局部的增长，会导致国民经济发展比例失衡，损害长远的经济发展速度，对整体生产力系统造成破坏，从而影响经济的稳步发展。张薰华认为，这种内部结构的比例关系决定了国民经济发展的比例关系。在内部关系比例关系中，人口是核心的因素，因此，在生产力的源泉中人与资源的比例关系是核心的关系，这种核心关系表现在生产力要素中就是人与生产资料的关系，在分配中表现为生活资料与生产资料的比例关系，也就是在生产力的结果——劳动产品中表现为消费和积累的比例关系，因此，"所有这些重要比例关系都是和人口分不开的[①]"。由此他深刻地认识到人口问题的重要性，撰写了数篇关于人口问题的论文，提出我国人口必须进一步控制数量，提高人口质量的观点。本书第四章第三节进行了详细阐述。

（三）以林业为首位的大农业观点的提出

通过生产力内部结构的研究，张薰华非常强调生态系统的整体效益的重要性。1987年在他的《环境经济规律》的论文中就提出了大农业中以林业为首的排序，在1989年出版的《生产力与经济规律》一书中详细地论述了林、农、牧、渔、副的排序问题。他认为，过去将农业内部构成按重要程度排序为：农、林、牧、副、渔是不够科学的，是长期以来农业生产形成的以种植业为中心的思维。他从生态农业这一高度出发，批评了小农经济的短视，构建了以生态为中心的大农业，对农业生态系统进行深入研究。1992年发表《林字当头与林农牧渔副为

---

① 张薰华. 生产力与经济规律 [M]. 上海：复旦大学出版社，1989.

序》一文，在学术界首次提出林、农、牧、渔、副这种新的排列次序的观点。张薰华指出，随着生产力的发展，人类改造自然的能力越来越强，人口繁殖越来越多，必然会毁林开荒，刀耕火种，最后就会破坏甚至毁灭了森林，这种传统的农业生产方式是不可持续的，人类历史上的教训数不胜数，例如美索不达米亚、阿尔卑斯山的意大利区、我国的黄土高原等等，都是因为破坏了森林植被，导致大自然的报复。张薰华通过对生产力源泉的分析，提出了在生态经济系统中，森林仍然是生态系统的擎天柱的观点。他从历史、生态的角度详细论证了森林的破坏导致生态系统崩溃，建立在生态系统之上的农、牧、渔也没有了发展的基础。他深刻地指出："'农'关系人们吃饭，而'林'关系人类生存。尽管农业搞不好会饿死一些人，但是森林砍光了则会使整个人类难以生存下去[1]。"因此，张薰华指出，以往中国长期处于农业社会，强调农业是国民经济的基础是有历史和理论基础的，但在大农业甚至整个生态环境，林业的重要性高于其他生态构成部分，林业功能的保障是农业发展的基础。因此他认为，林业应该是国民经济基础（农业）的基础，应该大力提倡保护森林、植树造林，保护国民经济基础（农业）的基础。他的林业为首的创新观点给传统保护森林的思维造成了震撼，传统思维已经意识到保护森林的重要性，但是还未提高到首位的高度，他的这个观点被原国务院发展研究中心顾问、生态经济专家石山所赞赏，称其观点为"我国农业的一次思想革命[2]"。

张薰华还对生产力源泉中的土地资源、水资源保护利用的问题进行了研究，本书第四章第三节进行了详细阐述。

三、对我国社会生产的社会形式的研究阶段

在改革开放大潮的进程中，各种现实的经济问题需要分析解决。张薰华除了关注生产力源泉这些基础理论的研究，还将更多的精力投入到我国社会主义经济建设的现实问题研究上。"20世纪80年代以来，就兵分两路，一路深入到社会发展的物质基础（生产力）及其源泉（人口、资源、环境）。另一路则探索其社会形式（生产关系以至上层建筑）[3]。"张薰华对生产的社会形式研究涉及社会主

① 张薰华. 林字当头与林农牧渔副为序 [J]. 林业经济，1992，03：1-4.

② 石山. 我国农业的一次思想革命——林农牧渔副新排列次序论引发的思考 [J]. 生态经济，1994（03）：6-10.

③ 张薰华. 经济规律的探索——张薰华选集（第二版）[M]. 上海：复旦大学出版社，2010：7.

义地租问题、市场经济机制问题、地产金融改革等现实经济问题，其中最广为人知的是他的土地批租思想。

（一）对社会主义地租及土地管理体制改革的探索

改革开放后，我国经济体制发生巨大变化。国有企业开始独立核算，引进外资和设立经济特区等改革涉及地租的问题。以往计划经济时代无偿使用土地的政策已不适用于新的时期，新的时期出现了土地所有权与使用权分离，合资外资企业进入中国开厂经营，土地作为重要的生产要素必须有偿使用避免国有资产流失，为改革开放筹措资金。如何建立社会主义商品经济条件下新的地租理论？土地管理体制如何改革？这些问题面临急需解决的局面。

张薰华认真研究了《资本论》的地租内容，在马克思主义地租理论的基础上，结合我国社会主义商品经济的现实情况，发表了《社会主义商品经济中地租的必然性》（1984）一文。他指出，在我国土地虽然是公有制，但是还存在着全民所有制和集体所有制的区别，还存在着土地所有权与使用权的分离，各个企业作为独立核算的单位，那么事实上就存在着土地所有者与使用者分离的情形，因此国家作为土地所有者，应该收取地租体现所有权。尤其由于土地的不同特性而带来的级差地租不应该一部分人集体所有，"这个超额利润只应该由代表全民的国家来收取，才能消除一部分人对社会劳动的'侵占'[①]"。他论证了在商品经济制度下，只有有偿使用土地才能通过价值规律的调节达到合理的状态。他的社会主义地租思想是我国土地管理体制改革理论基础的组成部分。他还对我国土地管理制度的改革提出了建议。针对上海市土地使用问题的现实情况，他写成了《再论社会主义商品经济中地租的必然性——兼论上海土地使用问题》（1985），文中对上海市土地管理改革提出了具体可操作性的政策思路。在这篇论文中，张薰华参考了英国和港英当局的土地制度，首次提出了用土地批租的办法来出租土地使用权。这种思路解决了土地所有权和经营权分离的价格确定问题。张薰华提出的土地批租思路得到了中央认可并向各级政府推广，为改革开放打下了良好基础。可以说，张薰华的地租思想奠定了我国城市地租重要的理论基础，为改革开放开辟了广阔的道路。

（二）对发挥市场机制作用促进社会发展的探索

市场经济的正常运行要求明确产权。社会主义公有制能否与市场经济结合？

---

① 张薰华. 经济规律的探索——张薰华选集（第二版）[M]. 上海：复旦大学出版社，2010：203.

张薰华认为,根据《资本论》的原理和唯物辩证法,社会主义公有制和市场经济并不违背。1993 年,他发表《利用市场经济机制发展生产力》一文,清晰简明地论证了市场经济可以与不同的社会制度结合。文中首先用圆圈的圆圈方法将生产关系划分为两个圈,内圈是商品所有权,外圈是生产要素所有制①。在商品经济中,生产资料所有制的形式并不意味着生产资料所有者和商品的所有者是一致的。在进行商品交换的市场经济中,商品的所有权与生产要素的所有权是可以分离的。决定社会主义还是资本主义的是外圈——生产要素所有制,而市场是商品交换的场所,市场经济只关心商品所有权,并不关心生产要素的所有权,因此,市场经济既可以与资本主义私有制也可以与社会主义公有制结合。

张薰华还指出,在社会主义市场经济体制下,要充分利用市场经济的机制调节生产要素,配置资源,促进生产力发展,同时也不能放弃国家的宏观调控。他指出,市场经济规律是价值规律的特殊表现形式,价格是价值规律的体现,市场经济通过价格实现资源的优化配置。市场价格是价值规律的体现,调节着生产要素配置,全部生产要素进入市场,形成合理的价格体系,这是市场经济正常发展的关键。张薰华指出,市场有其积极的一面,但也要看到市场有其自身的弱点和消极的一面,市场经济不能放弃国家的宏观调控。在 1993 年的《市场经济体制理论与实践》一文中从实践层面对完善社会主义市场经济提出了自己的观点。马克思所处的时代没有出现社会主义国家,未能就社会主义国家如何利用市场经济的问题留下明确的理论遗产。很多人就因此认为《资本论》过时了,有时代局限性了。张薰华关于利用市场经济机制发展生产力的思想说明了马克思主义经济学的基本原理和方法仍有着强大生命力,马克思主义仍然是我国社会主义市场经济的指导思想。

他还应用这些理论对中国的地产改革、金融改革、交通运输改革、保护生态环境等现实问题从经济学层面上进行了分析,提出了相应的对策。如 1998 年发表的《体改的源头在金融与地产改革》,提出因为价值规律在市场经济中表现为价格,价格运动表现为货币的运动,金融的改革就显得非常重要,土地是基本的生产要素,只有价格化才能合理地利用。对于交通问题他也有深入的研究,1992 年他与俞健、朱大钧编著了《交通经济学》一书,在交通业(含运输业和邮电业)的布局、生产率、交通业与价值规律的基础上,分析了内河、海洋、铁路、公路、航空、管道、城市交通和邮电通信等问题,指出当时交通业存在着许多与

---

① 张薰华. 从唯物辩证法看新中国的变化——兼论中国人口问题 [A]. 上海市经济学会学术年刊(2009)[C]. 2009:12.

社会主义商品经济体制不相适应的问题。书中提出了很多有见地的改革思路，对于促进我国交通业的改革奠定了理论基础。此外，他还非常关注我国社会主义经济建设现实中的具体问题，善于用《资本论》的基本原理和方法分析问题，提出对策。如《发展生产力与失业》（1991）、《长江开发与保护长江》（1993）、《市场体系中的土地市场定位与运行》（1994）、《从可持续发展战略看甬港深经济合作》（1998）、《从发展生产力剖解"三农"问题》（2005）等等。

第二章

张薰华经济思想的方法论

　　张薰华数十年研究《资本论》，对《资本论》的内容了然于胸，甚至《资本论》中细微的计算问题都逃不过他的眼睛。列宁说过"马克思主义的原则绝不在于背诵词句的多少，不在于必须永远遵守'正统的'公式[①]"，张薰华深知，马克思主义不是教条，而是方法，只有掌握了马克思分析问题、解决问题的方法，才能做到理论联系实际，与时俱进，才能实事求是地解决我国社会主义经济建设中出现的各种问题，创新和发展马克思主义。因此，张薰华非常重视科学方法的运用，无论在传播《资本论》基本原理的过程中，还是分析中国改革开放的现实问题中，他的经济思想都闪烁着马克思主义科学方法的熠熠光辉。张薰华在学术研究过程中较有特色的方法论主要有两个，一个是以唯物辩证法为基础的圆圈法，另一个是数量分析的方法，这两种方法都是唯物辩证法的具体应用。研究张薰华经济思想的方法对于马克思主义政治经济学的创新、新的研究方法的探索具有极其重要的意义。

第一节　唯物辩证的圆圈法

一、张薰华圆圈法的思想来源

　　张薰华的圆圈法来源于马克思改造过的黑格尔关于逻辑理念发展的表达方

---

　　① 合法派同反取消派的对话（1911 年 4 月 29 日）［M］. 列宁全集（第二版第二十卷）. 北京：人民出版社，1989：240.

式。在黑格尔《逻辑学》这本著作中，黑格尔描述概念发展的辩证运动时说："从单纯的规定性开始，而后继的总是愈加丰富愈加具体。因为结果包含它的开端，而开端的过程以新的规定性丰富了结果。……使自身更丰富、更密实①"。黑格尔把这种概念发展的运动形象地表述为圆圈套圆圈的方式，"科学表现为一个自身旋绕的圆圈，中介把末尾绕回到圆圈的开头；这个圆圈以此而是圆圈中的一个圆圈②"。黑格尔辩证逻辑的开端是建立在"绝对精神"这个唯心主义的基础上，马克思批判这个基础是"荒谬"的，剥离了黑格尔辩证法的唯心成分，以唯物主义为前提，形成了马克思主义的辩证唯物法，保留了黑格尔辩证法的合理内核。《资本论》中，马克思的叙述方法采用了黑格尔辩证法"正—反—合"的方式，由抽象到为具体、由本质到现象、由简单到复杂，一步步展现了资本主义社会经济运动的规律。但是两位伟大的哲学家只是用文字进行了表述，都没有在著作中具体形象地画出来。20 世纪 70 年代末，张薰华在教学过程的板书中，豁然开朗，用画圈圈套圆圈的形象方法展现了《资本论》的基本原理，简明扼要，通俗易懂，这种方法对于掌握《资本论》系统构成和脉络起到了很好的教学效果。1980 年，张薰华将这种形象的叙述方法在《辩证法在〈资本论〉中的应用》③ 一文中阐述了它的应用，这种方法迅速地传播开来。

二、张薰华对圆圈法的应用

张薰华的圆圈法是以唯物辩证法为基础的形象化。这种方法不仅可以形象地阐述马克思主义基本原理，还可以利用这种形象思维进行经济学创新。在张薰华的学术研究中，处处可以看到他应用这种形象的圆圈法阐述、研究经济理论和现实问题。因其形象生动地展现原理或剖析问题内部的辩证关系，张薰华在学术研究的道路上形成独特的视野，取得了丰富的学术成果。

1. 形象地阐述历史唯物主义的社会基本矛盾

历史唯物主义是马克思的两大发现之一。历史唯物主义认为推动社会发展的基本矛盾是生产力与生产关系之间的矛盾、经济基础与上层建筑之间的矛盾这两大基本矛盾。在社会发展中，生产力决定生产关系，生产关系反作用于生产力，

---

① （德）黑格尔. 逻辑学（下卷）[M]. 杨一之译. 上海：商务印书馆，1996：549.

② （德）黑格尔. 逻辑学（下卷）[M]. 杨一之译. 上海：商务印书馆，1996：551.

③ 张薰华. 辩证法在《资本论》中的应用 [J]. 学术月刊，1980，07：1–8.

经济基础决定上层建筑，上层建筑反作用于经济基础。这种基本矛盾的辩证关系被张薰华用圆圈法形象地表现出来（见图 2 - 1）。在三个圆圈中，内层代表本质、内容、一般，外层代表现象、形式、特殊，各层之间的关系是内层决定外层，外层反作用于内层。这种辩证关系通过圆圈法可以很形象地表现出来，而且圆圈可以遵循以上的辩证关系，层层扩展，这种形象的方法加深了人们对唯物史观的理解。

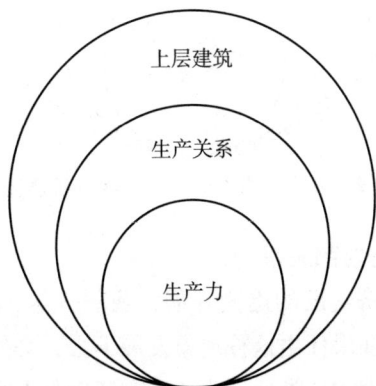

图 2 - 1　历史唯物主义的社会基本矛盾①

2. 简明地介绍《资本论》原理及脉络

《资本论》这部巨著思想深邃，概念繁多，原理深奥，200 多万字的篇幅让人望而却步，能真正读懂的人并不多。张薰华在传播《资本论》原理的过程中，为了帮助读者迅速掌握《资本论》的基本原理和方法，在《〈资本论〉脉络》一书中，仅用 20 万字的篇幅就简明完整地介绍了《资本论》三卷本的主要内容，这是他应用圆圈法的优秀成果。书中用圆圈套圆圈的方法，层层展开，完整展现了《资本论》的主要脉络和基本原理，这应该是《资本论》解读读物中最简明完整的版本了。在《生产力与经济规律》一书中，张薰华也运用圆圈法，由生产力规律开始展开，构建了经济规律体系，直观易懂，如图 2 - 2 所示。

除了阐述马克思主义经济学基本原理，张薰华还运用圆圈法分析研究中国的现实问题。

---

① 张薰华. 生产力与经济规律［M］. 上海：复旦大学出版社，1989：136.

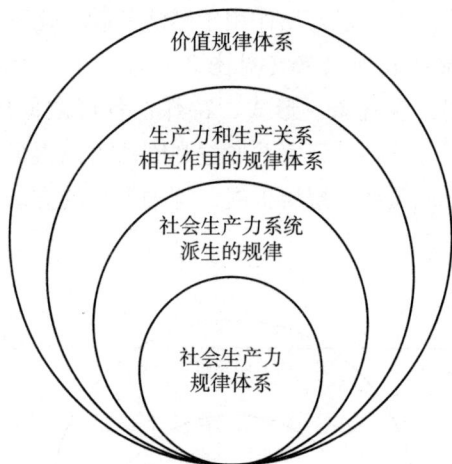

图 2 - 2　以生产力发展为核心经济规律体系①

3. 分析人工生态环境内部关系

改革开放后，随着经济建设的迅速开展，我国开始出现了破坏生态环境的现象。张薰华敏锐地意识到如果任由这种现象发展下去，必然会破坏生产力，影响社会的可持续发展。他用圆圈法清晰地说明了生态环境与人类社会的辩证关系，指出保护生态是社会可持续发展的基础。他将生态环境和人类社会合称为"人工生态环境"，"人工生态环境分为三个层次②"，如图 2 - 3 所示。最内层是非生物资源层，他称之为"基础环境"。基础环境为生命提供所需的物质，如阳光、大气层、水资源、土地资源等；中间层为除人类以外的生物群落，如动物、植物、微生物；最外层为人类社会。按照圆圈法的辩证逻辑，内层决定外层，外层反作用于内层。如果内层的基础环境因子被毁，中层的生命群落失去物质资源将会灭亡，当然，外层的人类社会也将不复存在。图 2 - 3 清晰简明地展现了三个层次之间的辩证关系。通过圆圈法的分析，张薰华提出了保护水土、保护森林、控制人口是生态环境三层次保持正常循环的基础的观点。这个观点是马克思主义生态观的深化，也是对历史唯物主义理论的深化，引导着人们从整个社会系统生存和发展的高度，来重视人口、资源和环境协调发展。目前我国建设生态文明社会所提倡的观点说明了他的生态思想的前瞻性与正确性，这些前瞻性的观点是我国生态文明理论重要的组成部分。这也说明了圆圈法不仅可以用于形象地阐述原理理论，也可以用于帮助人们分析现实问题，认清问题的实质，从而提出可行的解决策略。

---

① 本图根据张薰华. 生产力与经济规律 [M]. 上海：复旦大学出版社，1989：4. 提炼。
② 张薰华. 土地与环境 [J]. 中国土地科学，1995，04：1 - 5.

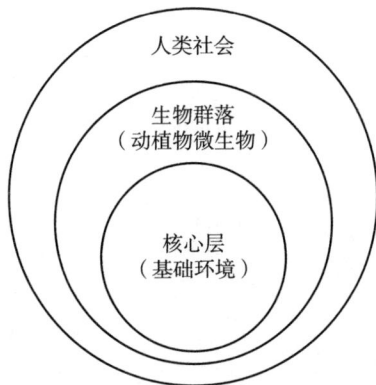

图 2 - 3　人工生态环境①

4. 论证社会主义市场经济科学性

改革开放后，随着我国社会主义商品经济的发展，有的学者照搬西方经济学理论，认为商品经济的发达形式——市场经济必须建立在私有制的基础上，妄图改变我国的社会主义制度。张薰华用圆圈法清晰地表明市场经济可以与不同的社会制度结合，有力地驳斥了这种歪理邪说。如图 2 - 4，张薰华将图 2 - 1 的中间层扩展成两层。他指出，生产关系可以划分为两个圈，内层是商品的所有制（市场经济），外层是生产要素（生产资料）所有制（私有或公有）②。在商品经济中，生产资料所有制的形式并不意味着生产资料所有者和商品的所有者是一致的。在进行商品交换的市场中，商品的所有权与生产资料的所有权是可以分离的，决定社会主义还是资本主义制度的是外层——生产资料所有制。而市场是商品交换的场所，市场经济只关心商品所有权，并不关心生产资料的所有权。因此，市场经济既可以与资本主义私有制也可以与社会主义公有制结合。马克思所处的时代没有出现社会主义国家，未能就社会主义国家如何利用市场经济问题留下理论遗产，很多人就因此认为《资本论》过时了，有历史局限性了。张薰华利用唯物辩证的圆圈法说明了《资本论》中关于市场经济的理论仍然可以用于指导我国社会主义市场经济的发展，这也说明了马克思主义经济学的基本原理和方法

---

① 张薰华 1995 年发表在《中国土地科学》杂志的论文《土地与环境》只有文字表述，该图根据张薰华 1999 年 12 月为全国人口、资源、环境学术研讨会提交的论文《人口、资源、环境的辩证关系》的图改画。2009 年，张薰华在上海市经济学会学术年刊发表的论文《从唯物辩证法看新中国的变化——兼论中国人口问题》中画了该图，但文字表述有所不同，实质内容一致。

② 张薰华. 经济学创新与唯物辩证法［A］. 中国《资本论》研究会. 中国《资本论》研究会第 11 次学术年会论文集［C］. 中国《资本论》研究会：2002：8.

仍有着强大生命力。

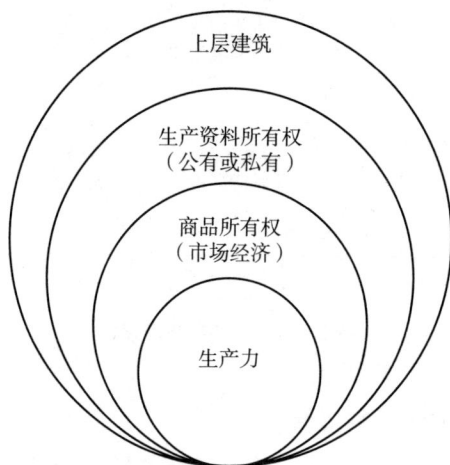

图 2 - 4　细分后的生产力、生产关系与上层建筑关系①

　　张薰华的圆圈法体现了他对唯物辩证法的灵活运用。在构建中国特色社会主义政治经济学理论体系的进程中，唯物辩证法还应该是我们分析解决问题的基本方法，汲取西方经济学中某些有益方法也必须在唯物辩证法的指导下才具有科学性。

第二节　数量分析法

　　张薰华教授有较为深厚的数学底蕴，数量分析方法是他在《资本论》教学中常用的方法。张薰华在高中（苏州工业学校土木科）期间就已经学习了高等数学，在复旦大学就读经济系期间进一步学习了经济数学和统计学。1945 年他毕业留校，担任了"统计学""经济学数学"课程教师。他发挥在数学方面的专

　　① 本图最初文字表述为张薰华 1993 年发表在《学术月刊》第六期《利用市场经济机制发展生产力》论文中，但未画图；2000 年，张薰华在《经济学家之路》第二辑中的文章《锲而不舍，探索规律》中画了该图，但文字表述有所不同，从内层到外层文字表述依次为"社会生产力""商品（市场）经济关系""资本主义（社会主义）生产关系"；2009 年，张薰华在上海市经济学会年刊的文章《从唯物辩证法看新中国的变化——兼论中国人口问题》画了六个层次图，由内层到外层文字表述为"源泉""生产力""商品所有制（市场经济）""要素所有制（私有或公有）""政治法律制度""意识形态"。为表述方便，本图根据《利用市场经济机制发展生产力》论文的文字表述重画。

长，利用数学和统计学分析的方法对国民经济发展的平均速度计算方法、指标等问题进行研究，发表了数篇高质量的研究论文，编写的《统计学原理讲义》被高教部列为全国推荐教材，这些成果引起有关方面的关注，并因此选送他到中央党校进行培养。

　　长久以来，《资本论》的分析方法给人们的印象都是定性分析，很少是定量分析。学界内主流的观点认为，马克思研究资本主义生产方式的方法是唯物辩证法、逻辑历史相统一的方法等等，与目前西方经济学中大行其道的各种数量分析方法相比，马克思在《资本论》中好像没有什么数量分析。在所谓的主流经济学家眼里，这大大降低了《资本论》逻辑的严密性和科学性。这种错误观点首先混淆了政治经济学和应用经济学的区别，政治经济学的任务是揭示现代社会经济运动的规律，属于以思辨和定性为特征的一种概括性的科学，在定量分析中要用科学的抽象舍弃大量的非本质的数据材料，概括而非精确地描述社会经济整体运动的规律。虽然马克思对于微积分也有深入的研究，但是我们可以看到，《资本论》中虽然主要运用的是初等数学，但完全达到了阐述经济规律的目的。无论是西方经济学推崇的古典经济学创始人斯密（Adam Smith），还是新古典经济学创始人马歇尔（Alfred Marshall，被称为当时最有才华的数学家之一），甚至在 20 世纪开创了西方宏观经济学的凯恩斯（John Maynard Keynes），虽然他们在数学方面都有很深的造诣，但在他们的著作中都尽量用简洁的语言表达思想，很少使用到数学；至于 20 世纪后发展起来的大量使用数学的应用经济学，数学的应用也是由于研究的目的所决定的。应用经济学是要精确描述纷繁复杂某一经济现象的具体运动过程，属于一种要求精确的学科，只用文字表述不可能精确描述。而且，目前西方经济学大量使用的数学工具属于现代数学，现代数学的理论和分析方法的基础是 19 世纪末才牢固建立的，1875 年达布（Darboux，Jean – Gaston）建立了严密的积分理论，1888 年戴德金（Julius Wilhelm Richard Dedekind）等人完成了严格的实数理论，这才为现代数学建立了牢固的基础。这种用 20 世纪高度发达的高等数学标准来评价积分逻辑基础还未完善的 19 世纪的理论，无异于是一种历史虚无主义，也是一种典型的刻舟求剑思维。

　　数学只是经济学的一种分析与论证的工具。一个经济思想的产生是学者掌握大量材料后洞察本质、科学抽象的结果，而不是靠数学推导出来的。为了保证数学分析的逻辑严密性，要假设各种前提，这种假设的环境往往与现实经济环境差距甚大，理论的解释力和预测力大打折扣。忽视定性分析，将数学分析作为经济学理论的主要分析方法必将使经济学研究陷入书斋中自我娱乐的数学游戏。2008年金融危机后，英国女王访问伦敦经济学院时提出的疑问很有代表性，"为什么没有人预见到信贷紧缩的到来①?",伦敦经济学院的回信很尴尬地解释目前的经济学理论所假设的环境与真实的世界是相脱节的。事实上,数学在经济学中的滥用已经引起了经济学界的反省,一些诺贝尔经济学奖获得者如科斯(Ronald H. Coase)、弗里德曼(Milton Friedman)也在批评经济学中数学的滥用导致经济学与数学趋同化,戏称诺贝尔经济学奖成为了诺贝尔数学奖,这种滥用导致经济学与真实世界的脱节,不能够解释和预测经济。当然,并不能因为数学在经济学中的滥用就完全否定数学分析在经济学中的重要作用。数学分析作为经济学分析和论证的重要工具,优势在于逻辑严密、有效利用数据,方便后人进一步研究。因此马克思也曾强调:"一种科学只有在成功地运用数学时才能达到完善的地步。"马克思为了研究经济学,一生从来都没有放弃过数学的学习和研究,至今在荷兰首都阿姆斯特丹的国际社会史研究所的档案馆还保存着马克思近千页的数学手稿。就像恩格斯所说的:"马克思在他研究的每一个领域,甚至在数学领域,都有独到的发现,这样的领域是很多的,而且其中任何一个领域他都不是浅尝辄止②。"通过历史档案,我们可以发现马克思把数学笔记和研究政治经济学的材料紧密地联系在一起。在马克思的笔记中,我们经常可以发现整页整页的各种代数运算、数学公式和图形。马克思也会因为在经济学研究中运用到一些高等数学而感到兴奋。例如,在他给恩格斯的一封信中谈道:"工资第一次被描写为隐藏在它后面的一种关系的不合理的表现形式,这一点通过工资的两种形式即计时工资和计件工资得到了确切的说明(在高等数学中常常可以找到这样的公式,这对我很有帮助)。③"

张薰华运用他的数学、统计学专长,多年潜心于《资本论》的数量分析。他认为:"三卷《资本论》卷卷都包含着数学的方法,处处运用数学方法具体分析经济运行的内在联系④。"学习《资本论》不能死记硬背,要注重方法才能理解《资本论》的理论精髓。马克思主义的基本方法是唯物辩证法,数学方法是唯物辩证法的具体运用,也是马克思撰写《资本论》的重要方法。只有了解数学方法,才能深刻理解《资本论》中经济范畴和经济规律的严密性和确定性,提高逻

① 全球经济危机的"女王难题"[EB/OL]. 搜狐财经,http://business.sohu.com/20090917/n266795778.shtml,20090917.

② 恩格斯. 在马克思墓前的讲话 [M]. 马克思恩格斯文集(第3卷). 北京:人民出版社,2009:601-602.

③ 马克思致恩格斯(1868年1月8日)[M]. 马克思恩格斯文集(第10卷). 北京:人民出版社,2009:276.

④ 尤莼洁.《资本论》没有金融危机的所有答案 [N]. 解放日报,2009-03-19(005).

辑分析能力；才能深刻的认识《资本论》原理的科学性，自觉地运用这些原理分析解决问题。为了帮助人们更好地理解《资本论》中的原理和范畴，1993 年他出版了专著《〈资本论〉中的数量分析》。书中按照《资本论》的逻辑顺序，以平均数规律为核心，用统计数学语言系统地描述了《资本论》三卷中原理和范畴的有关数量分析的内容。这是我国第一部系统研究《资本论》中数量分析的专著，体现了马克思在那个时代充分运用数学分析方法的事实，验证了《资本论》原理和范畴的科学性，为学习《资本论》的人们提供了更加简明的原理与范畴分析。

张薰华在《〈资本论〉中的数量分析》一书中运用数量分析主要有以下两个特点：

一、用数学语言精炼表述《资本论》的原理

在《资本论》中，马克思大量使用平均数的范畴，例如社会平均劳动时间、平均利润率、平均周转率、市场平均价格等。马克思对平均数的重视是因为平均数处理的是大量的同质异量的数据，这种处理能反映事物的综合特征和普遍规律，也称之为平均数规律。马克思认为："在整个资本主义生产中，一般规律作为一种占有统治地位的趋势，始终只是以一种极其错综复杂和近似的方式，作为从不断波动中得出的、但永远不能确定的平均情况来发生作用[①]。"一般规律由于受到偶然性的影响会不断波动，数量上就表现为一个个带有偶然性的变数。但这些偶然性的变数有着共同的内在必然性，这种必然性就是它们的集体规律性。在集体中，这些变数由于偶然性离差总会相互抵消，因此它们的集体规律性就通过平均数表现出来了。所以马克思认为："规律只能作为没有规定性的盲目起作用的平均数规律为自己开辟道路[②]。"所以，平均数表现了这些数量的本质。张薰华以平均数规律为分析方法符合《资本论》科学地揭示经济规律的目的。

张薰华在书中介绍了统计学中的一些概念，如变数、权数算数平均数、中位数、众数等，以及统计学算术平均数的数学表达方式。接着他用统计数学充分展现了《资本论》中的数量分析，有力地证明了《资本论》中规律的科学性。如《资本论》中单位商品价值量的减少或商品单耗劳动的减少就等于发展生产力这一规律，张薰华用数学方法分析如下：

---

① 马克思恩格斯文集（第7卷）[M]. 北京：人民出版社，2009：181.
② 马克思恩格斯文集（第5卷）[M]. 北京：人民出版社，2009：123.

$$社会平均劳动时间：\bar{t} = \frac{\sum t^{①}}{n} \tag{1}$$

注：n 为使用价值总和，t 为个体使用价值消耗的时间量

$$使用价值总量：n = \sum t \cdot T^{②} \tag{2}$$

注：T 为劳动生产力

公式（2）$n = \sum t \cdot T$ 可以转化为 $T = \dfrac{n}{\sum t} = \dfrac{1}{\sum t/n} = \dfrac{1}{\bar{t}}^{③}$

从以上的公式推导可以很清晰地看到劳动生产力 T 与社会平均劳动时间 $\bar{t}$ 成反比，也就是说与平均商品单耗劳动成反比，他用统计数学简要地证明了单位商品价值量的减少或商品单耗劳动的减少就等于发展生产力这一规律。全书对资本的生产过程、再生产和流通过程，以及分配过程出现的规律一一进行了数学分析证明，这里限于篇幅不再展开。

二、注重经济范畴质和量规定性的统一

唯物辩证法是《资本论》的根本方法，一切事物都是质与量的统一，经济范畴亦如此。《资本论》中各种经济范畴的分析都是在质的基础上进行量的规定性分析。正如上文所说的平均数规律，变数的偶然性在集体中表现必然性，平均数表现的就是大量"同质"不同量的变数的必然性。例如，价值实体与价值量，先确定了价值实体的规定性——即人类的劳动时间，然后在此基础上进行时间量的分析。马克思对这些经济范畴都是在定性的基础上进行定量分析。张薰华在分析《资本论》中经济范畴的数量关系时，都是围绕着经济范畴的本质，将数量分析建立在质的分析基础之上，并且把两者结合起来，深刻地体现了唯物辩证法质量互变规律和马克思经济学数量分析的特点。比如张薰华在分析价格偏离价值问题时是这样解释的：第一种含义的劳动决定价值，价值表现为价格是内在的必然性，价格偏离价值是偶然性，但是在供求不平衡的条件下，从第二种含义的劳动决定价格总额的另一过程来看，价格偏离价值又具有必然性。这种注重经济范畴质和量规定性统一的分析就很好地体现了唯物辩证法质量互变规律。

①③　张薰华.《资本论》中的数量分析［M］.济南：山东人民出版社，1993：22.

②　张薰华.《资本论》中的数量分析［M］.济南：山东人民出版社，1993：18.

第三章

张薰华的经济规律体系思想

经过十年"文革"深刻的教训，十一届三中全会后，解放生产力、发展生产力是社会主义的根本任务的思想成为全党与全民共识。正如恩格斯所说："伟大的阶级，正如伟大的民族一样，无论从哪方面学习都不如从自己所犯错误的后果中学习来得快①"。这种发展生产力的思想符合马克思的历史唯物主义的观点，生产力的发展是"全部历史的基础"，是社会发展的决定力量，这是人类社会发展的客观规律。客观规律是事物之间的"内在和必然的联系"，是不以人的意志为转移的。人类在改造世界的过程中要受到客观规律的支配，发现规律、掌握规律、遵循规律是马克思主义的基本原则。改革开放后我国的工作重心转向以经济建设为中心，就是要解放生产力、发展生产力，满足人民日益增长的物质文化需要。以经济建设为中心必须遵循社会经济运行的规律，现代社会经济运行日趋复杂，构成要素日益繁多且在不断变化中。这些要素内在、必然的联系构成了经济规律，各个经济规律在经济运行中同时发挥作用，它们的有机联系形成了经济规律体系。

《资本论》中包含着大量的经济规律，如生产力决定生产关系的规律、国民经济按比例发展规律、价值规律、货币流通规律等等，这些经济规律像珍珠一样洒落在《资本论》的大海中，未曾有人系统完整地构建整个经济规律体系。在我国进入改革开放时代后，我国经济基础和社会制度都与《资本论》研究对象有很大不同，经济建设不可能教条地照搬《资本论》揭示的规律，建立系统完整、符合我国社会现实的经济规律体系成为当务之急。在构建社会主义经济规律体系的过程中，张薰华做出了开创性的探索，他对经济规律体系的研究成果形成了《生

---

① 恩格斯.《英国工人阶级状况》1892 年德文第二版序言［M］. 马克思恩格斯文集（第 1 卷）. 北京：人民出版社，2009：379.

产力与经济规律》一书。在经济规律体系的研究中，张薰华详细研究了《资本论》的研究对象，认真思考了社会主义的根本任务，提出了经济规律体系必须以生产力发展规律为核心来构建，这和传统只关注生产关系运动规律不同，反映了他的经济规律体系的特点。在经济规律体系构建中，由于多种经济规律同时存在并同时发生作用，张薰华很注意研究它们之间的相互联系、相互影响、相互制约的关系，形成符合马克思主义基本原理、逻辑自洽的一个经济规律有机整体，为我国经济规律体系的进一步研究打下了牢固的基础，提供了新的思路。

第一节 经济规律体系思想的产生背景

一、理论界对经济规律体系的探索

如何在生产力不发达的落后国家建设社会主义？在马克思的著作中没有现成的答案。自十月革命一声炮响，苏联首先开始了社会主义经济建设，也开始了对社会主义经济规律及其体系的探索。自 20 世纪 20 年代列宁逝世后，在斯大林主政期间，苏联形成了高度集中的计划经济体制，国民经济高速增长。1937 年，经过仅仅两个五年计划的建设，苏联就取得了工业总产值跃居欧洲首位、世界第二位的巨大成绩。计划经济带来的飞速发展使得当时苏联的经济理论界认为，经济规律在社会主义社会不起作用。但随着经济的发展，苏联的计划经济体制也出现种种问题。1952 年，斯大林的著作《苏联社会主义经济问题》发表，书中总结了苏联经济建设的经验教训，提出社会主义国家也存在着经济规律，经济规律是客观存在的，不以人的意志为转移，人的主观能动性必须遵循经济规律，因此对于经济规律要充分认识和加强运用。

在斯大林重视经济规律的观点影响下，我国经济学界在 1955 年社会主义改造时期和 1962～1965 年国民经济调整时期，也开展了经济规律问题的热烈讨论。于光远、孙冶方、许涤新等学者对社会主义经济规律进行了探索，发表了许多观点意见。其中社会主义经济建设也要重视价值规律等观点在目前看来是正确的，但当时的讨论还处于初始摸索阶段，对于各个经济规律只进行了孤立、静止的探讨，每位学者从不同的角度强调某种经济规律的重要性，还没有学者深入研究各个经济规律之间的内在联系。当时苏联对于经济规律的研究也处于这一阶段，1958 年，毛泽东评论《苏联政治经济学教科书》说"这本书只有分工而无统一，没有形成科学体系，像是一本经济学词典①"。由于我国社会主义建设时期较短，加上"文革""左倾"思想的干扰，经济学界未能将这种讨论继续下去，对经济规律及其体系的探索陷入停滞。

十一届三中全会后，随着思想解放运动的开展、国家工作重心的转移，经济学界思想开始活跃，重新开始了对社会主义经济规律的探索。在总结我国经济建设的经验和教训过程中，学者们发现忽视经济规律不可取，但是孤立片面地运用某些经济规律也会导致经济建设的失误。恩格斯在《社会主义从空想到科学的发展》中说过："把各种自然物和自然过程孤立起来，撇开宏大的总的联系去进行考察，……就造成了最近几个世纪所特有的局限性，即形而上学的思维方式②。"对经济规律的研究也是一样，把各种规律孤立、僵硬的研究，必然会使得这种研究陷入不可解决的矛盾。于是许多学者开始研究各经济规律之间的联系，从系统上、整体上研究经济规律以及它们之间的辩证关系，反对孤立地认识和运用经济规律③，这为后来的学者构建经济规律体系开拓了道路。随着讨论的深入，1983年，中国社会科学院经济研究所成立了中国社会主义经济规律系统研究会，并召开了第一届年会，吸引了越来越多的研究者参与我国社会主义经济规律体系的研究。

二、研究经济规律体系的重要性

研究经济规律及相互关系，构建经济规律体系是一个非常重要的问题，它的重要性表现在：

（一）整体研究经济规律的需要

为了避免孤立、片面地理解经济规律，就需要用普遍联系的观点研究经济规律。事物总是在普遍联系中永恒发展，这是马克思主义唯物辩证法的总特征。在马克思和恩格斯看来，孤立地看待一个个事物，忘记了它们之间的联系，这是一种形而上学的思维，虽然符合常识，但是"它每一次迟早都要达到一个界限，一超过这个界限，它就会变成片面的、狭隘的、抽象的，并且陷入

---

①　邓力群．和毛泽东一起读苏联《政治经济学教科书》[J]．党的文献，2011，05：27-30.
②　恩格斯．社会主义从空想到科学的发展 [M]．马克思恩格斯文集（第3卷）．北京：人民出版社，2009：539.
③　于光远．关于规律客观性质的几个问题 [J]．哲学研究，1979，01：7-19.
④　薛暮桥．研究和运用社会主义经济发展的客观规律 [J]．经济研究，1979，06：3-12.

无法解决的矛盾①""因为辩证法在考察事物及其在观念上的反映时,本质上是从它们的联系、它们的联结、它们的运动、它们的产生和消逝方面去考察的②。"

考察现代社会经济的规律,亦是如此。现代社会结构要素纷繁复杂,每个组成部分都有自己的规律并且在不断地运动发展中。这些规律相互影响导致同一个经济现象受多种经济规律的支配,不在联系中、运动中考察它们,就会陷入孤立静止的形而上学的泥潭。马克思在考察资本主义社会,揭示现代社会经济运动的规律的过程中,批判了资产阶级庸俗经济学孤立、僵硬或者浮于表面联系考察经济现象的研究方法,总是在普遍联系和发展中研究经济规律,深刻揭示经济规律间的内在联系,《资本论》就是这种唯物辩证法的根本体现。恩格斯在为马克思《政治经济学批判》写的书评中说道:"我们面前的这部著作,绝不是对经济学的个别章节作零碎的批判,绝不是对经济学的某些争论问题作孤立的研究。相反,它一开始就以系统地概括经济科学的全部复杂内容,并且在联系中阐述资产阶级生产和资产阶级交换的规律为目的③。"这种在联系中和发展中研究经济现象,分析它们之间内在的必然联系,形成相互联系、相互制约、相互影响的经济规律有机整体的研究方法,是马克思留给经济研究者的一笔宝贵财富,尤其在史无前例的中国社会主义道路建设上,我们更要坚持这种方法来研究经济规律。

(二) 我国社会经济实践发展的需要

新中国成立后,经过三大改造任务,我国进入了社会主义初级阶段。改革开放前,我国主要学习借鉴苏联高度集中的计划经济体制,经济成分单一,经济关系简单,虽然这种体制在前期带来了国民经济的高速增长,但是后期这种体制与生产力发展不相匹配的问题就显现出来了,导致生产力和社会主义生产关系的发展受到了限制,经济规律的研究也没有充足的实践材料可供考察。改革开放后,随着社会主义初级阶段理论的确立,社会主义商品经济的发展,催生了社会主义市场经济体制的产生,我国逐渐融入到经济全球化的大潮中。我国的社会主义经

---

①　恩格斯. 社会主义从空想到科学的发展 [M]. 马克思恩格斯文集(第3卷). 北京:人民出版社,2009:540.

②　恩格斯. 社会主义从空想到科学的发展 [M]. 马克思恩格斯文集(第3卷). 北京:人民出版社,2009:541.

③　恩格斯. 卡尔·马克思《政治经济学批判。第一分册》书评 [M]. 马克思恩格斯文集(第2卷). 北京:人民出版社,2009:600.

济建设日趋成熟也日趋复杂，为经济规律的考察提供了大量的实践材料，也促使着更多的经济研究工作者加强我国经济规律体系的探索，为社会主义经济建设提供指导思想。

（三）社会主义经济理论发展的需要

对经济规律体系的研究是社会主义经济理论发展的需要。中国特色社会主义道路取得了巨大成就，必然在理论上要进行总结，这是继续指导我国社会主义经济建设实践的需要，也是马克思主义自身发展的需要。中国道路的伟大实践为构建中国特色社会主义政治经济学理论体系打下了良好基础，中国特色社会主义政治经济学理论体系应该是我国社会主义经济建设过程中各种经济规律的集合，但并不是简单的排列组合，而是在普遍联系和发展中研究经济规律，揭示社会主义社会经济运行的规律体系，这样才能确立科学的理论系统。

三、张薰华研究经济规律体系的基本思路

（一）坚持以生产力发展规律为核心

在这个背景下，张薰华通过对《资本论》的系统研究，提出了他的经济规律体系思想。他认为，"政治经济学的研究对象不应仅限于生产关系，而应该包括生产力，一切经济规律都源于作为物质内容的社会生产力发展规律，都是生产力规律从内容到形式的展开，形成了一个有机的经济规律体系①"。所有经济规律的有机体系的出发点是生产力发展规律，由此出发，从抽象到具体，由简单到复杂，逐步展开为各个经济规律。在这个经济规律体系中，每一经济规律都潜在着生产力规律的作用，都是生产力规律的展开形式。而生产力规律也因展开的各个经济规律丰富了自己，使自己更充实起来。恩格斯说过："根据唯物主义观点，历史中的决定性因素，归根结底是直接生活的生产和再生产②。"列宁在驳斥历史唯心主义者时说："只有把社会关系归结于生产关系，把生产关系归结于生产力的水平，才能有可靠的根据把社会经济形态的发展看成自然历史过程③"，深

---

① 张薰华.生产力与经济规律［M］.上海：复旦大学出版社，1989：3.
② 恩格斯.《家庭、私有制和国家的起源》第一版序言［M］.马克思恩格斯文集（第4卷）.北京：人民出版社，2009 15－16.
③ 什么是"人民之友"以及他们如何攻击社会民主党［M］.列宁专题文集——论辩证唯物主义和历史唯物主义.北京：人民出版社，2009：161.

刻说明了生产力在社会发展中的决定作用。同样的道理，"只有把经济规律归结于生产力规律的高度，才会有科学的经济规律体系①"。

（二）注重把握规律之间的辩证关系

张薰华对经济规律的研究坚持了唯物辩证法，在社会主义商品经济的条件下，从普遍联系中、从各个经济规律的相互关系中来认识和把握经济规律，并根据生产力决定生产关系、生产关系反作用于生产力的基本原理分析经济规律体系的内部结构，分层次构建整个体系。他认为，"在商品经济中整个社会经济规律体系由社会生产力发展规律、生产力与生产关系相互作用的规律，价值规律三个子系统规律构成②"。张薰华认为，在这三个子系统之间的关系中，社会生产力发展规律是最核心的经济规律，决定着其他两个子系统规律，他认为是第一层次的规律，称之为"社会根本经济规律"。生产力和生产关系相互作用的规律是社会基本矛盾运动的规律，在这个经济规律子系统中，传统认为的社会基本经济规律是生产关系反作用于生产力的规律，张薰华认为，社会基本经济规律应该是生产力决定生产关系的规律，这是第二层次的规律。生产关系反作用于生产力的规律他认为是第三层次的规律，称之为"社会主要经济规律"。前面三个规律子系统是一切社会共有的经济规律体系，是所有社会类型都存在的经济规律。而价值规律子系统是商品经济的产物，是商品经济的基本规律，是社会生产力和商品生产关系相互作用的规律，只要是商品经济社会，社会生产力规律就会通过价值规律表现出来。

除了经济规律体系的子系统，张薰华还构建了子系统下的子规律，子规律之间相互作用、相互影响，并受到上一层次的规律制约。例如：社会生产力规律体系包含社会生产力发展规律、环境经济规律、人口发展规律、科学技术规律，以及派生的国民经济按比例发展规律和国民经济发展速度规律等等③。

张薰华的经济规律体系构建反映了他对历史唯物主义和唯物辩证法的深刻认识，虽然传统政治经济学认为经济规律考察对象应该以生产关系的内在联系为主，但是张薰华的经济规律体系却以考察社会生产力规律为核心，笔者认为这应该是符合马克思主义政治经济学研究目的的，这也是他研究经济规律体系的特色

---

① 张薰华. 生产力与经济规律 [M]. 上海：复旦大学出版社，1989：3-4.
② 张薰华. 遵循客观规律，促进经济发展 [M]（原文载于《我的经济观》1991年第3册）[M].
经济规律的探索——张薰华选集（第二版）. 上海：复旦大学出版社，2010：47.
③ 张薰华. 生产力与经济规律 [M]. 上海：复旦大学出版社，1989：5.

和独立思考精神的体现。张薰华经济规律体系注重考察生产力、生产关系和上层建筑三者之间的辩证关系。他根据三者之间内容决定形式、形式反作用于内容的关系，提出对社会经济问题的分析不应浮于表面，而应该从形式深入到内容。"一是从上层建筑深入到经济基础。二是在经济基础上还要从生产关系深入到生产力。三是再延伸到生产力的源泉——人口、资源、环境①。"他的这种思考方式是他熟练运用唯物辩证法的体现，也是他学术贡献的方法论基础，更是我们应该学习掌握的分析方法。

（三）坚持以人为本，遵循科学发展观

社会主义的根本任务是发展生产力，满足人民日益增长的物质文化需要。发展生产力必须遵循经济规律，研究经济规律本质上是以人为本。张薰华继承了马克思和恩格斯对整个人类的强烈使命感，他对生产力规律的研究体现出他关注人类命运前途的拳拳之心。张薰华将生产力纳入经济规律体系的一个原因是生产力是社会发展的决定力量，另一个原因是生产力的源泉如果被破坏，不仅阻碍了生产力的发展，更重要的是，影响到人类社会的可持续发展。一旦人类社会丧失了可持续发展的条件，人类社会就可能消亡，建立在人类社会上的各种规律将化为乌有，这也是他非常关注生态环境经济规律的重要出发点。他的这种关注人类命运的思想和我国的以人为本、科学发展观及生态文明的思想是相契合的。除了生产力发展规律，在经济规律体系的各个层次，在他看来都需要以人为本。比如生产关系是人和人之间的关系，上层建筑是人和人形成阶级或阶层之间的关系等等。张薰华在经济规律体系的构建中正是遵循马克思的人文主义情怀，关注人类社会可持续的科学发展，他的思想才在创新中越来越显示出厚重的使命感和强大的生命力。

张薰华教授经济规律体系思想继承了《资本论》的方法和马克思的人文情怀，从体系方法上把握了生产力规律等规律之间的辩证关系，从人文上体现了他关怀国家和人类命运的使命感。他的思想不仅帮助人们梳理了马克思主义经济学中的各种经济规律，更重要的是引导人们深刻理解人类社会客观规律的唯物辩证法，为马克思主义政治经济学的丰富和发展做出了重要贡献。

以下分节介绍和总结张薰华经济规律体系各个子系统的思想。

---

① 李雪. 关于经济规律的探索——复旦大学教授、博士生导师张薰华先生访谈录 [J]. 经济师，2011，05：6-8.

第二节 对社会生产力系统的研究

经济的根本在于生产，而生产的物质内容是生产力。前文已阐述张薰华将生产力规律纳入经济规律体系的逻辑，因此，张薰华对于经济规律体系的叙述从社会生产力发展规律展开。人类生产力已发展几千年，传统观点只关注生产力本身，即劳动者、劳动资料和劳动对象。张薰华认为只关注生产力本身容易片面看待问题，应该把生产力放在生产力系统中整体来研究。他将生产力研究拓展为生产力系统研究，将生产力的源泉（生态环境）和生产力的结果（产品）纳入到生产力系统中，构成了一个三层次的生产力系统。张薰华认为，"这个系统有它的一般规律和它的子系统各构成因素的规律。具体来说就是：社会生产力发展规律、环境经济规律、人口规律和科学技术经济规律①。"

一、社会生产力系统的结构及相互关系

张薰华认为，社会生产力发展规律是经济规律的核心，为了和传统的基本经济规律区分，他把它称为"根本经济规律②"。

张薰华认为，生产力发展规律首先要弄清生产力这一范畴。生产力是劳动者改造自然以生产使用价值的能力。他认为生产力除了这个本质的规定外，要研究它的规律必须从生产力系统整体中进行考察。前文已说明了张薰华将生产力源泉和结构纳入生产力系统。接着他对于生产力系统的各部分进行了辩证的分析，清晰地展现了生产力系统的结构。

生产力的源泉由三个部分组成，最核心是自然力（自然资源），其次为人力，再次为科学技术力③。

生产力自身的构成就是传统的三要素观点。张薰华首先分析了生产力本身和源泉之间的关系。源泉中自然力（自然资源）进入生产过程，成为劳动对象，以

---

① 张薰华. 生产力与经济规律 [M]. 上海：复旦大学出版社，1989：1.

② 张薰华. 生产力与经济规律 [M]. 上海：复旦大学出版社，1989：3.

注：张薰华关于生产力源泉有两种表述方式，一种表述为物质形态，主要是人口、资源与环境，合称人工生态环境；另一种表述为力的形态，主要是自然力、人力和科技力，这两种表述本质上是一致的，在不同的地方使用不同的表述。

③ 张薰华. 生产力与经济规律 [M]. 上海：复旦大学出版社，1989：4.

及为劳动资料提供了资源，源泉中的人力进入生产过程就是劳动力，科学技术力则随着社会的发展越来越快地渗透到三要素中，提高了三要素的素质。

然后张薰华分析了生产力与生产力的结果（产品）的关系。生产力的结果表面看起来是人类劳动的产品或商品，但重要的是结果体现了生产力自身的效率，也就是劳动生产率。生产力的提高意味着同样时间内的生产产品的增加，这种增加不是某一要素的作用，而是生产力三要素共同运动、共同作用的结果。因此，劳动生产率是生产力三要素共同运动的抽象和综合，发展生产力其实就是提高劳动生产率。张薰华认为这个效率是经济效益的根本所在，也就是说，"为了提高经济效益其根本在于提高劳动生产率①"。

最后，张薰华认为剩余价值率的提升是生产力发展的必要条件。劳动生产率的提高提升了剩余价值率，产生了更多的剩余产品，剩余产品既是生产力发展的结果又是生产力进一步发展的物质基础。剩余产品投入再生产，生产力就扩大了自身的基础，生产出更多的剩余产品。这样生产力自身的发展便进入螺旋式上升，生产力不断加强。社会生产力就是在这个系统中各个因素相互作用的循环运动中发展自己的。

二、环境、人口和科学技术经济规律

生产力发展规律是生产力规律体系的一般规律，但是生产力发展规律自身也受环境、人口和科学技术经济规律的制约，这三个规律是生产力规律体系的子规律。张薰华从经济规律的角度对三者进行了分析。

（一）环境经济规律

张薰华认为，"社会生产力源泉中的根本源泉是自然环境，即生物直接、间接赖以生存的空间①。"人类的一切都是与环境交换而来，环境制约着社会生产力的发展，因而制约着一切经济活动。因此，人类与环境进行物质和能量的交换必须符合生态规律。也就是说，"经济规律与生态规律有着内在的必然联系，这就是生态经济规律①"。因此，所谓环境经济规律，实质上就是生态经济规律。

生态经济规律要求人们认识到环境资源是有限的，因此人类在与环境交换物质和能量的经济活动中，必须充分利用资源，提高劳动生产率，节约产品消耗，

---

① 张薰华. 生产力与经济规律 [M]. 上海：复旦大学出版社，1989：24.

减少废弃物，保护环境。因此，"它又表现为资源经济规律与环境保护规律①"。

张薰华认为，当今环境问题日益突出，问题不在环境本身，核心问题在于人口数量增长过多，使环境不胜负载。当时中国对于土地、矿产等资源的保护意识不足，导致土地、矿产等资源的价格过低，大量的粗犷型开采浪费了资源，再加上资源再生缓慢，最后导致生态的恶性循环。因此，张薰华建议控制人口，降低人口出生率，遵循生态经济规律，有计划地保护环境，改革不合理的价格体系，就会促进社会生产力的发展。

张薰华特别强调对于森林、水和土地资源的保护。他认为"在生态经济系统中，森林是支柱②"，首先，森林是地球的肺，通过光合作用，将地球三分之一的二氧化碳转换成氧气，保证了各种生物的生存；其次，森林在食物链中处于最低端，大量的资源和保护作用为生物提供了繁衍的条件；再次，森林在水循环系统中是一个重大枢纽，是一个蓄水库；最后，森林的自我循环为土壤增加了肥力，森林的根系防止了土壤的板结。因此保护森林，提高森林覆盖率就是保持生态经济系统中循环的动态平衡，意义重大。

张薰华认为"水资源是生态经济系统的血液③"。首先，江河湖泊本身就是一个个生态系统，蕴养着各类水产生物资源；其次，水还是交通工具的载体，河道的疏通，河床湖底深度的下降，可以使航道加深加宽，航道的疏通有利于流通速度的提高和流通费用的降低。中国水资源总量虽然很大，但是人均却是一个水资源贫乏的国家，水资源的浪费和破坏情况很严重，张薰华建议保护水资源势在必行。

对于土地资源，他认为"土地是生态经济系统的母亲，具有三个特征：有限性、差异性和固定性④。""有限性"指的是地球的土地是有限的，虽然地球陆地面积很大，但是能够作为土地使用的比较稀少。人类数千年的历史几乎已经开发了所有的土地，土地面积增长有限，但是有限的土地却负载着无限增长的人口，人口的增长速度如果超过了自然资源再生的速度，最后将会导致生态系统恶化。"差异性"指的是不同的土地具有不同的自然力，即级差的自然力。即使最好的土地，自然丰度仍然是有限的，若滥用土地，污染土地，就会损害土地的自然力，会导致土地自然肥力丧失，土地沙化、碱化，这样就破坏了生产力，生产产品所消耗的劳动反而增大了。"固定性"指的是土地都有其固定的地理位置，它们在经济上靠水、陆、空各种交通运输联系起来。因为土地总体是有限的，土地自然力的差异普遍存在，并各自有自己固定的地理位置，这就决定了一个国家应该根据国土资源的分布状况，在遵循生态经济平衡规律的前提下，合理布局生产，以促进社会生产力的发展。

同时张薰华还分析了生物资源、矿产资源、生态农业、加工业等资源和行业的经验教训，总结了生态经济规律。他认为，生态环境的动态平衡是社会经济活动的基础，人类社会的经济活动一旦超过了生态环境的承受能力，导致生态环境的平衡受到破坏，反而会制约经济活动的发展，甚至导致人类社会崩溃。因此，他建议，"顺乎生态良性循环规律，保护生态环境，综合利用自然资源，大力开发可再生资源，形成生态经济系统的良性循环，就会大幅度提高社会生产力，取得宏观的经济效益①"。

张薰华最后指出，生态环境作为人类社会发展的资源库是不可替代的，保护生态环境是经济可持续发展的保证。生态环境中的各个构成要素是相互联系，相互影响和相互作用的，它们之间存在着一定的比例关系，孤立地保护某种资源必然导致生态失衡，反而达不到保护生态的效果。因此保护生态环境，必须从整体上、动态中进行保护。张薰华建议，保护生态环境是国家的责任，因为个人或经济组织的短视和注重局部利益必然会忽视对生态环境的保护。国家必须通过法律、教育和价格杠杆多管齐下，维护国家和人民的长远、整体利益。

(二) 人口发展规律

张薰华认为，人是社会的部分，人口规律不是自然界的规律而是社会规律。人口发展规律也不是孤立的，而是社会生产力系统中另一个子系统的规律。具体来说，"人口发展规律就是探索人口发展与社会生产力的源泉、结构、结果的内在联系和相互制约关系②"。

人类是经济活动的发起者和参与者，一切经济活动其实都是人类社会活动的一部分，因此一切经济规律都与人有关，与人的数量和质量有关，人的数量和质量构成人口资源。虽然人口资源是生态环境的一部分，也不是社会生产力的唯一要素，但是人口对于环境和社会生产力的反作用是巨大的。绝大多数的社会经济问题，如粮食、资源、生态环境、住房、交通、工业结构、城乡关系等等的问题

---

① 张薰华. 生产力与经济规律 [M]. 上海：复旦大学出版社，1989：54.
② 张薰华. 生产力与经济规律 [M]. 上海：复旦大学出版社，1989：57.

都与人口有关，因此探索人口发展规律意义重大。

张薰华提出，"人口的发展受环境和生产力的技术构成制约[①]"，必须同时控制人口数量，提高人口质量。他分析了人口数量过度增长必然会破坏环境的逻辑。在人口与环境关系方面，由于人口过度增长，人均耕地减少，人们就必须破坏林地、草场等环境以增加耕地，城乡居民的过度增长又不断侵蚀着郊区良田；由于人口的过度增长，大中型工业不得不安排城市过剩人口，乡镇不得不办企业以安排农村过剩人口，这样就造成劳动生产率下降，自然资源得不到充分利用，消耗大量增加，更多的转化为三废，更加严重地污染城乡环境。因此，环境问题主要来源于人口过剩，人口过剩破坏了环境，人类就会遭到环境的惩罚。如果人类能充分意识到环境不仅制约人口的过度增长，而且也制约着人口过度使用资源，遵循生态经济规律，控制人口生育率，不超过环境的承载力，未来社会将会无限美好。

在生产力的技术构成方面，他提出了必须提高人口质量，运用科学技术提升生产力的技术构成，人口才能维持在一定规模。劳动力只有和生产资料结合才能形成现实的生产力，生产力的技术构成低下意味着生产的剩余产品很少，人类生产的大部分结果用于消费，剩余产品积累缓慢导致再生产过程缓慢。人类几千年的农业社会就是这种简单的再生产，社会的发展主要靠人口数量的增长。但人口的增长受资源的制约，不可能是无止境的，这就要求依靠科学技术提高生产力的技术构成，提高劳动生产率，产品的数量远超过必要劳动的补偿，才能满足人口增长的需要。这就要求提高人口的质量，才能运用科学技术提高生产力。

总之，张薰华通过分析人口数量与环境、生产力技术构成与人口质量的辩证关系，提出在当今中国，人口问题仍然是环境问题的核心问题。要实现可持续发展，必须掌握人口与生产资料的内在联系，掌握劳动力与生产资料的质的结合关系和量的比例，通过控制人口数量减轻环境的负载，提高人口的科学技术水平以提高人口质量，这就是我国人口的发展所必须遵循的规律。

（三）科学技术经济规律

"在马克思看来，科学是一种在历史上起推动作用的、革命的力量[②]。"科学

---

① 张薰华．试论人口发展规律——兼论我国人口必须进一步控制［J］．复旦学报（社会科学版），1979，05：6–11.

② 恩格斯．在马克思墓前的讲话［M］．马克思恩格斯选集（第3卷）．北京：人民出版社，2009：602.

技术是人类改造自然的知识和技巧的集合。在社会生产力系统中，它是生产力源泉的一部分，通过渗透到生产力三要素来提高生产力水平，提高劳动生产率，起到了杠杆和催化剂的作用，科学技术相对于其他生产力源泉是提高生产力最重要的源泉。因此，在当今社会，提高生产力水平最主要靠提高科学技术水平，科学技术成为了第一生产力，研究科学技术的经济规律是非常重要的。

张薰华认为，科技是第一生产力并不代表只有自然科学才能提高生产力。人类智慧的结晶还有社会科学，社会科学在调整生产关系、优化资源配置方面不可或缺，社会科学可以促进自然科学更好地与生产力结合，社会科学中的经济科学尤为重要。他还认为，科学技术规律中要重视科技的生产者，科技生产者是工人阶级的组成部分，要注重按劳分配的原则，提高他们的待遇，激发他们为科学奋斗的积极性，才能为社会创造更多的科技产品，更好地提升劳动生产效率。

第三节　对社会生产力系统派生的规律的研究

张薰华指出，"经济规律系统中，社会生产力系统规律是根本规律，它在运动中又派生处两个规律：一个是这个系统横向比例（社会生产力的源泉、要素、结果各自的结构）以及由此派生的一系列经济比例规律，另一个是这个系统纵向转化（由源泉转化为生产力、由生产力转化为产品及其实现）的速度规律。这两个规律，就其物质内容而言，是社会生产力规律的补充，也是人类社会的共有规律。就其具体形式来讲，在市场经济条件下，它们会通过价值规律来表现①。"

一、国民经济按比例发展规律

国民经济按比例发展规律最早来源于斯大林根据苏联社会主义建设的实践经验出版的《苏联社会主义经济问题》一书，书中称"国民经济有计划按比例发展规律"。改革开放后，计划经济体制逐步被商品经济体制取代，很多学者就认为这个计划经济的产物应该消亡了。张薰华认为，该规律是生产力发展规律派生的规律，在计划经济时代通过国家指令计划安排生产，在商品条件下，该规律通过价值规律表现出来的市场价格运动，调节着国民经济的比例；同时，政府的国民经济发展计划或产业政策导向在一定程度上可以修正市场失灵，指导着国民经

---

① 张薰华. 生产力与经济规律 [M]. 上海：复旦大学出版社，1989：95.

济发展的比例。他通过研究认为，国民经济按比例发展规律是由生产力发展规律派生的，因而是不同社会制度共有的规律，按比例表现为"按照社会生产力发展所需要的社会分工，社会将总劳动时间（物化劳动和活劳动）按比例地分配给各生产部门，使各部门协调地发展，以获得整个社会的效益①"。张薰华认为，国民经济按比例发展的规律是由生产力发展规律内部本身的结构比例关系决定的，国民经济按比例发展的规律由以下社会生产力中三个基本比例所派生。

一是人口与资源环境的比例。张薰华认为生产力源泉中，人口与资源环境的比例是国民经济的根本比例，反映在生产力要素中就是劳动力与劳动对象的比例。在一定的科技条件下，人口数量的增长与资源环境的有限是主要的矛盾，一旦人口数量的增长超出了资源环境的负载就会导致这个统一体崩溃，环境的破坏导致资源减少，对人类的生存造成极大压力。他总结了史前文明到现代文明人口增长的历史，发现随着科技的进步，近代以来人口发展速度惊人，而可利用资源环境却增长缓慢，虽然科技的发展扩展了人类利用环境资源的能力，但是仍然赶不上人口增长的速度。这种比例关系的失衡是导致全球环境污染、资源争端加剧的主要原因。

二是劳动力与生产资料的比例。生产资料是生产力构成要素中劳动资料和劳动对象的总和，劳动力与生产资料的比例是生产力的技术构成，代表了劳动力控制生产资料数量的多少，"表现为一个工人在一定时间内，以同样的劳动力强度使之转化为产品的生产资料的相对量②"，体现了生产力水平的高低。在资本主义社会之前的社会形态，由于生产力技术构成水平低，人口数量远低于地球资源环境的负载，生产力的增长主要靠人口数量的增长。工业革命以后，科技的快速发展导致生产力技术构成比例迅速提高，在人口稳定的情况下，表现为生产资料的发展快于生活资料的发展。当然，由于受到资源环境的限制，生产力的高度发展必然对人口提出控制数量，提高素质的要求。

三是必要产品与剩余产品的比例。产品是生产力的结果，产品中包含了投入的生产资料、必要产品与剩余产品。生产力水平的提高在产品中就表现为剩余产品的发展超过必要产品的发展，必要产品在国民经济中表现为消费品，剩余产品在国民经济中表现为新生产力的来源——积累。因此产品中必要产品与剩余产品的比例就表现为消费与积累的比例，再表现为消费资料与生产资料的比例，进而表现为两大部类的比例关系。

① 张薰华. 生产力与经济规律［M］. 上海：复旦大学出版社，1989：97.
② 马克思恩格斯文集（第5卷）［M］. 北京：人民出版社，2009：718.

　　张薰华把产品比例导致的两大部类比例关系又进一步细分为农业、轻工业、重工业之间的比例关系。农业和轻工业基本上是生产消费品的产业，属于产品中的必要产品部分，重工业是生产生产资料的产业，属于产品中剩余产品的部分。在人口一定的基础上，生产力的发展需要新的生产力的投入，新的生产力需要积累的投入，积累的增加就要求剩余产品增加，而且要快于必要产品的增长，反映在两大部类中就是要求生产资料的发展要快于消费资料的发展。因此，张薰华认为，生产力的快速发展要求重工业较快于农业和轻工业的发展。"一方面，农业为基础以及农轻重为序的规律，另一方面，重工业较快发展的规律，都是生产力发展规律在比例关系上的表现形式①"。

　　最后，张薰华总结认为，按比例规律是各个社会共有的规律。国民经济按比例发展是由生产力内部结构的比例决定的，但是并不意味着所有的国民经济发展必定全程按比例发展，生产力规律对于按比例的决定是由两种调节方式来实现的。一种是由市场供求自发地调节国民经济按比例发展，另一种是由政府根据市场情况，制定国民经济发展计划或产业政策引导国民经济按比例发展，实际上就是计划与市场的结合共同影响国民经济的按比例发展，在资本主义国家和社会主义国家都存在着这两种调节方式。

二、国民经济发展速度规律

　　国民经济发展速度规律是由社会生产力系统所派生的，收到国民经济按比例发展规律的制约。张薰华认为，"国民经济的发展速度从总体来说，一般是指年总产品的发展速度和年基本建设规模的发展速度。它们的速度都必须服从于生产力的发展，而不能超过生产力的发展水平②"。对于国民经济发展速度，他认为应以提高生产力为主的速度才是良性发展的速度。

　　张薰华认为，国民经济发展速度中要注意"发展生产"和"发展生产力"两种概念，"发展生产"意味着国民经济的发展，国民经济的发展既可以是"发展生产力"的结果，也可以是投入更多劳动力的结果，"发展生产力"是在不投入更多劳动的前提下产品产量的增长。张薰华认为依靠劳动力投入增加的发展带来很多弊端，要投入更多的劳动力意味着产生更多的人口，"人们为了能够'创

① 张薰华.生产力与经济规律 [M].上海：复旦大学出版社，1989：100.
② 张薰华.生产力与经济规律 [M].上海：复旦大学出版社，1989：104.

造历史'，必须能够生活。但是为了生活，首先就需要吃喝住穿以及其他一些东西①。"更多的人口带来了更多的消耗，也给环境增加了更多的排泄物，总体上增加了环境的负担。他建议决不能只满足生产的增长，更要注意生产力的提高。列宁也曾说过："劳动生产率，归根到底是使新社会制度取得胜利的最重要最主要的东西②。"因此他认为，国民经济的发展速度如果是依靠大量投入劳动力的耗费来实现的，那么，这种虚假的高速度实不可取，必将带来资源浪费的严重后果。国民经济的发展速度应该以提高生产力为主，这才是真正良性发展的速度。他的这种发展速度思路对于指导当前我国产业由粗放型向集约型的产业转型升级仍具有指导意义。

对于基础建设的速度、交通运输的发展速度等问题，张薰华也提出了这些速度应与国民经济按比例的规律相适应的观点。例如在基础建设方面他认为要缩短建设的周期加快国民经济发展，基建的投资要考虑社会对建设规模的承受能力，要适应积累和消费的比例，不要搞重复建设，否则就会形成无效的产能，带来社会规模的浪费。交通运输的发展无论是地点规划、投资投入也要与国民经济的发展比例相匹配。

总之，张薰华认为在社会生产力发展规律中要注意这些规律的层级。核心的是生产力发展规律，它决定着国民经济按比例发展规律，按比例发展规律决定着发展速度规律。如果违反这种决定关系，例如只追求发展速度而不考虑国民经济的发展比例，将严重损害生产力，反而降低了发展速度③。最后，他总结认为，"把发展生产力和按比例放在首要地位，我国的国民经济就会健康地高速度地发展④"。

第四节　对生产力和生产关系相互关系的研究

历史唯物主义认为，"一切历史冲突都根源于生产力和交往形式之间的矛盾⑤"。人类社会的发展动力来自生产力与生产关系的矛盾，这也是社会基本矛盾。生产力与生产关系的关系是内容和形式的关系，表现为生产力决定生产关

---

①　德意志意识形态［M］. 马克思恩格斯文集（第1卷）. 北京：人民出版社，2009：531.
②　伟大的创举［M］. 列宁专题文集——论社会主义. 北京：人民出版社，2009：151.
③　张薰华. 生产力与经济规律［M］. 上海：复旦大学出版社，1989：110.
④　张薰华. 生产力与经济规律［M］. 上海：复旦大学出版社，1989：111.
⑤　德意志意识形态［M］. 马克思恩格斯文集（第1卷）. 北京：人民出版社，2009：567 – 568.

系，生产关系反作用于生产力。这种关系在规律体系上就表现为生产力决定生产关系的规律，张薰华称之为"社会基本规律"，另一方面表现为生产关系反作用于生产力的规律，张薰华称之为"社会主要规律"。两者统一于生产力和生产规律相互作用规律体系中。抽象地说就是，一方面是内容决定形式的规律，一方面是形式反作用于内容的规律。但是，不管形式如何反作用于内容，形式归根到底要由内容决定。具体地说就是，当生产关系适应生产力的发展则促进生产力发展，当生产关系不适应生产力的发展时，量变引发质变，生产力就会导致生产关系的变革。"无论哪一个社会形态，在它所能容纳的全部生产力发挥出来以前，是决不会灭亡的；而新的更高的生产关系，在它的物质存在条件在旧社会的胎胞里成熟以前，是决不会出现的①。"

一、生产力决定生产关系的规律

社会发展的动力来自社会基本矛盾，也就是说，"一切历史冲突都根源于生产力和交往形式之间的矛盾②"。这是社会历史发展的基本规律。

在阐述生产力决定生产关系的规律中，张薰华从生产力的三要素、生产工具的性能和剩余劳动的水平三个方面，仔细分析了原始社会、奴隶社会、封建社会和资本主义社会生产力与生产关系的相互作用情况，说明了劳动的素质、生产工具的先进与否和剩余劳动的多少，这些生产力中的因素决定了生产关系的逐步演化，论证了人类社会经济的发展规律就是生产力决定生产关系、生产关系一定要适应生产力发展水平这一基本规律。恩格斯说过："我认为，所谓'社会主义社会'不是一种一成不变的东西，而应当和任何其他社会制度一样，把它看成是经常变化和改革的社会③。"关于社会主义社会，他认为，当前的社会主义社会并不是马克思当时设想的在发达的资本主义国家基础上发展起来的社会，而是生产力尚不发达的落后国家建立的。由于生产力尚未达到马克思设想的高度，因此，按照生产关系要适应生产力发展的基本规律，我们的生产关系不应该教条地按照马克思经典著作中的发达的社会主义的制度，而是需要对生产关系进行改革，暂时保留某些旧的社会制度的痕迹，以适应生产力的发展，社会主义初级阶段理论

<hr>

① 《政治经济学批判》序言［M］. 马克思恩格斯选文集（第2卷）. 北京：人民出版社，2009，592.
② 德意志意识形态—第一卷—对费尔巴哈、布·鲍威尔和施蒂纳所代表的现代德国哲学的批判［M］. 马克思恩格斯文集（第1卷）. 北京：人民出版社，2009：567－568.
③ 恩格斯致奥托·冯·伯尼克［M］. 马克思恩格斯选文集（第10卷）. 北京：人民出版社，2009：588.

就是这一思想的反映。他还提出，社会主义制度比资本主义制度更先进要体现在生产力的发展速度更快，必须以生产力发展为中心任务进行体制改革，这样才能体现社会主义的优越性。

二、生产关系反作用于生产力的规律

张薰华认为，人们通常所说的社会基本经济规律，实际上是生产关系反作用于生产力的规律，这个规律他认为在经济规律体系中是第三层次的规律，直接由生产力决定生产关系规律决定。因此，张薰华认为生产关系反作用于生产力的规律严格地讲，"不能称之为基本的经济规律，而应该是主要的经济规律，以示与基本规律层次上的区别①"。他认为，在生产关系反作用于生产力的主要规律中，生产关系成为矛盾的主要方面。"生产力的发展仅仅是为了达到生产关系特殊利益目的的一种手段，生产的形式表现为生产的目的，生产的内容表现为生产的手段，这是理解社会经济主要规律的关键②"。

张薰华认为，主要规律中生产的内容是生产力，生产手段是生产力的发展，两者讲的都是生产力。也就是说，社会主要经济规律中生产的手段和生产的内容是分不开的。因此他认为，由生产的内容所转化的社会主要经济规律中生产的手段，就它的物质内容而言，就是作为能提供剩余劳动的手段，并且是使必要劳动相对减少，剩余劳动相对增加，从而使劳动者提供更多剩余劳动的手段。在生产的形式或者生产关系方面，张薰华认为，"一定的生产关系下所进行的生产，它的目的就是为了该生产关系的利益，也就是为了代表该生产关系的生产资料的所有者集团的利益③"。在人类进入文明时代以后，这种利益只能来自剩余劳动。因此，不同的生产关系就其生产的目的来看，也就是占有剩余劳动的形式的不同。张薰华通过分析前资本主义社会、资本主义社会的主要经济规律，充分地说明了虽然生产形式不同，但都以占有更多的剩余价值为生产目的。在社会主义社会，生产关系虽然发生了很大的变化，但是剩余劳动还必须存在，以前由剥削者占有，现在为劳动人民所公有，还要有更大的发展，才会有社会生产力的发展，这是劳动者阶级长远利益的需要。

总之，在主要经济规律中，生产的目的总离不开剩余劳动的被占有，并且社会占有剩余劳动的形式又是生产力在其中运动的形式。

---

① ② 张薰华. 生产力与经济规律 [M]. 上海：复旦大学出版社，1989：140.
③ 张薰华. 生产力与经济规律 [M]. 上海：复旦大学出版社，1989：141-142.

三、生产力与生产关系、分配关系相互作用规律

马克思在《〈政治经济学批判〉导言》中说："分配的结构完全决定于生产的结构，分配本身就是生产的产物，不仅就对象说是如此，而且就形式说也是如此①"。张薰华更详细地表述为，"生产的客体要素（生产资料）和主体要素（劳动力）构成生产的物质内容（生产力），它们的所有者的相互关系构成生产的社会形式（生产关系）。生产要素的所有制决定了生产的结果（产品）的分配关系②"。同时，张薰华认为，生产关系包含着分配关系，他们之间的关系就像马克思所说的："分配关系本质上和这些生产关系是同一的，是生产关系的反面③"，分配关系和生产关系是矛盾统一关系，两者都是生产力的表现形式并反作用于生产力。

张薰华认为要注意区分分配的两种概念。一种是生产要素的分配，"在产品分配之前，总是先有生产要素的分配，即生产资料的分配和社会成员作为劳动力的分配④。"另一种是净产品（必要产品和剩余产品）的分配，"产品的分配就它的物质内容讲，可分为必要产品的分配和剩余产品的分配；就它的社会形式讲，劳动力所有制决定着必要产品的分配形式，生产资料所有制决定着剩余产品的分配形式⑤"。也就是说，生产要素的分配主要指生产资料的分配，是生产要素归谁所有，属于生产关系的范畴，从社会形式讲，生产要素的所有权包括使用权（生产关系）决定对净产品的索取权（分配关系）。在商品经济中，净产品的价值就是劳动者劳动所创造的新价值，它是各种收入的源泉。各种生产要素的所有权和使用权并不能创造这个新价值，"它们只是对已经创造出来的新价值提出索取权⑥。"

在生产力与分配相关关系上，张薰华认为，对于生产力的结果——产品（商品），扣除了对生产资料的补偿，只有必要产品和剩余产品才能分配。生产力水平越高，可分配的产品就越多，生产力的发展决定了分配的规模。在必要产品和剩余产品的分配比例上是一组矛盾，分配中必要产品的增加可以增强劳动者的素质，带来生产力的发展，但相对就减少了剩余产品，也就减少了积累，影响了新

①　马克思：《政治经济学批判》导言 [M]. 马克思恩格斯选集（第二版第二卷）. 北京：人民出版社，1995：13.
②　张薰华. 生产力与经济规律 [M]. 上海：复旦大学出版社，1989：141－142.
③　马克思恩格斯文集（第7卷）[M]. 北京：人民出版社，2009：994.
④　张薰华. 生产力与经济规律 [M]. 上海：复旦大学出版社，1989：154.
⑤　张薰华. 生产力与经济规律 [M]. 上海：复旦大学出版社，1989：155.
⑥　张薰华. 生产力与经济规律 [M]. 上海：复旦大学出版社，1989：160.

的生产力的增加；剩余产品的增多自然带来积累的提高，从而带来更多的新的生产力，但是会相对减少必要产品的分配，影响到劳动者素质的提高，阻碍了生产力的发展。因此，分配中协调必要产品和剩余产品的分配比例是非常关键的，合理的分配导致生产力速度发展，不合理的分配阻碍生产力发展，直至不能容纳生产力，作为生产关系的一方面的分配关系，最后也会在生产力的推动下随着生产关系的变革而变革。因此马克思说，"分配关系，从而与之相适应的生产关系的一定的历史形式，同生产力，即生产能力及其要素的发展，这二个方面的矛盾和对立一旦有了广度和深度，就表明这样的危机时刻已经到来。这时，在生产的物质发展和它的社会形式之间就发生冲突①。"

张薰华认为社会主义社会初级阶段，由于生产力的不发达依然存在着商品经济，因此分配关系要适应生产力的发展，采用合理的形式如利润、利息、地租、工资等方式进行分配，这是与目前我国生产力发展水平相适应的分配关系。

第五节　对价值规律体系的研究

一、价值规律体系

张薰华认为，生产力和生产关系相互作用的子系统规律是任何社会形态所共有的规律，属于一般性的规律。当社会进入商品经济社会后，产品由自用转变为用于交换和赚取剩余价值的商品。这时，价值规律就表现为生产力与商品生产关系的内在联系了。张薰华认为"价值是商品经济中特殊的社会生产关系，它的物质内容仍然是生产力的运动。价值规律是商品经济的基本规律，是社会生产力和商品生产关系相互作用的规律②"。在他看来，价值规律是商品经济社会的特殊规律，在生产力与生产关系相互作用规律的基础上形成另一个子系统。价值规律就像毛泽东所说的"是一个伟大的学校③。""它包含着一切内在的经济规律、价值自身的规律，以及由它派生的价值增值规律、货币流通规律、表现价值规律的

---

① 马克思恩格斯文集（第7卷）[M]. 北京：人民出版社，2009：1000.
② 张薰华. 生产力与经济规律 [M]. 上海：复旦大学出版社，1989：167.
③ 价值法则是一个伟大的学校（一九五九年三月三十日）[M]. 毛泽东文集（第八卷）[M]. 北京：人民出版社，1999：34.

价格规律以及和它相联系的竞争规律①"。

张薰华认为，价值规律是一个系统，它由一系列子规律构成，这个子系统是一个复杂的有机体，按照从抽象到具体、从本质到现象、从内圈到外圈的方法，"价值规律系统内部结构依次为生产中的价值规律、流通中的价值规律、分配中的价值规律和价值实现规律②。"

张薰华的价值规律是一个系统的思想破除了人们往往只注意到价值规律在交换过程中起作用的观念。他认为在价值规律系统中，生产中的价值规律才是最核心的，他说"价值在生产过程中的规律，就是价值如何生产出来的规律，即价值如何形成或价值由什么决定的规律③"。价值规律从它的基本规定来说就是："生产使用价值的社会必要劳动时间，决定该使用价值的价值④。"这个基本规定就决定了在交换（流通）过程中须等价交换的规律。当然，由于交换（流通）过程中有货币的介入，价值就采取了价格的形式，而价格是随供求的变化自由浮动的，因而等价交换的规律就变得比较复杂。但是价值规律并不要求价格在任何时候都与价值相符，否则价值与价格便是相同的概念。价格的独特性表现在随着供求的变化围绕着价值进行波动，但从长期来看，价格与价值是一致的。在分配过程中，价值规律是价值规律在分配过程中展开的形式。这些形式的形成条件是：资金所有权与使用权要分得利润，土体所有权要分得地租。因此，在商品生产总过程中，价值规律便转化为生产价格规律。最外层的价值实现规律从社会供求的角度来看"它是以第二种社会必要劳动时间为基础的⑤"，这个基础又由国民经济按比例发展规律决定的。因而，当按比例规律在商品经济社会发挥作用时，它并不是直接先验地显现出来，而是通过供求的调节，也就是通过价值实现规律反馈到生产过程发挥作用的。

张薰华分析了价值增值规律，指出资金价值增值规律实际是商品生产关系反作用于生产力的规律，价值增值规律对于发展生产力、提高再生产速度有着重要的反作用，剩余价值的分配形式：利润、利息和地租也表现为价值增值的形式。

二、价格规律

在商品经济中，价值规律是生产力与生产关系相互作用规律的特殊形式，成

---

① 张薰华. 生产力与经济规律 [M]. 上海：复旦大学出版社，1989：167.
②③ 张薰华. 生产力与经济规律 [M]. 上海：复旦大学出版社，1989：169.
④ 马克思恩格斯文集（第5卷）[M]. 北京：人民出版社，2009：52.
⑤ 张薰华. 生产力与经济规律 [M]. 上海：复旦大学出版社，1989：181.

为商品经济的基本规律。价值规律并不直接表现自己，而是通过市场的价格波动来表现自己。合理的价格带来良性的竞争，通过竞争的力量促使生产者提高生产效率，或者增减产品的产量以适应市场，从而带来生产力的提高以及经济的按比例发展；反之，不合理的价格不能充分发挥竞争的强制力量，反而会限制生产效率的提高，阻碍了生产力的发展。张薰华由此认为，"合理的价格体系使经济规律顺利贯彻，最终导致社会生产力健康发展，不合理的价格体系使经济规律经历坎坷道路，它会破坏生产部门之间的比例以及破坏社会生产力，迫使社会不得不理顺价格体系①"。因此，他认为价格体系的改革是整个经济体制改革成败的关键。

对于通常人们理解价格和价值关系的误区，也就是人们以为价格的合理化在于"使价格比较符合价值"，他也做了说明：实际上，合理的价格并不直接符合价值，而是直接符合生产价格的完成形式，即生产价格＝成本＋平均利润＋超额利润，"生产价格的完成形式是市场价格波动的中心，是基础价格②"，还有货币流通规律也影响基础价格。这个逐步展开的基础价格和由供求关系决定的市场价格运动的规律不过是价值规律的表现，但价格规律也会反作用于价值规律，从而影响到社会生产力的发展。

按照这个辩证关系的思想，他分析了当时国内主要产品价格违反价格规律，有诸多不合理之处。例如：分析土地产品（农产品、矿产品）价格时，他列举了"沈阳市东陵区白塔堡镇罢种"现象和"福建惠安地区煤炭及运煤价格"的问题，指出他们价格计算错误的思路，他认为出现这些问题的原因都是价格太低，不合理；在分析交通价格、地租与地价、建筑产品（房屋）价格、加工产品价格和废品价格时，如果不遵循价格规律，价格不合理将会导致各种各样的问题。总的来说，主要原因是长期以来，我们忽视商品生产总过程中生产的价格规律，当时的价格双轨制一直人为地压低农产品、矿产品价格和交通运输价格，使我国基础产业投入的劳动得不到补偿，导致基础产业的发展后劲不足。他认为，通过行政手段加强基础产业和调整经济不是一个好方法，可持续性不强，事倍功半；相反，让市场决定合理的价格体系将会促进各部门提高生产效率，修正各个产业的比例，更有利于生产力的发展。因此他说："如果我们合乎规律地系统地理顺价格体系，我们的企业将健康成长，国民经济比例关系将更加协调，社会生产力会加速发展③"。这个思想至今对于我国的经济结构调整还很有启示意义。

---

① 张薰华. 生产力与经济规律 [M]. 上海：复旦大学出版社，1989：209.
② 张薰华. 生产力与经济规律 [M]. 上海：复旦大学出版社，1989：211.
③ 张薰华. 生产力与经济规律 [M]. 上海：复旦大学出版社，1989：248.

第六节　本章简评

20世纪80年代开始，为了从总体上把握社会主义各个经济规律之间的相互关系，更好地指导我国社会主义经济建设，我国学术界开始围绕着社会主义经济规律体系的构建进行讨论，许多学者纷纷对社会主义经济规律体系的结构、层次以及研究的方法提出了各自观点。但讨论者多，完成体系的构建者少。张薰华较为完整系统地构建了经济规律体系，在当时国内可以说是第一部完整构建经济规律体系的著作，在某种程度上标志着我国经济规律体系研究取得了突破性的进展。他的经济规律体系思想主要特点如下：

一、运用唯物辩证法研究经济规律体系

经济规律是人类在生产、分配、交换和消费过程中各种经济现象的本质的、内在的必然联系，考察它们不能表面地、孤立地、零散地进行研究，而要像恩格斯在为马克思《政治经济学批判》写的书评中说到的那样，"我们面前的这部著作，绝不是对经济学的个别章节作零碎的批判，绝不是对经济学的某些争论何题作孤立的研究。相反，它一开始就以系统地概括经济科学的全部复杂内容，并且在联系中阐述资产阶级生产和资产阶级交换的规律为目的①。"对于经济规律的研究也需要分析它们的结构、层次、隶属，从而才能进行系统地概括，才能在整个经济规律有机系统中考察它们之间的联系。

构建经济规律结构体系并在联系中研究需要科学的方法和清晰的逻辑，张薰华构建经济规律体系正是使用了唯物辩证法这一科学方法，并用圆圈法清晰地展现了经济规律体系的结构、层次和隶属关系。表面上看，张薰华的经济规律体系是一种先验的结构，实际上这种结构是建立在科学的理论——历史唯物主义的基础上的，马克思的历史唯物主义已经科学地证明，物质决定意识、生产力决定生产关系、经济基础决定上层建筑等规律是人类社会发展的普遍规律。在这种科学理论的基础上，张薰华研究经济规律的逻辑起点从生产力规律开始是有坚实的理论基础的。马克思主义的唯物辩证法指出事物之间都是普遍联系的，各个经济规

---

① 恩格斯．卡尔·马克思《政治经济学批判·第一分册》书评［M］. 马克思恩格斯文集（第2卷）. 北京：人民出版社，2009：600.

律亦是如此，张薰华用马克思改造过的黑格尔的圆圈法形象展示了经济规律之间的关系，"它从单纯的规定性开始，而后继的总是愈加丰富和愈加具体。因为结果包含它的开端，而开端的过程以新的规定性丰富了结果。……在以后规定的每一阶段，都提高了它以前的全部内容，它不仅没有因它的辩证的前进而丧失什么，丢下什么，而且还带着一切收获和自己一起，使自身更丰富、更密实①。"生产力发展是推动人类社会发展的决定力量，同样的道理，生产力规律是经济规律体系决定性的力量，是本质的东西，由此展开的经济规律都是对生产力规律的具体和丰富。张薰华正是用这种圆圈法正确地阐述了经济规律体系的内在联系和机制。

张薰华从社会生产力规律研究开始，由生产力的要素和结果的比例关系派生出国民经济按比例发展的规律，由按比例发展规律展开为发展速度规律，一步步丰富和具体了生产力规律体系。接着又展开为生产力与生产关系相互作用的规律体系，分析了生产力决定生产关系规律和生产关系反作用于生产力规律。然后再增加商品经济这个新的规定性，分析了商品经济社会的价值规律体系。所有的经济规律的展开都是围绕着发展生产力这个核心进行，并在扩展过程中不断丰富着发展生产力的具体内容，使得经济规律体系由简单到复杂，由本质到现象形象地展开，生动展现了经济规律体系这一有机的整体。如图 3 - 1 所示。

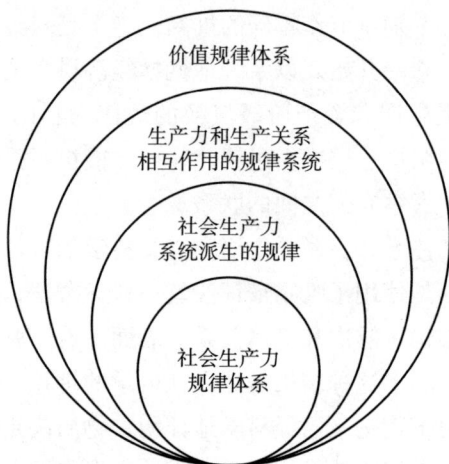

图 3 - 1　经济规律系统②

---

① （德）黑格尔. 逻辑学（下卷）［M］. 杨一之译. 上海：商务印书馆，1996：549.
② 根据张薰华. 生产力与经济规律［M］. 上海：复旦大学出版社，1989：4. 的图提炼。

张薰华在经济规律体系研究中不仅系统概述了体系的结构、层级和隶属关系，同时还在同级的层次中横向考察它们之间的联系。例如，在生产力规律体系中，张薰华分析了生产力源泉、生产力自身要素、生产力的结果与发展生产力之间的关系，归纳出环境经济规律、人口发展规律和科学技术经济规律这三个同级的规律，并仔细分析了三个规律相互作用、相互制约的关系，丰富密实了生产力规律体系。又如，在商品经济社会中的价值规律体系，张薰华考察了生产、交换、分配和价值实现过程中价值规律是如何表现，生动展现了价值规律的具体内涵，这种从简单到复杂、从抽象到具体、从本质到现象的圆圈法方法正是张薰华熟练运用唯物辩证法的体现。

二、构建以社会生产力发展规律为核心的经济规律体系

经济规律体系是否包含生产力规律，国内一直有不同的观点。观点的争论与政治经济学的研究对象的争论相关，政治经济学研究对象比较主流的观点沿袭斯大林在《苏联社会主义经济问题》一书中的看法，认为政治经济学的研究对象只是生产关系，不能把生产力和生产方式列为政治经济学研究的对象。当然，也有一些学者认为政治经济学也要研究生产力，如孙冶方和平心的观点，认为"政治经济学的研究对象是生产关系，也要研究生产力[1]"，还有熊映梧的"政治经济学要把生产力的研究放在首位[2]"的观点。张薰华从马克思主义的基本原理出发，结合改革开放前我国经济建设的经验教训，坚定地认为政治经济学的对象应该包括生产力。他引用列宁的话："只有把社会关系归结于生产关系，把生产关系归结于生产力的高度，才能有可靠的根据把社会形态的发展看作自然历史过程[3]。"同样，"一切经济规律都导源于社会生产力的发展，只有把它们归结到生产力发展规律的高度，才有可能建构科学的经济规律体系[4]"。因此，他特别重视生产力规律的研究，经济规律体系构建也是以生产力发展规律为核心展开经济规律体系。为了说明生产力发展规律是经济规律体系不可缺失的一部分，他对生

---

① 孙冶方. 政治经济学也要研究生产力——为平心同志《论生产力》文集序 [J]. 社会科学，1979，03：83-90.

② 熊映梧. 经济科学要把生产力的研究放在首位——兼评单独创立"生产力经济学"的主张 [J]. 经济科学，1980，02：1-7.

③ 什么是"人民之友"以及他们如何攻击社会民主党 [M]. 列宁专题文集——论辩证唯物主义和历史唯物主义. 北京：人民出版社，2009：161.

④ 张薰华. 生产力与经济规律 [M]. 上海：复旦大学出版社，1989：3-4.

产力展开了深入研究。

生产力在政治经济学中是一个被广泛运用的概念。在马克思主义中，生产力是人类社会发展的决定力量。由于受到传统计划经济体制中重视生产关系的影响，这么重要的一个概念本身却很少有学者对其进行深入的研究。改革开放后，由于发展生产力的需要，生产力成为人们耳熟能详的概念，生产力内部的结构和规律的研究成为热门的研究内容。张薰华对生产力规律的研究正是基于这样的一个历史环境开展的。张薰华在前人研究的基础上，对生产力规律进行了总结和开拓，表现在：

(一) 揭示了生产力系统内在机理和社会生产力规律体系

张薰华认为，研究生产力不能仅仅研究它本身，还要拓展到生产力的源泉和生产力的结构，生产力的发展规律就是生产力源泉、自身和结果相互作用、相互转化的规律。他认为，生产力源泉是人类赖以生存生产的环境系统，它是生产力发展的起始点，制约着生产力的发展，进而制约着建立在生产力规律之上的其他规律。生产力源泉提供了生产力自身的三要素，在劳动和科技的作用下，资源便转化为生产力的结果（产品）。随着生产力的提高，人类劳动可以提供越来越多的剩余产品，剩余产品形成积累，积累形成新的生产力，从而提高了生产力。这是生产力发展的内在规律，社会生产力就这样在它自己的系统中循环不断和螺旋上升地发展。在生产力发展一般规律的基础上，他不断添加新的特性，又展开为环境经济规律、人口规律和科学技术经济规律，全面地展现生产力规律体系，无疑是一个突破。

(二) 揭示了国民经济按比例发展和发展速度规律的本质

传统观点认为国民经济按比例发展和发展速度规律是计划经济体制特有的规律。张薰华通过分析认为，这两个规律是由生产力结构中比例的关系决定的，是人类社会的一般规律，"社会生产力系统在运动中又派生出两个规律，即国民经济按比例发展的规律和国民经济发展速度规律[①]"。他通过分析生产力源泉中人口与环境的比例，生产力自身中劳动力和生产资料的比例以及生产力结果中必要产品和剩余产品的比例，进而扩展到两大部类比例，农业、轻工业与重工业的比例。他指出，国民经济按比例发展的规律是生产力发展规律派生的规律，是不以人的意志为转移的规律，违背了这个规律，经济建设就会受

[①] 张薰华. 生产力与经济规律 [M]. 上海：复旦大学出版社，1989：95.

到阻碍。国民经济发展速度规律是按比例规律的派生，违背了按比例规律的发展速度是欲速不达的。张薰华揭示的这两个规律要求我们在经济建设中要以提高生产率为主、不破坏生产力要素比例来提高发展速度，否则仅依靠人力物力的投入提高速度反而会降低经济发展速度，这是已经被我国经济建设的实践反复验证了的真理。

（三）揭示了价值规律为社会生产力发展开辟道路的原理

张薰华认为，价值规律是商品经济社会生产力与生产关系相互作用规律的特殊表现，同样也是社会生产力发展规律的具体表现。他揭示了价值规律在生产、流通、交换和实现中如何为生产力规律开辟道路。在生产中，社会生产力发展规律通过商品价值反比例地表现出来；在流通中，价格与价值的背离结合竞争规律为生产力的提高提供了前提条件；在分配过程中，分配规律按生产要素所有权以及使用权来进行分配。这样，"市场价格结合着市场竞争，就为以生产力发展规律为核心的一切内在经济规律开辟了前进道路①。"

三、坚持理论联系实际，探索我国经济建设的实际问题

张薰华在构建经济规律体系的过程中，不仅注重构建的研究方法和理论逻辑，更立足我国现实情况，理论联系实际，运用他所研究的规律对我国经济建设中存在的一些问题提出了有价值的见解。

（一）提出生态环境治理理念

在生产力发展规律中，他认为生产力的源泉是生产力的基础和根本，生态环境是人类生存生产的资源库，破坏了生态环境，人类的发展将成为无根之木。他深入分析生产力源泉，辩证分析生态环境层次，提出经济建设必须遵循生态规律、生态环境的状况制约着社会发展经济的前瞻性观点。具体的政策上，他提出林业是生态的支柱，应该在大农业中的排序中居于首位，对我国退耕还林、植树造林的政策起了积极的影响；提出了土地资源开发利用的思想，农村用地应遵循生态规律，发展生态农业，城镇用地要统筹规划，减少污染。这些前瞻性的观点是他深谙经济规律内在必然联系的思想成果。

---

① 张薰华. 生产力与经济规律 ［M］. 上海：复旦大学出版社，1989：251.

(二) 提出控制人口数量、提高人口质量的观点

在研究经济规律中，他认为生产力内部结构的比例，尤其是人口与资源的比例，劳动力与生产资料的比例是制约其他经济规律的重要比例。在这种比例关系中，人口的数量和质量成为核心问题，成为推动或阻碍生产力发展重要的因素之一。因此他提出坚持控制人口数量和提高人口质量的计划生育观点，提出劳动密集型企业不可持续，要积极向资本技术密集型企业转化的观点。改革开放后我国人民收入的快速增长、人民生活水平的迅速提高和计划生育国策的实施密切相关，虽然近年来国家修订了计划生育政策，但是生育政策方向还是控制人口有序增长。当前国内产业的转型升级也验证了张薰华提出了企业转型观点的前瞻性。

(三) 提出我国资源合理价格体系问题

在研究价值规律中，他提出合理的价格体系对于遵循经济规律、促进生产力的发展有重要的作用，人为干预形成的不合理的价格体系会破坏生产部门之间的比例关系，最终阻碍了生产力发展。他对国内矿产、土地等资源的过低价格提出了不同的看法，他认为不合理的价格体系会导致一些部门少劳多得，打击了其他生产部门的积极性，最终影响了部门之间的比例关系。过低的资源价格造成企业不重视资源保护，因此他建议提高资源价格，限制企业对资源的滥用。在土地地租方面，他也提出土地因地理位置、肥沃程度的不同实现的超额利润不应归部门所有，理应由国家收取，否则造成土地使用效率低下，影响了生产力的发展，对此他借鉴英国和港英当局土地制度的做法，提出了土地批租的观点。他的观点是他注重理论联系实际的研究方法，注重用马克思主义政治经济学基本原理分析解决中国社会现实经济问题的产物，也是对马克思主义的丰富和发展，具有较高的学术价值和实践指导作用。

第四章

张薰华的生态文明思想

改革开放以来，党和政府高度重视环境保护问题。党的十七大报告首次将生态文明纳入小康社会的总体目标中，提出了"建设生态文明，基本形成节约能源资源和保护生态环境的产业结构、增长方式、消费模式。生态文明观念要在全社会牢固树立[①]"的小康社会的建设目标。党的十八大报告进一步将生态文明理念上升到"关系人民福祉、关乎民族未来的长远大计[②]"的战略高度，强调"必须树立尊重自然、顺应自然、保护自然的生态文明理念，把生态文明建设放在突出地位，融入经济建设、政治建设、文化建设、社会建设各方面和全过程[③]。"在此基础上，2015 年 4 月，中共中央和国务院联合出台《关于加快推进生态文明建设的意见》，确立了"到 2020 年，资源节约型和环境友好型社会建设取得重大进展，主体功能区布局基本形成，经济发展质量和效益显著提高，生态文明主流价值观在全社会得到推行，生态文明建设水平与全面建成小康社会目标相适应[④]"的建设总体目标。在 2017 年 10 月党的十九大报告中，习近平将建设生态文明提升为"千年大计"，报告明确指出，"建设生态文明是中华民族永续发展的千年大计[⑤]"，说明了我国生态环境保护任重道远。

生态文明发展战略的提出，标志着我国社会经济发展方式已经产生了由速度向效益、数量向质量、粗放向集约和资源投入向持续创新的根本转变。这种转变

① 高举中国特色社会主义伟大旗帜为夺取全面建设小康社会新胜利而奋斗 [N]. 人民日报，2007 - 10 - 25（001）.

②③ 坚定不移沿着中国特色社会主义道路前进为全面建成小康社会而奋斗 [N]. 人民日报，2012 - 11 - 09（002）.

④ 中共中央国务院关于加快推进生态文明建设的意见 [N]. 人民日报，2015 - 05 - 06（001）.

⑤ 习近平. 决胜全面建成小康社会夺取新时代中国特色社会主义伟大胜利 [N]. 人民日报，2017 - 10 - 28（001）.

是党和政府在处理社会发展过程中物质生产与精神文化、经济建设与自然环境等相互关系时审时度势所做出的正确战略选择，是马克思主义生态思想和中国特色社会主义市场经济实践相结合的智慧产物，是马克思主义生态思想中国化的新内涵。

当然，人们对生态文明发展理念的认识并不是一蹴而就的，它经历了一个忽视、认识到重视的曲折发展过程。人们从最开始向自然的简单索取，到"三次工业革命"释放巨大生产力的粗暴掠夺，再到经济繁荣掩盖下的资源枯竭、环境污染、生态失衡以及自然灾害等问题频发，对人与自然之间相互关系的认识也在不断调整和深入，可持续发展、循环经济、低碳经济、绿色经济等新发展理念和模式不断涌现，众多学者在这方面做了不懈的努力和探索。其中，张薰华以他独特的马克思主义生产力理论视角在生态文明领域做了大量基础性、前瞻性的研究。

张薰华以马克思历史唯物主义为基础，以唯物辩证的圆圈法为分析方法，从生产力源泉的角度出发，结合生态学，以经济发展过程中人与自然的辩证关系为研究对象，在人口、资源、环境以及可持续发展等方面均形成了独具特色的生态文明思想。张薰华将生态环境分为三个层次，分析了各个层次之间的辩证关系，结合马克思主义的经济学原理，提出了一系列前瞻性观点，创新总结了生态经济规律。同时他将生态经济规律应用于我国社会经济现实问题的研究，对改革开放后我国面临的人口问题、环境问题、资源利用问题、农业问题、可持续发展等根本性问题，提出了"人口问题是可持续发展的核心问题""森林是生态系统的支柱、是国民经济基础的基础""保护生态是可持续发展的前提"等创新观点，并对土地资源、水资源、生物资源、矿产资源保护和可持续利用提出了有见地的新思想、新观点。

第一节　生态文明思想产生的时代背景与渊源

著名物理学家牛顿曾经说过：他之所以比别人看得远一些，是因为站在巨人的肩膀上。任何一种理论的产生、演化和发展，皆源自于既有理论基础上的探索创新和实践出真知二者的结合，张薰华对生态文明理论的探索也遵循这一必然规律。张薰华以马克思主义经济思想中关于人和自然关系等生态观为基础，采用唯物辩证的思想对生态文明理论进行具体分析，同时借鉴西方社会生态保护思想中的合理成分，并结合我国改革开放以来社会经济发展过程中出现的生态平衡和环境保护问题的实际情况，形成了自己独特的生态环境三个层次的理论体系，并在人口、资源与环境和可持续性发展等领域形成了独特的新观点和新思想。因此，研究张薰华生态文明思想，就无法离开其理论思想产生的时代背景、理论渊源和实践探索。

一、生态文明思想产生的时代背景

纵观西方发达国家的经济社会发展历史，无不经历了"忽视自然—污染环境—修复环境"的曲折发展历程。中华人民共和国成立后，由于缺乏生态保护的经验，随着我国社会经济的发展，也难以避免"先污染后治理"的难题。改革开放以来，我国社会经济发展在取得巨大成就的同时，也付出了巨大的生态代价。不仅如此，环境污染所造成的资源浪费、生态失衡、人民生活环境恶化等问题已经严重制约了我国社会经济的正常发展，继续以粗放型模式来发展经济已不可能，寻求新的经济发展模式势在必行。张薰华的生态文明经济思想正是在这样的社会经济背景下产生的。

（一）全球面临严重的生态问题

人类社会的发展，就是一部认识自然、改造自然和利用自然的历史。原始社会、奴隶社会和封建社会时期，由于人类社会的生产力低下，农业生产大多靠天吃饭，生产劳动和生活消费总量占整个自然界的体量还非常小。因此，人类活动对自然界的影响微乎其微。进入 18 世纪后，随着工业革命的爆发，织布机、蒸汽机、发电机等新技术层出不穷，工厂成为组织生产的主要制度形式，人们认识自然和改造自然的能力得到巨大的提高，社会在极短时间内创造了巨大的物质财富，也造成了一系列的环境污染问题。马克思在《共产党宣言》中说道："资产阶级在它的不到一百年的阶级统治中所创造的生产力，比过去一切时代创造的全部生产力还要多[①]。"由于人类对自然规律的认识不足，这一时期人们并没有意识到自己的经济活动会对自然造成破坏，反而以征服自然和改造自然的巨大成绩而沾沾自喜。如何看待这一时期人类面对自然所取得的"巨大成绩"？恩格斯在《自然辩证法》中的一段话是对这一时期人类对自然行为模式的最好注解："我们不要过分陶醉于我们人类对自然界的胜利。对于每一次这样的胜利，自然界都会对我们进行报复。每一次胜利，起初确实取得了我们预期的结果，但是往后和再往后却发生完全不同的、出乎预料的影响，常常把最初的结果又

[①]　共产党宣言 [M]. 马克思恩格斯文集（第2卷）. 北京：人民出版社，2009：36.

消除了①。"

以森林资源为例，原始社会时期，地球陆地总面积的 2/3 为森林所覆盖。但工业大革命开始后短短的百年多的时间里，地球上的森林资源就已经消耗了一半以上。再看煤炭资源、石油资源，1900 年英美德法日 5 国的煤炭总产量就已达到 6.641 亿吨②，内燃机的广泛使用极大地刺激了石油消费，20 世纪 60 年代后，石油、液化气的消耗超过了煤炭的消耗。森林资源的减少和化石能源的消耗，导致空气、水和土壤污染的情况日益严重，全球环境质量急剧下降，重大环境污染事件层出不穷。如比利时的马斯河谷烟雾事件（1930 年）、英国伦敦的烟雾事件（1952 年）、日本的水俣病时间（1956 年）、印度帕博尔（Bhopal）市农药厂异氰酸甲酯毒气泄漏事件（1984 年）、苏联的切尔诺贝利核泄漏事件（1986 年）等，这些重大环境污染事件极大地破坏了环境，危害着当地人民的身体健康。1987 年，世界环境与发展委员会（WCED）在《我们共同的未来》（Our Common Future）的报告中指出：全球性环境问题越来越突出，二氧化碳温室效应、臭氧层空洞、生物多样性的急剧减少、大量土地荒漠化、淡水资源的匮乏、大气污染等问题始终困扰着世界社会经济的发展，在各个领域都有逐步加重的趋势③。人们也越来越认识到，环境问题不是某一地区或某一国家局部的事情，它的解决需要全球专家学者、政府官员、企业家和社会大众的共同参与和努力。其中，专家学者对人类活动与自然环境、社会经济发展与环境保护之间的研究和探索，对我们解决发展中存在的问题具有很好的指导作用。

（二）中国生态问题已初露端倪

中华人民共和国成立后，党和政府迫切需要解决的中心问题是，如何发展生产力以解决我国半殖民地半封建社会以来贫穷落后的社会局面。在当时落后的生产力情况下，生态环境保护问题并不是影响政府决策的主要问题，但生态环境保护的思想已经在实际工作中逐渐萌发。

"从实践中来，到实践中去"，历来是我党理论研究和社会实践的重要准则。毛泽东等中央领导同志在革命时期的实践调查和群众走访，已为新中国成立后的环境保护思想埋下了种子。新中国成立后，毛泽东根据陕北黄土高坡水土流失严

---

① 恩格斯.自然辩证法（节选）——自然界和社会［M］.马克思恩格斯文集（第9卷）.北京：人民出版社，2009：559-560.
② 李京文，方汉中.国际技术经济比较——大国的过去、现在和未来［M］.北京：中国社会出版社，1990：6.
③ 蒋伟.《我们共同的未来》简介［J］.城市环境与城市生态，1988（01）：46-47.

重的自然环境状况，1956年发出"绿化祖国①"的号召，以期改变自古以来黄土高坡缺林少木，水土流失的状况。"大跃进"期间，中央经济发展政策失之于急躁，在"冒进"过程中，各种名目繁多的"大办""特办"的目标与实施，对我国的生态环境造成了较大破坏，但也完成一些有利于生态环境的基础设施建设，如全国大批农田水利工程上马，水利工程取得了空前的成就，为农业生产的发展奠定了良好的基础。例如，在"大跃进"期间，山东省新建扩建各种类型水库5750多座，打井11.7万眼②，这些基础设施的修建较好地改善了地区农业生产条件和自然面貌。这个时期修建的农田水利工程直到现在还在发挥着巨大的作用③。《"大跃进"时期农田水利建设得失问题研究述评》也指出："'大跃进'时期水利建设取得了空前成就，为农业生产的发展创造了有利条件，也为此后水利建设打好了基础④。"

"大跃进"后，毛泽东同志开始反思我国经济建设中对自然环境的破坏："如果对自然界没有认识，或者认识不清楚，就会碰钉子，自然界就会处罚我们，会抵抗⑤"。国务院总理周恩来也多次就环境问题发表谈话："基础太小，林政不修，森林采伐不按科学的方法，这都需要大力整顿。不科学的采伐，没有护林和育林，森林地带也会变成像西北那样的荒山秃岭⑥"。周恩来总理还提出了环境保护的对策，必须加强国家的造林事业和森林工业，有计划有节制地采伐木材和使用木材，同时在全国有效地开展广泛的群众性的护林造林运动。除此之外，我国部分城市也采取了一些针对突出问题的环保措施，主要是针对工业污染的"废气、废水、废渣"三废的治理和综合利用⑦。

虽然这一时期中央领导同志对环境问题已有初步认识，但社会经济建设的总体方针策略还是优先发展重工业，这也符合当时我国的具体国情。集中资源办大事的中央计划经济体制使我国在较短时间内完成了工农业基础的建设，有力地促进了新中国成立后的经济恢复增长，社会主义计划经济体系也初步建成。但过于

---

① 1956年毛泽东为植树造林题词"绿化祖国".
② 李伟. "人有多大胆，地有多大产"与山东农业"大跃进"运动 [J]. 福建党史月刊，2008，03：96－99.
③ 王瑶. 中国共产党生态执政建设研究 [D]. 哈尔滨工业大学，2013.
④ 王瑞芳. 大跃进时期农田水利建设得失问题研究评述 [J]. 北京科技大学学报（社会科学版），2008，04：122－130.
⑤ 经济建设是科学，要老老实实学习 [M]. 毛泽东文集（第八卷）. 北京：人民出版社，1999：72.
⑥ 建设与团结——在中华全国自然科学工作者代表会议的讲话. 周恩来选集（下卷）[M]. 北京：人民出版社，1984：25.
⑦ 席青. 周恩来生态环境建设思想探析 [J]. 理论探索，2011（03）：94－96.

注重工农业生产的建设方针也使得我国忽视了自然环境的承受力，"赶英超美""人民公社""大炼钢铁"等"冒进"运动对全国的森林、草原、湖泊、矿产等自然资源造成了严重的破坏，水土流失严重，生态平衡被破坏，自然灾害增加，特别是与人民群众生活密切相关的空气和水污染问题凸显出来。1971年冬末北京官厅水库污染事件①震惊了当时社会各界，国务院总理周恩来对此事件非常重视，并在查明原因的基础上首次向全国发出环境污染的警示，要求将防治环境污染问题上升到改善人民生活条件的高度。

由于官厅水库污染、河北白洋淀污染以及桂林漓江污染等事件的影响②，我国政府意识到环境问题对社会主义建设的紧迫性和重要性。1972年6月，联合国在瑞典首都斯德哥尔摩举办了第一次人类环境会议，我国政府派代表团参加了此次会议。6月10日，中方代表团团长唐克在全体大会上做了主题发言，阐述了中国在环境保护方面的观点和立场，认为维护好地球生态环境，是世界各国和各民族共同的义务和责任，中国政府和人民积极支持此会议的精神。会议期间，中方代表团成员积极参加大会讨论和磋商，与参会诸国共同起草大会报告《联合国人类环境宣言》，代表广大发展中国家发出了关于环境保护的声音。作为当时的代表团成员，环保界知名人士曲格平在他的著作《我们需要一场变革》中说："对中国代表团来说，那次会议（1972年的瑞典斯德哥尔摩人类环境会议）却是一次生动的课堂，开始认识到环境保护对国家发展的广泛影响。通过对照分析，使我猛然间看到了中国环境问题的严重性，中国城市和江河污染的程度并不亚于西方国家，而自然生态破坏的程度却远在西方国家之上③。"

由于对自然规律的认识还不深入，以及新中国建国初期社会意识形态的影响，在相当长的一段时间内，人们认为环境公害是资本主义才特有的现象，社会主义国家不存在环境问题。但本次会议中，中方发现发达国家所面临的经济发展中环境污染问题在我国也均有体现，某些领域我国可能还更为严重。因此，本次会议对中国代表团而言是一次震动，对我国社会而言则是一次思想上的启蒙。以此为契机，1973年8月我国在北京召开第一次环境保护会议，会议就我国当时的环境问题进行了充分讨论，对环境保护工作中的经验进行了交流。会议公开承认社会主义国家也存在环境污染问题，制定了《关于保护和改善环境的若干规定》，

---

① 1972年春，北京居民用水水源之一官厅水库出现大面积死鱼现象，经调查，死鱼原因由于上游工业污染导致，由此开展了大规模的污染治理运动。

② 祝玉敏. 上下求索中国环保之路——访原国家环境保护局局长、第八、九届全国人大环境与资源保护委员会主任委员曲格平［J］. 世界环境，2012（03）：19–21.

③ 曲格平. 我们需要一场变革［M］. 吉林：吉林人民出版社，1997：2.

确立了环境保护的 32 字方针——"全面规划、合理布局、综合利用、化害为利、依靠群众、大家动手、保护环境、造福人民①",正式揭开了中国环境保护工作的序幕。

改革开放后,社会主义市场经济制度的确立释放了巨大的生产力,我国社会经济高速发展。1979~2012 年,我国国内生产总值平均增长速度达到 9.83%②。据 2011 年 3 月国家统计局发布的数据显示,在世界 500 多种主要工业品中,中国有 220 种产品产量位居世界第一③。但在经济发展过程中,由于片面追求经济增长速度,忽视了生态环境和自然资源的保护,导致了比较严重的环境污染和自然资源滥用问题。

以乡镇企业为例。自党的十一届三中全会后农村联产承包责任制实行以来,我国广大农村地区在保留必要集体经济的同时,将土地等生产资源承包给个体农户。农村联产承包责任制释放了长期被禁锢的农民生产积极性,有力地促进了乡镇企业发展。乡镇企业的出现有效地激活了我国社会经济发展的潜力,丰富了市场参与者类型,引入了有效的市场竞争机制,将农民从土地上解放出来,推动了农村地区的经济发展,提高了农民收入水平和生活富裕程度。但由于多数乡镇企业经营管理方式简单粗放,生产技术水平起点低,缺少必要的污染物处理技术与设备,经营管理者几乎没有生态环境保护概念,乡镇企业对本地生态环境造成了相当程度的破坏。例如,改革开放初期,我国多数乡镇企业以在当地特有的资源和特产为经营基础,多以砍伐采掘为主业。但由于地区经济缺少整体规划,相关法律法规还不健全,面对有限的优质资源各乡镇企业往往采取竭泽而渔的策略,狂采乱挖,致使许多矿产资源遭受破坏,地方生态环境也遭受严重破坏。据相关部门统计,1984 年乡镇企业"三废"排放量约占全国排放总量的 1/5,环境污染出现由点到面的扩散趋势④。在 1984 年 11 月召开的国务院环境保护委员会第二次会议上,时任国务院副总理的李鹏同志指出,由于城市污染企业向乡镇企业的转移,致使全国许多地方的农村生态环境遭到了严重污染,对当地广大群众的身体健康和生活日常产生了严重影响,地方政府要做好环境保护工作,引导乡镇企业加强污染防治,切实把农村的环境问题管起来。李鹏同志特别强调,要充分认识到环境保护是我国的一项基本国策,要防止老的污染没有得到解决,新建工厂又产生

---

① 关于保护和改善环境的若干规定(试行草案)[J]. 工业用水与废水,1974(02):38 - 41.

② 国家统计局. 改革开放铸辉煌　经济发展谱新篇——1978 年以来我国经济社会发展的巨大变化 [N]. 人民日报,2013 - 11 - 06.

③ 欣华. 我国 220 种工业产品产量世界第一 [N]. 中国石化报,2011 - 03 - 15(008).

④ 新时期环境保护重要文献选编 [C]. 北京:中央文献出版社,中国环境科学出版社,2001:92 - 93.

新的污染。要切实在经济发展过程中推进"三同时①"制度。农村经济发展过程中的环境保护问题要引起大家的充分重视，许多地方往往是一个企业，或者一个产品，就污染了乡亲们赖以生存的一条河流，最后受到损害的还是本地群众②。

见一叶而知秋，窥一斑而知全豹。乡镇工业企业对生态环境所造成的破坏，某种程度上反映了这一时期我国社会经济发展过程中普遍存在的人与自然之间的冲突。党和政府领导同志已经认识到生态环境保护的紧迫性和严峻性，1984 年出台文件《关于环境保护工作的决定》，将生态环境保护上升为国家的基本国策；1994 年发表《中国 21 世纪议程——中国 21 世纪人口、环境与发展白皮书》，阐明可持续性发展观是我国今后社会发展道路的必然选择；1973～2011 年期间国务院主持召开了 7 次全国环境保护大会，统一了大家对生态环境保护的正确认识，出台了一系列政策法规条例，对经济建设过程中所面临生态环境保护问题的解决予以及时的引导。但人民迫切提高生活水平的愿望、区域经济发展的竞争和吸引外商投资的压力，使得基层政府官员和群众被"唯 GDP"的发展思维所束缚，他们虽然意识到环境保护的必要性，但无心也无力去推动环境保护措施的落实，国家和地方在环境保护方面的政策法规也未能在地区经济发展中得到较好的落实，各项保护环境的具体措施也难免流于形式。

环境保护的努力并非没有成效。综合考察这一时期经济发展和生态环境状况，在社会经济持续高速增长的条件下，我国生态环境问题并未出现进一步的恶化。环境总体质量维持在 20 世纪 80 年代初期的水平，部分地区的环境质量还有所改善③，说明我国党和政府做出的生态环境保护基本国策符合社会经济发展的内在要求，也符合人民群众追求美好幸福生活的诉求。

社会经济发展和生态环境保护之间并不存在必然的冲突。社会经济发展是人类社会追求进步、实现美好幸福生活的必然追求。它虽耗费一定的自然资源，对周边生态系统和环境会产生一定的影响。但社会发展过程中出现的新技术、新工艺，以及所创造的巨大生产力和物质财富，也为环境保护提供了有效的技术支持和物质基础。发展过程中出现的问题需要在发展中予以解决，我们不能因噎废食，简单地相信西方学者鼓吹的所谓增长的极限等理论。重要的是，我们需要了

---

① "三同时"制度是我国最早实施的环境保护制度之一。由于官厅水库污染事件，人们开始认识到环境污染对人民群众身体健康的危害性。1972 年 6 月，国务院在对官厅水库污染事件充分调查的基础上出台了《国家计委、国家建委关于官厅水库污染情况和解决意见的报告》，首次在报告中提出了环境污染防治的预防性措施，就是"工厂建设和三废利用工程要同时设计、同时施工、同时投产"，简称"三同时"。

② 程振华. 国务院环境保护委员会第二次会议 [J]. 环境保护，1985，01：2-3.

③ 曲格平. 中国环保事业的回顾与展望 [J]. 中国环境管理干部学院学报，1999，03：1-6.

解经济发展和生态环境之间内在的逻辑联系和相互关系，有效推动两者之间的良性互动，防止"二元悖论"的出现。因此，我国自然科学和社会科学领域的众多学者在此领域开展了有效的研究和探索工作，张薰华就是这些学者中具有代表性的一位马克思主义经济学家。

理论联系实际是马克思主义经济学家科学研究所遵循的基本原则。我国经济发展实践进程中出现的环境污染问题，不可避免地引起了包括张薰华在内的一批经济理论工作者的关注。如何既保证我国合理的经济增长速度，又保护生态环境不受破坏；既满足人民群众发展富裕的愿望，又使有限的自然资源能得到合理持续利用，张薰华等马克思主义学者对此作了卓有成效的探索。张薰华认为，生态文明建设思想的提出，就是为了解决我国积极发展中的经济建设和环境保护之间难题和悖论，从而实现二者良性互动、并驾齐驱的良好发展局面。张薰华生态文明思想不是从治理环境污染问题入手，而是从生产力源泉及规律入手，从根本上解决我国乃至人类社会可持续发展问题，体现了他在经济社会发展研究中以人为本的人文主义关怀。

二、张薰华生态文明思想的理论渊源

张薰华生态文明思想是建立在马克思主义生态观基础上，同时批判地吸收当代西方社会生态文明理论内容中的合理成分，并结合中国社会主义建设和市场化改革实践中所出现的新问题、新动向和新内涵，形成了自己独特的、符合中国特色社会主义市场经济建设内涵要求的生态文明思想。

（一）马克思主义自然生态观

马克思、恩格斯创立了历史唯物主义，将黑格尔的唯心辩证法改造成唯物辩证法。因此，马克思主义的生态观，是建立在唯物史观和辩证法的基础上的。马克思主义生态理论坚持自然的客观性，认为人们在认识自然和改造自然的过程中必须遵循自然的客观规律性和内在要求，在充分发挥人的自觉主观能动性的同时，学会正确处理人与自然相互之间的辩证关系，任何违背自然规律的行为和做法都会遭到自然的惩罚。生态文明概念是现代社会产生的概念，在马克思主义经典著作中并没有直接出现"生态文明"或"生态文明建设"等词语，但我们可以从两位大师对生产力与生产关系、人与自然等方面的阐述中，聆听到马克思主义经济理论自然观中所包含的唯物辩证的生态文明思想。

1. 马克思主义生态观表明自然界是人类生存和发展的环境基础

马克思在《1844年经济学哲学手稿》中对人和自然的辩证关系做了精辟的分析，认为："人本身是自然界的产物，是在他们的环境中并且和这个环境一起发展起来的①。"首先，既然人是自然界的产物，人也是自然界的一个组成部分，因此人也具有自然属性，应该尊重自然、爱护自然和关心自然。其次，人又具有自觉能动性，人面对自然并不是简单地顺应和适应，人还具有认识自然和改造自然的能力，人的生产和消费行为会作用于自然，对自然产生各种影响。

2. 马克思主义生态观强调人类在生存和发展的时候应该遵循自然界的客观规律

由于自觉能动性使人们能够依照自己的意愿有目的地认识自然和改造自然，使之符合我们生产生活的需要。这种有目的地改造行为对自然会产生有利或不利的影响，人们需要认识和掌握自然规律以避免我们的活动对自然产生不利的影响。恩格斯较早就认识到人的这种能动性对自然的可能影响，指出："事实上，我们一天天地学会更正确地理解自然规律，学会认识我们对自然界惯常行程的干涉所引起的比较近或比较远的影响②"，表达了人与自然的和谐、可持续发展的基本观念，也表明了马克思主义对人与自然关系的客观规律的积极探索。

3. 马克思和恩格斯对工业造成自然界的损害进行了批判

马克思恩格斯敏锐地发现工业革命带来经济繁荣的同时，也对生态环境造成了巨大的不利影响。"蒸汽机的第一需要和大工业中差不多一切生产部门的主要需要，都是比较纯洁的水。但是工厂城市把一切水都变成臭气冲天的污水③"，"只注意到最初的最显著的结果……为达到上述结果而采取的行为所产生的比较远的影响，却完全是另外一回事，在大多数情形下甚至是完全相反的④"。马克思恩格斯指出人们不仅要看到工业发展所带来的繁荣，也应该辩证地看到工业发展对自然生态的伤害，不要因为追求现在的结果而给人类未来带来不利影响，告诫人们应该考虑自然环境的承受能力，注意减少工业废物及对自然界的损害，理性地对待大工业的发展。

---

① 恩格斯.反杜林论［M］.马克思恩格斯选集（第二版第三卷）.北京：人民出版社，1995：374.
② 恩格斯.自然辩证法（节选）——自然界和社会［M］.马克思恩格斯文集（第9卷）.北京：人民出版社，2009：560.
③ 恩格斯.反杜林论［M］.马克思恩格斯选集（第二版第三卷）.北京：人民出版社，1995：646.
④ 恩格斯.自然辩证法—劳动在从猿到人转变过程中的作用［M］.马克思恩格斯全集（第一版第二十卷）.北京：人民出版社，1971：522.

综上所述，马克思主义生态自然观深刻地揭示了人与自然之间相互联系、相互作用、相互影响的辩证关系。人类源于自然，是自然的组成之一，人类活动也是自然活动的一部分。人类活动会对自然产生影响，有利或不利、短期或长远，这需要我们充分认识自然规律、顺应自然规律和尊重自然规律，按自然规律办事，才能实现经济发展与生态环境之间和谐基础上的社会发展目标。作为马克思主义经济学家，张薰华生态文明思想以马克思主义生态自然观为基础，运用辩证唯物分析方法，以改革开放实践中经济发展和环境保护的关系为研究对象，积极探讨和研究具有中国特色的生态环境保护理论，在生态保护、人口控制、可持续发展等方面进行了创新性和拓展性的研究，阐述了尊重自然的哲学态度以及在发展中要考虑资源环境承受能力的生态思想。张薰华的生态文明观是对马克思主义生态自然观的继承和发展，对中国生态文明建设具有重要的指导作用。

（二）现代西方生态文明观念

工业大革命以来，西方社会经济发展过程中出现的生态环境问题引起了众多专家和学者的关注，他们从社会学、生态学、经济学等不同的理论视角对社会发展过程中人与自然的关系进行了研究和探索，取得了大量研究成果，对西方社会生态环境的改善起到了良好的指导作用。

1. 增长的极限理论

工业革命以来，技术创新和制度变革所释放的巨大生产力在推动社会发展的同时，也对生态环境造成了巨大的影响。马斯河谷烟雾事件（1930年）、日本水俣事件（1956年）、印度博帕尔事件（1984年）等重大特型环境污染事件频频爆发，臭氧层空洞、空气污染、全球气候变暖等全球性环境气候问题引起世界各国的持续性关注。美国学者利奥波德（Aldo Leopold）的《沙乡年鉴》（1949）以独特的视角探讨了工业革命后人与自然的关系和季节变换中生态环境的保护，重点研究了人和土地的关系。

20世纪60年代，美国海洋生物学家蕾切尔·卡逊（Rachel Carson）关注到DDT农药使用过程中对昆虫、鸟、鱼和动物所造成的间接杀害，以其独特的女性视角写出了《寂静的春天》一书，描述了经济发展过程中局部和全局、短期和长远利益的矛盾，指出人类与自然是共存亡的关系。《寂静的春天》以其细腻的笔触震撼了只知道发展生产力的人们，人们首次意识到我们赖以生存的自然环境是如此脆弱，由此拉开西方国家环境保护运动的序幕。1967年，英国学者米香（L. Michoud）首次质疑经济增长是否值得向往。1968年，菲亚特公司董事长帕塞伊邀请科学、教育、经济和实业等领域的众多专家组建"罗马俱乐部"（Club of Rome），探讨人类社会未来的发展和走向。

1972 年，罗马俱乐部的麦多斯（Dennis Meadows）发表首个研究成果《增长的极限》，指出人们如果继续维持工业和人口的指数级增长，能源和资源耗费以及环境污染按当前趋势发展下去，社会就有可能在 2100 年的某个时刻出现崩溃。要防止这一现象的出现，社会从现在开始就要停止人口和工业投资的增长，这就是所谓的"零增长"理论。麦多斯的观点引起了社会巨大的震动，人们开始重新审视既有经济发展政策是否合理。当然，麦多斯的观点也存在着先天的缺陷和不足，其选取的变量和参数设置也存在着诸多不合理之处，稍加变化就有可能得到相反的结果。

2. 可持续发展观

麦多斯的增长极限观点引发了社会巨大的争议，多数学者并不认同麦多斯的研究结论。一是社会进步和发展是历史的自然规律，人为地进行限制是不合理的；二是世界经济发展是不均衡的，不能剥夺第三世界国家争取进步和富裕的权利；三是发展中的问题需要在发展中予以解决，生态失衡和环境污染解决需要的技术和资金需要经济发展来提供。1980 年，国际自然及自然资源保护联合会（IUCN）首次提出可持续发展观点。1987 年，世界环境与发展委员会的报告《我们共同的未来》给出了可持续发展的明确定义："既能满足当代人的需要，又不对后代人满足其需要的能力构成危害的发展①"，首次提出当代人与后代人可持续发展的观点。1992 年，联合国在里约热内卢召开环境与发展会议，通过了以可持续发展观为核心的《里约环境与发展宣言》《21 世纪议程》等纲领性文件，可持续发展观逐步成为世界各国社会经济发展的核心理念之一。

3. 生态学马克思主义

作为一种先进的思想和理论，马克思主义生态文明观在西方也得到了重视和应用，众多西方学者在资本主义体制的语境下，挖掘了马克思主义生态思想的深邃内涵，批判了资本主义生产方式与生态观点，形成了生态马克思主义（the Ecological Marxism）思潮。"生态学马克思主义者大都看到了资本主义大工业生产造成的严重生态破坏，看到了资本主义制度下畸形消费观的蔓延，对此他们深感忧虑，并进行了无情揭露与批判②。"西方生态学马克思主义者认为生态文明观

---

① 世界环境与发展委员会编，王之佳，柯金良译，我们共同的未来［M］. 吉林：吉林人民出版社，1997.

② 刘娟，高媛媛. 解读生态文明建设理念提出的历史必然性［J］. 理论与现代化，2011（06）：40－44.

是马克思主义经济思想的核心思想之一。马克思从资本主义经济危机、资本对剩余价值贪婪的追求、畸形的消费观等角度出发，分析批判了资本主义生产方式造成的生态失衡、资源枯竭、生活环境污染等生态重大问题，阐述了生态文明与社会主义的必然相关性。生态马克思主义对人类社会发展过程中的环境问题进行了有益的思考与探索，但他们在资本主义条件下构建的生态理论以及社会主义观点存在着先天的不足，他们希望通过生态革命去实现社会主义思想也是幼稚和错误的。

西方社会发展过程中出现的生态环境问题引起了西方政治家、专家学者和实践工作者的关注，对人与自然、工业文明和生态文明、物质文明与精神文明之间的关系进行反思，在资本主义社会制度允许的范围内对生产力、生产关系和生产方式进行调整，新的生态文明理论和生态理论思想也不断涌现。但从资本主义基本规律看，追求剩余价值的资本家无心也无力实现真正的生态文明制度。生态文明价值观只能在社会主义社会才能真正实现，众多社会主义学者对此进行了积极有益的探索，张薰华就是其中具有代表性的经济学家之一，其生态文明思想也是在全球对生态文明的持续关注的历史潮流中顺理成章出现的。

第二节　张薰华生态文明思想的理论框架

张薰华生态文明思想的核心理论建立在他对政治经济学研究对象独特理解的基础上。政治经济学的研究对象一直是马克思主义经济学者争议的问题。争议的焦点之一就是研究对象是否包括生产力。目前主流的观点之一认为，政治经济学的研究对象局限于生产关系，生产力并不属于直接的研究对象，理论依据是斯大林在《苏联社会主义经济问题》中关于研究对象的相关界定。但张薰华并不认同这一观点，他以唯物辩证法为研究手段，从内容和形式之间的辩证关系角度出发，认为作为形式的生产关系是不能脱离作为内容的生产力的。那么如何才能正确确定政治经济学的研究对象呢？张薰华认为只有重归马克思主义的经典原著，才能正确理解政治经济学的研究对象是什么。

张薰华认真研读了马克思《资本论》初版序言德文原文，与恩格斯校正的《资本论》英文版序言对比，并参考《资本论》三卷中多处的表述[①]，认为《资

---

① 张薰华. 在社会主义建设中发展《资本论》的理论 [J]. 复旦学报（社会科学版），1984（05）：15－21.

在该篇论文的第一部分"在研究对象问题上突破传统的理解"中详细阐述了关于他的观点的论证。

本论》已经对政治经济学的研究对象做出了清晰的界定："研究对象是资本主义的生产关系以及和它相关的生产力，如果在研究对象中将生产力抛弃，会导致脱离生产力研究生产关系的倾向，在实际政策和实践上，脱离现有的生产力发展水平，过度追求生产关系变革，特别是'文化大革命'期间对所谓'唯生产力'的批判，导致了一系列灾难①"。在此基础上，张薰华进一步分析道："正是因为政治经济学研究对象束缚于生产关系，进而延伸到经济学对象也限于生产关系，抛弃生产力，经济学就切断了与现代科学体系中各学科的网络，处于孤立的地位，故步自封，在 20 世纪 50～70 年代，科学的经济学很难得到发展②。"

由此，张薰华在生产关系研究的基础上，将研究对象拓展至生产力领域，开始了对生产力发展规律的系统研究。1989 年，张薰华完成了首部以生产力发展规律为核心的经济规律体系研究著作《生产力与经济规律》。在生产力规律研究的过程中，张薰华将生产力规律的研究重点放在生产力的源泉及相互关系上，认为生产力的源泉是生产力发展规律研究的核心点："生产力的源泉从它的抽象形式来讲，是人类赖以进行生存活动和生产活动的环境系统。对于人类来说，他周围的一切都是它的环境③。"对于生产力和生态环境，张薰华认为，社会生产力源于生态环境，生态环境规律制约着社会生产力的发展，因而制约着一切经济活动，和人类生活息息相关，环境规律和经济规律内在的必然联系就是环境经济规律，"实质上就是生态经济规律④"。通过生产力源泉的研究，张薰华将人口、资源和可持续发展等生态环境问题连接起来，形成了自己独特的生态文明思想。

一、辩证构建人工生态环境层次

经济发展过程中出现的环境问题引起了经济学家的广泛关注。20 世纪 80 年代，人口、环境与经济发展关系的研究逐步形成了理论学派，其理论渊源可追溯到斯大林《论辩证唯物主义与历史唯物主义》一文。斯大林认为，地理环境并不能决定社会环境，相对于地理环境的缓慢变迁和改变，社会环境的变化和发展相对快很多，二者不是一个数量级的。人口的增长也不是社会发展变迁的决定性因

---

① 张薰华. 锲而不舍，探索规律（原载于《经济学家之路》第二辑，2000 版）//经济规律的探索——张薰华选集（第二版）[M]. 上海：复旦大学出版社，2010：8.

② 张薰华. 试论经济科学的发展 [J]. 复旦学报（社会科学版），1995（03）：7-11.

③ 张薰华. 生产力与经济规律 [M]. 上海：复旦大学出版社，1989：5.

④ 张薰华. 生产力与经济规律 [M]. 上海：复旦大学出版社，1989：24.

素。纵观人类社会的发展，人口的增长一直都存在，它会对社会产生某种程度的影响，但并不能成为说明一种社会制度替代另一种社会制度的理由。张薰华认为斯大林的观点有一定的合理性，但也存在着不符合经济发展规律的地方，用以指导实践又会导致人们忽视社会发展过程中人口、环境等因素的影响。在对生产力和生产关系、经济发展和环境保护的辩证关系进行深入分析后，张薰华对斯大林的观点提出了质疑，认为重视生产力源泉是生产力发展的前提条件。张薰华认为，既然我们坚持生产力是社会发展的决定性因素这一历史唯物主义观点，我们为什么在理论和实践中又忽略生产力的源泉——环境和人口对社会发展的重大影响作用呢？

（一）人工生态环境的三个层次

为进一步阐述他在生态环境保护方面的观点，张薰华运用特有的圆圈法对生态环境和人类社会的相互关系进行辩证分析。如图 4-1 所示，张薰华将"人工生态环境分为三个层次[①]"。他根据地球物质及生物演化历史逻辑，将生态环境分为非生物和生物两个层次，加上人类社会构成三个层次。其中，最内层为非生物物质，包括阳光、大气、水体、土壤、无机及有机化合物等生命所需的基本物

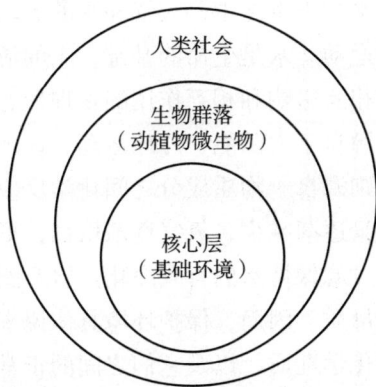

图 4-1　人工生态环境的三个层次[②]

---

① 张薰华. 土地与环境 [J]. 中国土地科学, 1995, 04: 1-5.

② 张薰华 1995 年发表在《中国土地科学》杂志的论文《土地与环境》只有文字表述，该图根据张薰华 1999 年 12 月为全国人口、资源、环境学术研讨会提交的论文《人口、资源、环境的辩证关系》的图改画。2009 年，张薰华在上海市经济学会学术年刊发表的论文《从唯物辩证法看新中国的变化——兼论中国人口问题》中画了该图，但文字表述有所不同，实质内容一致。

质，称之为"基础环境"；中间层是除了人类以外的所有生物，包含动物、植物和微生物，中间层和内层合成自然生态环境；最外层就是我们的人类社会，虽然人类是生物群落的一部分，但人类的劳动及主观能动性显然与其他生物有明显区别，人类的一切活动都是为了人类自身的发展，是保护生态的出发点，因此，人类社会单独划分一层。张薰华认为，内中外三层相互作用、相互影响组成了人工生态环境，在三个层次中，内层的基础环境是核心层，支撑起其他两层，若核心层被毁，中间层的生命失去物质资源就不能生存，外层的人类社会也将不复存在。

（二）三个层次的辩证关系

张薰华通过以下"人工生态环境"三个层次之间的辩证关系，具体分析了各层次之间相互影响、相互转换的内在规律，确定了这种影响过程中需要重点保护的关键和核心，明确了水土、森林、人口是三层次保持正常循环的重中之重，提出了保持人工生态环境的正常循环就是可持续发展的基础等观点。

1. 内层基础环境

内层基础环境指的是地球表面适合生命生存的物质环境，它由三种物质基本形态所构成：气态（大气）、液态（水）和固态（由地壳发展为土地），三种物质形态相互作用、相互影响和相互交融。土地承载水和空气，地壳形态影响空气和水的运动。大气溶解于水和土壤之中，大气和水的流动改造部分地壳成为土壤形态，推动水中物质交融运动。水是生命的基础，水的流动可以某种程度上改变山川地貌。三种形态之间相互影响和相互作用的物理形态变化中包含着化学性质的变化，变化的外在动力源自于太阳能、月球运动、地球自转和地球环绕太阳运动的综合作用，内在动力则源自于物质成分之间化学反应的相互作用。在这个过程中，大气中二氧化碳含量逐渐减少，氧气逐渐增加，形成适宜生物生存的气候条件。水循环中的沉淀、过滤保持水的自我净化。岩石圈经风化和水混合形成生命所需的富含营养的土壤母质。因而，保护环境具体说来，就是要保护土地、大气和水的合理物质成分和化学性质，以及它们之间的正常循环运动。

2. 中层生物群落

中层生物群落建立在内层基础环境上。植物是中层生物群落的基础和生产者，通过光合作用将无机物变为孕育生命的有机物质。动物作为生物群落中的消费者，分为昆虫、食草动物、食肉动物，以及水生动物、陆地动物和飞禽等多个层次。食草动物将植物转化为动物蛋白质，也称为次生产者。食肉动物捕食食草动物，低层动物被高层动物捕食，由此形成植物、动物、食肉动物、大型捕食动物的生命金字塔，不同层次之间生物的捕食、竞争和共生构成了多样性的生命金字塔，并维持着脆弱的生态系统平衡。微生物是生命系统中一个特有组成部分，它们将动植物遗体物和代谢产物分解为有机物、无机物等各类物质，完成物质能量从高层向基层以及核心基础环境的转换，最终实现物质能量的一个完整循环，因此也称为还原者。在中间层生命系统中，植物是生产者，因此，由植物构成的森林是整个系统的基础和支柱。如果森林被破坏，生物多样性没有存在的基础，而且核心层基础环境的诸多因素也都会被破坏。

3. 外层人类社会

外层人类社会中的人，既是中层生物群落中处于顶层作为动物的人，也是组成外层人类社会的基本因子。因此，人的行为将中层生命系统和外层人类社会联系起来。人的有目的的劳动会作用于自然生态系统，并对生态系统产生有利和不利的影响。人类创造的新工具、新技术和工厂制度所迸发出的巨大的生产力，以及人口爆发性的增长和对物质财富的追求，使得人类消费了大量的自然资源，破坏了森林系统，减少了生物的多样性，污染了人类自己赖以生存的自然环境。最终结果是，生物群落遭到破坏，人类自身也难以生存下去。如果人类充分认识到自己行为对自然的影响，尊重自然的内在运行规律，遏制人口的爆炸性增长，人类就可以合理利用自然资源，采取新技术防止生产消费过程中对环境的污染，扩大森林覆盖率，从而实现生物多样性条件下的生态平衡。

以楼兰古国为例，张薰华认为："原本林草丰茂，由于人口增加，环境被毁，国家成为沙丘，人口流失，何谈社会发展①"。以史为鉴，新中国成立以来，我国大力促进生产力发展，改善人民群众的生活水平和物质条件，在这过程中忽略了对自然生态的保护，再加上"大跃进"和人口政策等一系列失误的发展措施，造成了自然资源的过渡耗费和生态环境的破坏。如何才能避免这一问题？首要就是保护自然资源和生态环境，在此基础上有效地控制人口的过度增长，社会经济才有可能保持持续性增长。

二、可持续发展生产力是生态文明基础

社会的发展和进步，源于生产力的发展和进步。人们在认识自然、改造自然的过程中，不断地总结经验和教训，创新生产工具和生产方式，并以此提升自身对自然的改造能力，以获得更多的物质和财富提高生活水平。生产力的发展决定与之相适应的生产关系，生产关系的演变决定在其之上的上层建筑。正是由于人

---

① 张薰华. 试论经济科学的发展 [J]. 复旦学报（社会科学版），1995，03：7-11.

们不懈的探索和追求，最终推动人类社会不断进步和发展。因此，党和政府一直将发展生产力作为工作的重心。但是，如果忽视了生态环境的保护，那么这种生产力的发展是不可持续的，生态文明一个重要的目的就是人类社会的可持续发展。张薰华通过研究认为，维护生产力源泉之间的平衡是可持续发展的生产力，也是生态文明可持续发展的基础。

（一）生产力结构

传统观点从生产力和生产关系角度出发，将工作重点放在生产关系对生产力的反作用上，认为需要营造适应生产力发展的生产关系。张薰华认为这种观点忽略了生产方式在生产力和生产关系之间的作用，也忽略了生产力源泉对生产力发展的核心作用。其结果就是对于如何发展生产力的结论失之于片面，从而忽略了生产方式和生产力源泉因素中的自然环境考量。"皮之不存，毛将焉附"，作为生产力源泉之一的生态资源遭受破坏，最终也将导致社会生产力本身遭到破坏。

虽然马克思的历史唯物主义认为，社会生产力是社会进步发展的源泉，但马克思却没有对生产力概念、生产力系统做出明确的界定和详细的分析，理论界对于生产力的研究可以说相当贫乏。张薰华认为"社会生产力是一个系统，这个系统由生产力源泉、生产力本身以及生产力的结果组成①"。其中，生产力源泉由人力、科学技术力和自然力三部分组成，因为这些力都必须与人类的劳动相结合才成为生产力的一部分，张薰华在这里详细表述为劳动的社会生产力、劳动的科学技术生产力和劳动的自然生产力。生产力本身则包括劳动力、劳动资料和劳动对象三要素，生产力的结果体现为单位劳动所生产的产品量。生产力本身的三要素和生产力结果是现实的、具体的和特定的，生产力的三源泉则是潜在的、一般的和可变的，它们是生产力发展的内在动因，是生产力不断发展的内在源泉。

（二）生产力源泉及相互关系

1. 劳动的社会生产力

一般认为人力就是人类的劳动，人类在劳动中体力和脑力的支出形成劳动力。但张薰华更注重的人力是劳动的社会生产力，劳动的社会生产力源自于人们在劳动过程的分工和协作。由于人们在生产过程中实现分工，使得劳动者专注于生产过程中某个单独的工艺或工序，提高了熟练程度，降低了培训成本和工资费用，减少了转换工作的时间，从而提高了劳动生产率。

---

① 张薰华. 生产力与经济规律 [M]. 上海：复旦大学出版社，1989：4.

2. 劳动的科学技术生产力

劳动的科学技术生产力源自于劳动与科学技术力相结合所带来的生产效率提升，科学技术力指的是劳动者的智力劳动物化为机器等劳动资料及其生产的特殊工艺过程，表现在生产过程中就是专用设备的发明和使用极大地提高了生产效率。劳动的科学技术生产力还产生于劳动者在分工合作中的不同组合所带来的新观念、新技术和新的生产方式，实现个体构成整体时所带来的量变到质变。

3. 劳动的自然生产力

劳动与自然力相结合产生劳动的自然生产力，即在劳动对自然的利用中产生的生产力。自然资源不同于劳动力资源和科学技术力，它包括可再生资源和不可再生资源。不可再生资源指的是随着我们的开发使用，其存量会逐步减少且相当长时间内难以恢复的资源；可再生资源指的是可循环利用，或短时间内可恢复原有存量的资源，但再生资源的再生条件如果遭到严重破坏也会转变为不可再生资源。因此，劳动的自然生产力在相当大程度上受自然条件的制约。

4. 生产力源泉三个要素之间的辩证关系

劳动的自然生产力与劳动的社会生产力、劳动的科学技术生产力三者之间是相互影响、相互制约的辩证关系。劳动的自然生产力在生产过程中不断被利用和消耗而趋于下降，劳动的社会生产力、劳动的科学技术生产力这两种生产力可通过分工协作、科学技术进步而不断发展。当然，劳动的自然生产力下降趋势一定程度上可以通过劳动的社会生产力和劳动的科学技术生产力的发展来弥补。例如，新的能源供给方式、新的原材料资源以及提高可再生资源的恢复速度等，导致劳动的自然生产力下降趋势得到缓解甚至扭转，这些都需要科学技术劳动力的发展才能得以实现。但如果科学技术的发展只关注提高人的劳动开发自然资源和消耗自然资源的能力，而不在意自然生产力的恢复，其结果反而会导致劳动的自然生产力加速下降，进而使社会可持续发展动力不足。因此，人类需要理论和实践上的指导，使得劳动生产力本身的三个组成部分能够相互协调、相互促进，保证社会可持续发展目标的实现。

社会是由相对独立的各个部分组成的具有特定功能、特定作用和特定目标的统一整体。整体和部分之间总体利益上是协调一致，也存在着可能的局部冲突，有时需要牺牲局部利益去实现整体利益的最大化。现实社会经济发展过程中，局部生产者出于自身利益最大化的考虑，只注意自己内部效率的提高，将一部分原本由它自己承担的责任向外转移，如污水、废气、废渣和噪音的任意排放，不积极采用成本较高但更能节约自然资源的新技术、新工艺。从社会生产力整体角度看，局部生产者的利己行为反而使社会生产力整体出现下降。因此，从社会生产力标准看，生产者在生产产品的同时，也造成了自然环境的损耗，这是生产的外部效应。因而在计算生产者生产产品所耗费的人工劳动时（张薰华称之为"内部劳动"），还应追加我们在治理损害自然环境时所耗费的劳动（张薰华称之为"外部劳动"）。因此张薰华建议，"核算局部生产者的单位产品所耗社会劳动量的标准应该为：单位产品所耗社会必要劳动量＝内部劳动＋外部劳动①。"通过外部劳动内部化的改变，我们就能有效化解系统中的个体利益和整体利益之间的冲突，使得局部劳动和社会整体劳动利益一致。

从社会生产力系统的三个组成部分看，人类的劳动是基础和关键，起着核心和关键性的作用，并将另外两个部分串成一个整体。因为人的劳动才具有主观能动性，才能认识自然、改造自然和适应自然，也只有人的有目的的劳动才可能对自然环境造成一定程度的破坏。人是自然界生物群落的一部分，位于中间层生命系统中生物金字塔的顶部。此时人的行为属于生命系统中生物多样性的自然组成部分，人的捕食与被捕食、开发和维护、相生与相克构成了自然界生态循环的一部分，并不会对自然环境造成严重的影响。但作为外层人类社会中的人，人的行为对中间层生命系统而言就是一个外生变量，会改变自然界原有生态系统中的能量物质循环。

5. 生产力源泉的协调是可持续发展的关键

工业革命后，在工具、能源和社会制度创新的影响下，人口的急剧增长以及追求利润最大化的工业文明的价值取向，使得自然资源和生态系统面临着被掠夺式开发的命运。不仅如此，外层人类社会的生产消费还向生态系统排放各种废弃物，大量的废弃物超过了生态系统自我净化能力，导致生态自我修复能力急剧下降。人口的迅速膨胀和生态资源的快速枯竭，社会生产力两个源泉比例的失调，最终导致社会发展能力的不可持续性。综上所述，从社会生产力发展源泉看，人类社会发展必须充分考虑生产力源泉三个组成部分之间的协调关系，维持三者之间的合理比例。社会生产力发展方式既要考虑合理的劳动投入增量，又要尽可能地节约自然资源和使用可再生资源，走集约化发展道路，达到人类与自然生态环境的和谐相处，促进社会生产力的可持续发展。

改革开放30余年来，我国社会经济保持高速发展，社会生产力两个源泉之间的矛盾日益突出。为避免我国社会经济重走西方资本主义社会"先破坏环境、再综合治理"的工业化发展老路，就需要高度重视生态文明建设。党的十八大报告提出："建设生态文明，是关系人民福祉、关乎民族未来的长远大计。面对资

---

① 张薰华，王岩. 生态文明建设要义论 [J]. 当代经济研究，2014，01：7.

源约束趋紧、环境污染严重、生态系统退化的严峻形势，必须树立尊重自然、顺应自然、保护自然的生态文明理念，把生态文明建设放在突出地位，努力建设美丽中国，实现中华民族永续发展①。"党的十九大报告更是将建设生态文明提升为"千年大计②"。

生态文明是人类社会在长期发展过程中，对人和自然之间相互关系充分认识后的理论深化和实践总结，是人类社会发展实现了从改造自然、征服自然到适应自然、顺应自然的一次质的飞跃。张薰华生态思想认为，要充分关注生产力源泉三个部分之间的协调关系，选择顺应自然的生产方式和生活方式，自觉保护人类社会赖以生存和发展的自然环境，在建设生态文明目标下推动社会生产力可持续发展。

三、人是生态文明建设的主导者

文明是人类在认识世界、改造世界的过程中所形成的价值观、信念和行为准则的总称，它包含物质形态和精神形态的双重内涵。文明的内涵是不断发展演进的，它总是具有特定历史时代的历史烙印，反映出这个时代生产力发展水平和人们在生产消费中所结成的相互关系，以及人们如何认知物质世界和社会关系。文明发展的根本动力是生产力的发展和进步，社会公众的认知和社会风气对文明的形成也有一定的影响作用。

马克思在《1857～1858年经济学手稿》中指出，人口"并不是由数字或由生活资料的生产性的绝对界限决定的，而是由一定生产条件规定的界限决定的③"。马克思在这里所指的生产条件就是社会生产所采取的具体方式和与此相关的生活方式、生活状态和水平。按照马克思人口理论的基本思路，一个社会所能容纳的最佳人口数量，取决于这个社会的生产方式、生活消费方式以及外部自然环境可获取资源的限制。在自然条件一定的情况下，如果社会选择的生产方式和消费方式对外部资源的耗费较少，这个社会无疑可以承载更多的人口数量。例如，农业社会的生产方式和生活消费方式较之于游牧社会的生产方式和生活消费

---

① 胡锦涛. 坚定不移沿着中国特色社会主义道路前进为全面建成小康社会而奋斗 [N]. 人民日报，2012－11－18（001）.

② 习近平. 决胜全面建成小康社会夺取新时代中国特色社会主义伟大胜利 [N]. 人民日报，2017－10－28（001）.

③ 政治经济学批判（1857～1858年草稿）手稿后半部分 [M]. 马克思恩格斯全集（第一版第四十六卷下册）. 北京：人民出版社，1980：106.

方式，可以节约更多的土地资源并获取更高、更稳定的产量。因此。相同自然条件下的农业社会就可以容纳更多的人口数量。

综上所述，人口、生产方式和消费方式、外部自然条件等因素是相互作用、相互影响的，人口数量对自然环境的保护起着至关重要的作用，生产方式和外部约束对人口数量也会产生影响。从生产力源泉的三个组成部分看，支撑社会再生产的基本源泉是劳动力和外界自然资源。劳动力数量意味着生产能力的提高，外部自然资源的增加意味着人们可获取的有用资源，从而社会可以创造更多的财富满足生活消费的需要，也意味着可以支撑更多的人口数量。但自然资源并不是无限获取的，更多的人口需要消费更多的物质财富，无论是再生资源还是不可再生资源，面对着竭泽而渔式的开采方式最终都会耗费殆尽。所以，人口过快增长破坏了生态平衡和生态环境的自我修复能力，导致生态环境的可持续利用受到阻碍。因此，可持续性发展观要求人类社会确立一个合理的人口发展观，过度的人口膨胀速度和规模对于社会经济的可持续性发展有弊无利。

张薰华指出，既然"可持续发展的生产力是生态文明的生产力基础，作为推动社会生产力发展的主观能动因素——人，当然也是推动社会生产力可持续发展的主观能动因素，是生态文明建设的主导者[1]"。所以，在生态文明发展理念下，我国社会需要在生产方式、生活方式、人口政策等确立尊重自然、保护自然、顺应自然的政策，改变原来的大量耗费资源的粗放型生产方式和铺张浪费型的消费方式，选择提高生产要素的使用效率的集约型循环经济发展方式，以及自然、环保、绿色、节约的生活方式，对我国社会的可持续性发展至关重要。更关键的是，我们需要在全体人民中树立正确的生态文明观或生态绿色的价值取向，并将这种理念转变成大家自觉的行为，融入到日常生活和生产过程的每一环节。因此，"对民众的生态文明宣传教育要常抓不懈，尤其对儿童的生态文明观教育是最重要的途径[2]"。

四、遵循生态规律和生态经济规律

张薰华认为："生产力发展规律是一切经济规律的核心规律[3]"，"社会生产

① 张薰华，王岩. 生态文明建设要义论 [J]. 当代经济研究，2014，01：7.
② 张薰华，王岩. 生态文明建设要义论 [J]. 当代经济研究，2014，01：10.
③ 张薰华. 生产力与经济规律 [M]. 上海：复旦大学出版社，1989：4.

力是一个系统，这个系统由生产力源泉、生产力本身以及生产力的结果组成①"，生产力源泉包括劳动的社会生产力、劳动的科学技术生产力和劳动的自然生产力。因此，"生态环境，制约着社会生产力的发展，因而制约着一切经济活动②"。在人工生态环境三个层次的基础上，张薰华提出了生态规律和生态经济规律，认为生态文明的建设必须遵循这两个规律。

（一）生态规律

在人工生态环境三个层次和生产力源泉的理论分析基础上，张薰华阐述了生态规律的深刻内涵。所谓的生态规律，就是"生态系统中物质能量循环的动态平衡规律③"。它既包括核心层基础环境和中间层生物群落之间生物与非生物的物质交换和能量传递形成生态关系，也包括中间层生命系统内部的生物金字塔之间的物质和能量交换形成的生态关系，两种生态关系间彼此联系、相互作用的内在联系构成生态规律，核心就是生态系统中物质和能量循环的动态平衡规律。在这个物质能量动态平衡体系中，非生物环境即水、空气、土壤和简单化合物等物质元素的相对稳定状态是系统平衡的基础。如果受到系统外某种因素的扰动，或者系统内部因素的变化使得原有因素处于非平衡状态，生命系统赖以生存的物质基础环境就会遭到破坏，系统内在的物质能量平衡就会被打破，整个生态系统就会趋于崩溃。

在中间层生物群落中，绿色植物是生产者，它们构成生物金字塔的底座和基础。动物是消费者，又分为初级消费者的食草动物和次级消费者的食肉动物，构成生命金字塔的上层。微生物是分解者，完成动植物代谢产物和遗体的分解还原。其中，绿色植物是整个生态体系物质能量循环交换的关键和基础，它们通过光合作用将非核心层基础环境中的无机物质转化为有机化合物，并将太阳能固定为化学能和生物能。没有这个物质和能量的转化，就无法实现核心层基础环境到中层生命系统的跨越，也就不会有动物，更谈不上人类的出现和发展。因此，绿色植物，尤其是规模化的绿色植物部落——森林是整个生态平衡体系的基础和支柱。

人类位于中层生命系统中的顶端，同时又是构建外层人类社会的基本单位。人类的生产和消费活动将中层生物群落和外层人类社会衔接起来，他要求人类活

---

① 张薰华. 生产力与经济规律 [M]. 上海：复旦大学出版社，1989：4.
② 张薰华. 生产力与经济规律 [M]. 上海：复旦大学出版社，1989：24.
③ 张薰华，王岩. 生态文明建设要义论 [J]. 当代经济研究，2014，01：7.

动既要服从生态规律的要求，又要遵循社会活动的相关规律。实际上，这也初步体现了生态文明的基本内涵要求。因此，人类创造性的生产和消费活动既具备某种程度上绿色植物的生产者性质，对自然资源的消耗又属于消费者层次，人类的活动需要同时遵循中层和外层两个体系的内在规律的要求，并将两者有效地结合形成动态平衡的人工生态系统。

1. 核心层

核心层是所有生命赖以生存的物质基础，也称之为核心基础环境。它为生命产生、生存和繁衍提供必需的阳光、水、土、大气和各类有机、无机化合物等基本物质。

2. 生命系统

生命系统建立在基础环境之上，是一个由植物、动物、微生物等组成的生物群落。生命系统内部，由于各层次生物之间的捕食与被捕食、竞争和共生等关系的作用，形成了以生物多样性为特征的多层次金字塔系统。其中，作为生产者的绿色植物群落——森林是生命系统的基础和支柱。

3. 人类社会

人类社会位于人工生态系统的顶端，特殊的位置决定了人类活动的多重特性，既具有对整个生态系统的决定性影响力，又脆弱得只能依赖生态系统的平衡而生存。如果基础环境被破坏，抑或是生命系统中的生态规律失去平衡，位于金字塔顶端的人类也必然无法生存。因此，位于生态系统金字塔顶端的人类如果不遵循生态规律而无限制地生产和消费，首先会破坏生态系统的基础和支柱——绿色森林，进而整个生物的多样性将无法维持，基础环境也会因为污染而丧失孕育生命的基本条件，最终导致人类社会的毁灭。

张薰华清醒地认识到遵循生态规律的重要性和紧迫性："人工生态系统是在自然生态系统基础上建立的社会和自然复合的再生产系统，在这个系统中所运行的内在经济规律就是生态经济规律[①]"。中间层生物群落是整个社会再生产系统的物质基础。社会再生产过程中的生产、分配、交换和消费，都需要从自然界中获取所需的资源，再通过人类劳动加工资源，生产成为我们所需要的各类生产资料和消费物质，最后又将生产和消费的剩余物、代谢物、废弃物排放到自然的过程。整个过程中，如果我们遵循生态规律，有效地协调自己的生产和消费活动，保持自然资源的可再生和有效存量，社会经济的发展就有充足的资源保证。但如果人们在社会生产和生活中，对自然资源开发不当，对生产消费中剩余物、

---

① 张薰华，王岩. 生态文明建设要义论［J］. 当代经济研究，2014，01：8.

废弃物处理不当，势必引起整个生态系统的恶化，导致整个系统失去平衡。

（二）　生态经济规律

维持生态环境的动态平衡是人类社会可持续发展的重要前提，人类社会的可持续发展也就是社会经济的可持续发展，因此，经济规律与生态规律之间存在着内在的必然联系，所有的生态环境问题都会影响到人类社会生产的经济活动，这也就是生态经济规律。工业文明条件下的机器工业大生产，人类生产劳动和消费活动所耗费的资源远大于自然界其他生物有机体活动的耗费。巨大的生产力、无限制的消费欲望和随意处置的生产消费废弃物，造成自然资源的大量减少和生态系统自我修复能力的减弱，最终引起环境问题。人类社会迫切需要一种发展理论，用以指导生产和消费的实践活动，保护不可再生资源，有效利用可再生资源，最终实现对自然资源的综合集约利用。张薰华指出，在社会再生产过程中，要充分重视生态经济规律的要求，实现社会的科学可持续发展。

1. 生态环境是一个自然资源系统

人类社会应该充分把握生态系统的整体和局部、短期和长期、开发利用和保护恢复的辩证关系，开发单项资源时充分考虑对生态系统整体的有利和不利的影响，确保生物群落多样性不遭到破坏。

2. 资源利用需要人类全程管理

系统的过程观要求人类社会开发利用资源时，需注重资源从开发、生产加工、消费到最终回收的全过程管理，确保每一个环节资源的充分利用，否则就会造成浪费和对环境的污染。

3. 强化对资源的循环开发和利用

有效的循环开发利用能够将生产消费过程的废弃物转化为人类社会可利用的资源，将废弃物对环境的潜在危害转化为有用的资源，同时也能减少人类对不可再生资源的依赖。最终通过科学发展，满足人工生态系统良性循环要求①。

党的十八大指出，建设生态文明必须"坚持节约资源和保护环境的基本国策，坚持节约优先、保护优先、自然恢复为主的方针，着力推进绿色发展、循环发展、低碳发展，形成节约资源和保护环境的空间格局、产业结构、生产方式、生活方式②"。因此，我们必须转变社会发展的基本理念和方式，彻底放弃依靠

---

① 张薰华，王岩. 生态文明建设要义论 [J]. 当代经济研究，2014，01：10.
② 胡锦涛. 坚定不移沿着中国特色社会主义道路前进为全面建成小康社会而奋斗 [N]. 人民日报，2012－11－09（002）.

资源投入来推动经济增长的原有方式，积极推进集约化、绿色环保和低碳循环的生产和消费方式。鼓励生产企业采用新技术、新工艺、新材料和新的生产组织方式，积极推进"互联网＋"、物联网、精准营销等先进经营模式，降低生产过程中的能源损耗和材料耗费。改进自然资源价格的形成机制，通过合理的定价调节社会对自然资源的需求和供给，减少社会在生产过程中资源的无谓浪费，保护不可再生资源，推动可再生资源的恢复和增长。落实碳排放交易制度，鼓励企业采取措施降低生产过程和产品使用过程中的碳排放，减少化石能源的使用，保护绿色植被。积极倡导健康的生活方式，推行绿色出行和低碳消费，从需求源头减少社会对自然资源的耗费。

第三节　张薰华论生态文明的建设

在马克思主义生态观的基础上，结合我国社会主义建设中经济发展与环境保护之间的矛盾和冲突，张薰华运用独特的圆圈分析法，从生产力源泉的研究视角出发，借鉴社会科学领域和自然科学领域中生态环境保护的最新研究成果，系统地研究了人工生态环境的三层次体系，以及三层次体系中各要素之间的相互作用、相互影响的关系，阐述了在水土保护、森林保护、人口与环境、资源开发与维护等方面的独特见解，为破解社会发展和生态环境保护之间的"二元悖论"提供了良好的思路，也为我国社会经济的可持续发展提出了有价值的建设思路。

一、控制人口数量提高人口质量思想

生态文明的出现是工业文明发展到一定程度后的必然结果。人类既是外层人类社会的基础要素，也是处于中间层生命系统顶端的人。作为动物的人，人的行为原本是生物系统自然本身的一个组成部分，但人类有目的的行为却超出了中层生命系统的范畴，成为人类社会发展的根本动力。工业革命的出现使人类征服自然、改造自然的能力得到了巨大的提升，同时也不可避免地对生态系统造成了巨大的负面影响，破坏了生态系统内部的物质能量循环和生物多样性，最终影响到人类社会存在的物质基础。因此，人类社会要转变原有的粗放、消耗型发展模式，在工业文明的基础上赋予其绿色、环保、可持续发展的价值观新内涵，建设生态文明社会。张薰华认为，人类社会的可持续发展，归根到底就是人类社会与生态环境之间的平衡发展问题，就是日益增长的人口和快速减少的可利用

资源之间的矛盾，就是自然资源的有效保护和循环利用问题，核心问题则是人口问题。

（一）人口数量必须适应生态环境的承载能力

张薰华从人工生态系统内部关系的视角分析了人与自然的关系，指出人口数量必须与自然环境承载力相适应。他认为，人口数量是社会生产力发展的根本源泉之一。自然环境提供人类社会发展所必需的物质基础如阳光、空气、土壤和水等，以及在此基础上的植物、动物等自然生物圈。人口数量的增加推动生产力的发展，但是人口数量增加所带来的资源耗费也对环境造成了巨大的压力。如果人口增加所带来的资源保护有利因素小于人口增加对环境造成的损害，人类所拥有的自然资源总量就会下降。这又会导致人类对自然资源的竞争性和掠夺性开发，最终使得生态环境遭到破坏。

如何改善人类所赖以生存的自然环境，提升劳动的自然生产力？从人均资源占有量的角度看，一是大力发展新能源、新材料和新工艺，使用可循环和可再生能源和材料替代不可再生资源的使用，减少经济发展对资源的损耗；二是实施积极有效的人口政策，降低人口增加对环境的影响，张薰华指出，保护环境，也是发展社会生产力和保护人类自身的要求。

（二）人口的发展要适应生产力技术构成发展

张薰华以历史唯物主义为理论基础，从人类历史发展的角度探讨了人口与社会经济发展之间的规律，指出人口的发展要适应生产力技术构成的要求[①]。纵观人类社会历史，人类的生产力总是推动社会发展的根本性因素。人类自身、人类在实践中所掌握的科学知识和技术，以及人类科学知识技术的外化物质形式如劳动工具和劳动对象构成了生产力的基本要件。因此，人口发展规律，就其在生产力、生产方式和生产关系等基本方面的作用来看，实质上是劳动力的再生产规律。

1. 社会生产力形成的要素之间的内在要求

劳动力是社会生产力的核心要素之一。劳动力要变成现实的生产力，就必须和生产力的其他核心要件——生产资料相结合。同样，"生产资料如果不和劳动

---

① 张薰华. 试论人口发展规律——兼论我国人口必须进一步控制 [J]. 复旦学报（社会科学版），1979，05：6-11.

力相结合，也无法进行生产，不能成为现实的生产力①。"正是社会生产力各组成要件相辅相成、互相支撑和互相促进，才形成了人类社会发展的根本性动力。社会生产力各要素之间的内在比例是一个系统性、整体性的问题，其大小、数量和质量须符合生产力发展的内在规律和要求。因此，劳动力的载体——劳动者的发展问题，"需要放到生产力的构成要素问题中来考察②"，考察劳动力是否与生产资料相适应，考察两者结合时的质的状况和量的比例以及结合的组织形式等等。

张薰华认为，"社会生产力是一个系统，这个系统由生产力源泉、生产力本身以及生产力的结果组成③"。因此，单一的生产力要素如果不和其他生产力要素相组合，就不能转化为现实的生产力。以劳动为例，劳动只有在与生产资料、劳动对象相结合的情况下，才能形成推动社会发展的生产力。但如果社会生产力发展水平有限，难以产生充足的生产资料满足所有现实和潜在的劳动者劳动的需要，这就意味着一部分没有与生产资料结合的人不是生产者，而是消费者。因此，不加以区分地说"人是生产者"是不严谨的。

2. 贫乏的生产者和积极的生产者

再以生产者为例，对于那些在劳动过程中与生产资料结合在一起的生产者，如果使用的机器设备自动化和集成化水平不高，生产工具简单、效率不高，生产资料对劳动者劳动效率提升的增益很低，个体劳动者的产出仅仅只能补偿其自身在劳动过程中所耗费的必要劳动，只有很少一部分产出能够补偿社会其他人员。在这种简单再生产过程中进行劳动的人员，我们称之为贫乏的生产者。

另一类劳动者，他们在生产过程中使用高度自动化、集成化和信息化的专用设备，生产工具也是专门设计用以满足特定的需要，生产力的技术构成达到很高的水平，可以几倍乃至几十倍地提高生产效率，个体劳动可以在单位时间内用较少的投入创造较多的财富，生产成果的较大部分可以转化为扩大再生产所需要的资本积累，社会才会高速度发展。正是因为"劳动产品超出维持劳动的费用而形成的剩余，以及社会生产基金和后备基金从这种剩余中的形成和积累，过去和现在都是一切社会的、政治的和智力的继续发展的基础④"。所以，只有那些能够为社会提供较多剩余劳动的人口才是具有积极意义的生产者。

---

①② 张薰华. 试论人口发展规律——兼论我国人口必须进一步控制［J］. 复旦学报（社会科学版），1979，05：6–11.

③ 张薰华. 生产力与经济规律［M］. 上海：复旦大学出版社，1989：4.

④ 恩格斯. 反杜林论—第二篇政治经济学［M］. 马克思恩格斯文集（第9卷）. 北京：人民出版社，2009：202.

3. 劳动力和生产资料之间质和量的关系

社会生产力的要素系统中，生产资料的质量有利于提高生产过程中劳动者劳动的效率，劳动者质量的提高同样有利于生产资料发挥作用，两者相辅相成、互相促进、彼此提高。劳动者在劳动过程中，不断地总结实践过程中的经验和教训，提高劳动熟练程度和技巧，并将实践中获得的有利于效率提高的知识和经验物化到生产工具和设备中，从而提高生产资料的质量和效率。劳动者和生产资料之间的这种相互促进、相互改善的作用总是能体现各个历史时代的不同生产力特征。马克思阐述道："手工磨产生的是封建主为首的社会，蒸气磨产生的是工业资本家为首的社会①。"列宁进一步分析说："蒸气时代是资产阶级的时代，电气时代是社会主义的时代②。"因此，作为先进生产力代表的社会主义劳动者，应该具备较高科学技术文化水平，熟练操作高度集成的、高度专业化和高度自动化的现代设备，掌握现代企业经营管理的先进理念，具备专业化的市场分析能力。另一方面，生产资料也采用最新的科学技术提高效率，降低生产过程中资源损耗。

劳动力和生产资料之间不仅存在着质的相互促进作用，也存在着一种量的比例关系。劳动力和生产资料的量的比例关系实质上就是生产力的技术构成。生产力的技术构成在资本主义生产过程的价值表现我们称之为资本的有机构成，在社会主义生产过程的价值表现我们称之为资金的有机构成。由于"社会劳动生产率的水平就表现为一个工人在一定时间内，以同样的劳动力强度使之转化为产品的生产资料的相对量③"。因此，无论是生产过程中的技术构成提高，还是价值运动过程中的资本或资金有机构成增加，本质上都是社会生产力的提高。

从社会经济整体看，如果生产过程中劳动力的增长速度超过生产资料的增长速度，生产力的技术构成就会下降，社会生产力必然随之下降。因此，社会生产力的发展不能仅体现在总量数据的增加上，还应重点考虑相对量指标的变化。在衡量社会生产力的时候，我们必须把生产过程中的生产资料总量和劳动数量结合起来进行分析。在生产资料投入不变的情况下，劳动数量的增加意味着单位劳动所占用的生产资料数量反而出现下降，此时劳动生产力并没有增加，反而可能出现下降。

---

① 马克思. 哲学的贫困（节选）［M］. 马克思恩格斯文集（第1卷）. 北京：人民出版社，2009：602.

② 在第七届全俄中央执行委员会第一次会议上的报告［M］. 列宁全集（第二版第三十八卷）. 北京：人民出版社，1986：117.

③ 马克思恩格斯文集（第5卷）［M］. 北京：人民出版社，2009：718.

从历史唯物主义角度出发，虽然存在着各种反复，社会总是向前发展和不断进步的。社会发展的根本动力在于生产力的发展和进步，生产力发展的内在动力则取决于劳动、劳动工具和劳动对象三要素之间的相互影响和相互作用，其中劳动是最活跃的因素。因此，人口是影响生产力发展的核心因素。人口对生产力发展的影响，具有明显的时代特征和作用规律。工业革命以前，社会经济主要以手工业、工场作坊为主，生产过程中的技术构成很低，生产力发展的源泉主要依靠劳动力数量的增加。工业革命以后，随着生产过程中工具设备和机械动力使用的普及，社会生产力得到了巨大的提高，关键因素在于生产过程中科学技术含量的提高，人口对生产力的影响则主要体现在劳动力的素质方面而非数量上。概而论之，我们只有在深入了解劳动力和生产资料相结合的质和量的内在规律，才能弄清生产力发展中人口因素的影响，才能进一步探讨人口的发展规律。

（三）生产关系不能改变生产力发展对人口发展的要求

在生产力三要素中，劳动是最活跃的因素，也是关键的因素。人口对生产力发展的影响，具有明显的时代特征和作用规律。生产关系虽然对生产力有反作用，但是生产关系也不能改变生产力发展对人口发展的要求。

1. 工业革命前的人口发展规律

以工业革命为标志，社会生产力的发展展现出两种完全不同的特征。工业革命以前，无论是以游牧为主的原始社会，还是以农业为主的奴隶社会和封建社会，生产力组成中的技术构成低下，单个劳动者在生产过程中产出很大一部分被生产者自己所消耗，提升产出主要靠人口数量的增加。从这一时期社会生产力的构成要素看，劳动者主要从事手工作坊式的简单社会生产劳动，劳动过程中的分工程度较低，所需要掌握的技术和知识含量较低，生产资料主要是手工工场、土地等原始基础条件。随着土地不断地被开发和利用，以及劳动工具的改进，单个劳动的产出除了满足自身的需要外，还能维持人口数量部分增长的需要。在这个过程中，由于社会生产力水平低，人类劳动的剩余产品很少，抗击自然界风险能力低，人口数量增长缓慢，人口自然增长率很低。以中国为例，公元 2 年到 1840 年鸦片战争的 1800 多年时间里，我国人口数量每年递增不超过千分之一①。

2. 工业革命后的人口发展规律

工业革命后，生产过程中的生产资料由传统简单的工具逐步转变为复杂的大

---

① 朱国宏. 中国历史人口增长再认识：公元 2—1949 [J]. 人口研究, 1998 (03)：14 – 20.

型专业化设备，工厂规模越来越大，数量越来越多，雇佣的劳动力的劳动技能趋向于专业化、精确化和高强度。随着信息化和知识化时代的到来，生产过程中机器设备的自动化、智能化和集成化程度越来越高，许多简单重复但高强度和危险性的工作实现了机器代替人的转变，甚至在某些工作领域机器可以替代劳动者完成部分脑力活动。因此，这一时期生产过程中的劳动力数量有一个增加、维持到减少的演变过程，劳动力的质量则持续提高。劳动力变化规律的资本形式则表现为：“生产过程中的资本有机构成不断提高，不断形成相对过剩人口①。”

资本主义社会发展初期，生产力的技术构成还不高，工农业生产效率还很低，生活条件、健康医疗、公共服务等基础条件尚不完善，劳动人口的变化表现为高出生率的同时，也伴随着较高的死亡率，人口增加主要表现为工人人口的增加。“不仅出生和死亡的数量，而且家庭人口的绝对量都同工资的水平……成反比②”，他们越贫困，他们的繁殖也就越多，也就是说“贫困会产生人口③”。马克思形象地指出：“资本主义社会的这个规律，……使人想起各种个体软弱的、经常受到追捕的动物的大量再生产④。”

随着科学技术投入在生产过程中的持续增加，工农业生产中的技术构成不断提高，自动化、智能化设备的广泛使用不仅在生产中替代人的体力劳动，某些领域还能替代人的智力劳动。新技术设备的操作需要的是复杂劳动而不是简单劳动。因此，西方发达资本主义国家的人口发展政策，已经将工作重点放在国民人口的科学技术提高和文化知识的培养，而非简单地追求人口数量的增加。高度集约化和自动化生产的工农产业所富余的劳动人员，则由逐步发展起来的第三产业所吸纳。服务行业发展所需的巨大投入，又依赖于工农产业所创造价值的再分配。虽然服务行业的发展需要巨大的劳动力资源投入，但总体而言，这一时期资本主义社会的人口变化表现为低增长率和低死亡率，人口的自然增长率总体上还是呈现下降趋势，个别国家的人口自然增长率甚至降为负增长。

从资本积累过程来看，“工人人口本身在生产出资本积累的同时，也以日益扩大的规模生产出使他们自身成为相对过剩人口的手段。这就是资本主义生产方式所特有的人口规律⑤”。资本积累提高了资本主义生产过程的资本有机构成，

---

① 张薰华. 试论人口发展规律——兼论我国人口必须进一步控制 [J]. 复旦学报（社会科学版），1979，05：6-11.
② 马克思恩格斯文集（第5卷）[M]. 北京：人民出版社，2009：741.
③ 马克思恩格斯文集（第7卷）[M]. 北京：人民出版社，2009：259.
④ 马克思恩格斯文集（第7卷）[M]. 北京：人民出版社，2009：741.
⑤ 马克思恩格斯文集（第7卷）[M]. 北京：人民出版社，2009：745.

可变资本相对减少，于是形成相对于资本增值平均需要的过剩人口。

3. 社会主义初级阶段的人口发展规律

由于新中国成立前我国社会长期处于半殖民地半封建状态下，社会生产力落后，商品经济极不发达。我国社会主义建设将长期处于初级阶段，人口发展规律也将遵循这一阶段社会生产力发展规律的要求。总体而言，我国社会主义初级阶段社会生产力总体水平不高，劳动力平均受教育水平很低，封建农耕经济遗留下来的养儿防老思想使得人口出生率居高不下，工农业生产技术水平的提高，全民健康医疗保护体系的建立，我国居民人口死亡率快速下降。因此，新中国成立后较长一段时间内我国人口的自然增长率突然增大，人口在短期内快速增长。

随着社会生产力的发展，城市人口发展状况首先出现转变，基础教育的普及和高等教育的发展提高了城市居民的科学技术水平和文化素养，逐步转变了我国城市居民的人口观念，城市人口出生率显著下降。工业生产过程的技术构成快速提高，劳动就业人口经历了短缺到日趋饱和转变过程。随着我国农业改革政策的逐步推进，农村人口状况也随着社会生产力的发展而转变，农业产业的集约化程度提高和农业科学技术的突破，我国农业生产率得到了极大的提高，农民收入的提高不再依靠劳动数量的增加，更多地取决于农业生产过程中的技术投入和资本投入，单个农民产出能够提供更多的非农业人口生活所需。农民产出的提高、收入的增加以及医疗保险、养老等社会保障事业的完善，农民传统"多子多福"和"养儿防老"观念必然会被冲击，和城市人口一样，农业人口的出生率也将逐步下降。

（四）加强人口控制的思路与对策

社会主义初级阶段的人口发展规律也应该遵循生产力发展的要求。由于半殖民地半封建社会的影响，我国"生产力还是处于落后的水平，人口的发展必须适应生产力的发展而不是生产关系的发展①"。因此，张薰华认为，按照人口发展规律，如果新中国成立初期我国实施符合当时生产力发展水平的人口政策，针对性地制定人口发展计划，实行计划生育，就能有效地控制人口数量过快增长的趋势，为提升国民人口的文化教育水平打好基础，国民经济发展水平也能进一步提高。

但我国并没有意识到人口战略对国民经济发展的重要作用，新中国成立初期

---

① 张薰华. 试论人口发展规律——兼论我国人口必须进一步控制 [J]. 复旦学报（社会科学版），1979，05：6－11.

没有实施有效的计划控制人口发展，反而错误地认为人口越多生产力越高，并出台了诸如"多子女补助"等鼓励出生率提高的政策和措施，人口数量快速增长。后来，人们在实践中发现了高出生率所带来的诸多社会问题，提出了有效控制人口过快增长的观点。但这一时期人们思想认识方面的问题并没有彻底解决，人口问题仍无法突破理论禁区的限制。同时，由于新中国成立初期社会工业底子薄弱，农业生产也一直停留在传统手工劳动的基础上，农村乃至城市还是秉持人多力量大、多子多福的传统观点，城乡人口出生率居高不下，以致我国人口数量在1978年底增长到7.9亿人，人口自然增长率仍然高达12‰，即每年还要净增一千多万人口。

综上所述，张薰华提出了促进我国社会经济发展的人口政策思路。首先，我国人口发展政策必须改变"注重数量、忽视质量"的错误观点，"控制人口出生率，使人口总量增长逐步减缓，同时努力提高人口的文化科学技术水平以提高人口质量①"，满足现代社会大生产对诸如科学劳动、知识劳动、管理劳动等超高级劳动的需求。其次，加快推动第三产业的发展，尽可能更多地吸纳第一产业和第二产业因自动化、智能化后所退下来的富余劳动人员。"广开门路，发展工业和服务业，吸收因生产力技术构成提高而多余的劳动者②"。最后，最根本的解决方法，还是要加强对人口增长速度的控制，否则难以解决待业人口继续增加的问题。

二、土地资源开发与利用的思想

土地，属于张薰华人工生态环境三层次理论的核心基础环境层次，是中间层生命系统和外层人类社会存在和发展的物质基础，在生态文明建设中起着举足轻重的关键作用。张薰华从广义土地的概念出发，以人工生态环境三层次理论为基础，分别阐述了土地与环境各层次之间的相互依存、相互作用的辩证关系，提出了在土地利用与土地保护方面应注意的问题，形成了他的土地资源开发与利用的思想。

（一）土地与环境三层次的关系

1. 土地的含义

土地的概念有广义和狭义之分。狭义土地的概念仅指陆地表面，以及陆地表

①② 张薰华. 试论人口发展规律——兼论我国人口必须进一步控制 [J]. 复旦学报（社会科学版），1979，05：6–11.

面以下垂直空间的部分。广义的土地概念则在狭义的土地概念基础上，将江河、湖泊、池塘、海洋等面积及垂直部分包含在内。经济学意义上的土地，则不仅仅是包括海洋、湖泊、江河等在内所有陆地表面和垂直部分，还将阳光、空气、自然矿藏、森林等所有自然资源包括在内。张薰华指出："平面土地不过是立体土地的构成部分①"。联合国粮农组织（FAO）1976 年颁布的《土地评价纲要》也持有同样观点："土地包括影响土地用途潜力的自然环境，如气候、地貌、土地、水文与植被，它包括过去和现在的人类活动成果②。"

2. 土地资源在基础环境中的重要作用

土地在张薰华生态文明思想中具有重要的基础作用，土地为生态之母。张薰华认为人工生态环境包含核心基础环境、中圈生态系统和外圈人类社会等三个层次，土地在核心基础环境中具有重要的基础地位。核心基础环境包含阳光、水、空气和土地等基础物质，土地提供了生命发展所必需的各种基础物质，也为人类的孕育、产生和发展所必需的有目的劳动提供了必要的基础条件。同时，生命系统和人类社会的活动会反作用于基础环境，人类社会大规模生产和消费甚至改变了自己赖以生存的基础环境。作为基础环境中的主要成分，土地也不可避免地遭到了各种影响。

从经济意义上的土地来看，土地包含地面、地下以及蕴藏在其中的各种资源的综合体，既包含巨量的矿物资源，也孕育了丰富的生物资源，提供了人类社会所必需的生产资料资源和生活资料资源。事实上，土地提供了生态系统和经济系统中的绝大多数必要物质，也承受着人类活动带来的各种直接和间接的影响。人类只有一个地球，地球承载人类活动的能力也极其有限，保护土地环境也就是保护我们赖以生存的生态家园。作为发展中的国家，我国土地面积有限，人均可使用土地面积更是在全球范围内垫底，土地资源的稀缺性显得尤为明显。因此，我国需要从全球生态环境价值量的视角出发，合理利用和优化配置各项资源，实现资源的可持续利用、生态的多样性、环境的友好性和社会的和谐性建设目标。

3. 土地资源的使用价值

张薰华深入研究了土地与人工生态系统各层次要素之间的作用与反作用关系。他认为，土地的使用价值首先是作为生态环境基本要素的功能。土地是人类社会生存和发展的基础。土地为森林资源提供了肥沃的土壤，茂盛的森林、绿色藻类和水生植物庇护着丰富的动物资源，净化着空气和水源，将动植物呼吸产生的二氧化碳转化为生命必需的氧气，动植物新陈代谢的产物经微生物发酵分解后

---

①② 张薰华. 土地与环境 [J]. 中国土地科学，1995，04：1-5.

又化作肥沃土壤的基本成分。土地是自然生态循环的起始点和终点。如果土地资源遭到人类生产和生活行为的污染，无法支撑生活于其上的多样生物系统，作为生物的人也将难以生存。

马克思早在 100 多年前就指出："整个社会，一个民族，以至一切同时存在的社会加在一起，都不是土地的所有者。他们只是土地的占有者，土地的受益者，并且他们应当作为好家长，把经过土地改良的土地传给后代[①]。"在此基础上。张薰华认为，"人类社会必须要极端重视土地的可持续利用。实现土地的可持续利用，需要社会统一管理、合理规划对土地的使用[②]"。

4. 土地的管理和开发利用

土地的开发和利用也是一个系统工程，需要遵循生态发展的基本规律。人类社会需要合理规划土地资源的使用，充分考虑不同地理位置、自然条件和水资源状况的土地资源特征，宜林则林，宜农则农，宜牧则牧，不能相互挤占或者盲目开发。土地管理还需要把控制和治理土地污染纳入其中。

张薰华指出，土地资源的开发和利用，人口问题是其中最重要的因素之一。"合理的控制人口数量才是土地资源得到保护的主要关键[③]"。他认为，土地提供了人类生存所需要的绝大多数自然资源。土地是生态环境之母，是地球所有资源生存的唯一载体。在社会经济活动中，人类活动基于自身的需要，在工业化、城镇化过程中占用了大量的土地，也破坏了原有土地上的自然生态系统，造成区域生态环境系统失衡，并导致污染事件、自然灾害频发。因此，合理处理人口和土地之间的关系是我国社会经济发展的关键因素之一。我国地大物博但人口众多，过快的人口增长速度使得过去发展历程中侵占了大量的土地资源，导致区域生态系统失衡。因此，我国经济发展中的人地矛盾解决，必须从人口管理入手。我国应该坚持合理的人口政策，统筹解决好人口发展过程中的数量、质量、性别、年龄结构和地理分布等基本问题，强化教育立国的基本国策，使我国人口发展的总量和素质适应我国社会经济转型发展的需要，促进人口长期均衡发展。

（二）农村用地应遵循生态规律，发展生态农业

我国是一个农业大国，十几亿人口的吃饭问题要求我国农业耕地面积必须保持在 18 亿亩以上。因此，农村用地问题不解决，就谈不上我国土地资源的合理

---

① 马克思恩格斯文集（第7卷）［M］. 北京：人民出版社，2009：878.
② 张薰华. 土地与环境［J］. 中国土地科学，1995，04：1-5.
③ 张薰华. 生产力与经济规律［M］. 上海：复旦大学出版社，1989：74.

利用和开发。农村用地指的是农业生产过程中所使用的粮食耕地、林业用地、畜牧草原和渔业养殖占用的池塘等，这些土地上的产出供给了我国十几亿人口的生存和发展需要，是国民经济发展的生命线。张薰华指出，"农村用地是一个系统工程，它的发展应该是生态农业需要遵循生态规律，合理规划林地、耕地、牧场，宜林则林，宜农则农，宜牧则牧，不能相互挤占或者盲目开发①"。

现代农业的规模化和产业化发展对农村土地环境造成了巨大的影响，机械化耕作、化肥农药的使用和转基因技术的使用不可避免地对环境造成了许多不利影响，有些破坏性影响会在今后几十年乃至上百年的时间里损害自然环境的自我修复功能。因此，农村用地改造应合乎生态环境文明建设的基本要求。首先，农村用地上的森林资源应得到良好的保护，森林资源是生态环境的支柱。我们必须保护森林资源作为大自然生物多样性仓库的基本功能。其次，合理开发和利用作为耕地、牧场和渔场的土地资源。再次，因地制宜，优化用地结构，充分发挥大农业的综合生态效益。最后，不盲目改变原有土地功能，尤其防止为了增加土地而破坏森林和草原的行为，否则虽有一时耕地增加，却带来生态环境破坏，危及原有的耕地。

（三）城镇用地要统筹规划，减少污染

城市是人类高度聚集生活的场所，是人工生态环境中外圈人类社会的主要载体之一。城市单位面积内容纳的人口众多，大型工厂、商业中心林立，城市居民生活的废弃物无规划地堆放在城镇的周围，对自然生态环境造成了巨大的影响。张薰华认为"城市的特点在于市场，市场的形成必须先有生产和交通，发达城市多建于江河港口或铁道枢纽之地，并就资源状况兴办各类工厂。城市因生产和流通又密集人口②"。从城市的功能规划看，城市土地的利用是对土地生态功能的破坏，大量水泥钢铁结构的城市基础设施，直接破坏了生态环境的核心基础层的整体系统性结构功能。基础环境中的生命载体——土壤，被无法孕育生命的石块、水泥、沥青等物质替代。

城市的运行和发展依赖于人工生态环境的第一和第二层次的支持，城市也会对它们产生巨大的影响作用。城市区域空间相对密闭，工商业、交通运输和居民生活消费过程中产生的大量"三废一噪"，它们既污染城市中心的土壤、空气和水源，同时又在城市周边区域造成垃圾围城和河流污染的情况。城市污染不仅体现在土地表面伤害，还对整个城市区域的空间气候条件造成破坏。大气污染造成

①② 张薰华. 土地与环境 [J]. 中国土地科学，1995，04：1-5.

严重的雾霾天气，生产中排放的二氧化硫转化为酸雨，危害附近的林地和农田。过度抽取地下水，造成城市地面沉降，危害周边居民的房屋安全。水污染不仅伤害地表水资源，也对地下水资源造成了二次污染。

如何发挥城市的生产力中心、科技中心和人口聚集中心对环境的有利作用，减少城市运行和发展过程中对自然生态和基础环境的不利影响。张薰华以其生态环境理论为基础，针对优化人工生态环境提出了两个思路：

1. 减少对生态环境第一层次的损害

对于城市基础建设、建筑开发等方面对土地的损害而言，在设计规划之初就要考虑如何减少对城市土地的影响，同时采取新技术和新措施降低建筑施工、后期维护过程中对土地的损害。城市土地开发时提倡"沃土搬家"理念。首先是将建筑施工过程中开挖的沃土有计划地搬移到荒地以改善土壤墒情，同时将原来覆盖荒地的建筑垃圾搬移用以填充城市施工中的地基，实现了二者的同时优化。

对于都市工业发展中的环境损害问题，可考虑将其中污染严重、耗费能源和自然资源的企业搬迁至原料产地，或者靠近目标客户的地区。一方面城市可以节约大量的土地资源，同时有效地降低城市空间的"三废一噪"。另一方面能够有效节约该类原料运输或产品运输过程中能源消耗和产品损耗。新建的工厂也要注意规划节约用地，严格按照国家的相关规定复垦土地。

对于城市交通发展过程中的土地开发利用问题，应加大公共交通发展的投入力度，综合规划城市道路、高架、轻轨和地铁的建设，合理规划城市家庭轿车的发展，完善立体的城市交通网络。城市公共交通网络的发展，既可以有效地节约城市用地，又可以有效缓解城市交通拥堵现象，大量减少私家车出行的汽车尾气污染。

对于城市人口数量增加带来的环境保护问题，首先应制定政策限制城市人口数量的快速增加，减少人口增加所带来的生活垃圾、交通拥堵、公共设施不足、住房紧张等环境问题，降低城市土地承载量。其次，合理规划环卫、医疗、教育等居民生活必需的公共服务，优先发展生活废品回收产业，鼓励再生资源产业的发展，科学地设置垃圾填埋场。再次，努力提高城市居民的综合素质，提倡绿色出行和低碳生活，降低居民生活对环境的影响，既减少垃圾，又充分利用资源。最后，采用新的垃圾填埋处理工艺，综合利用垃圾发酵后产生的沼气。

2. 增强对环境第二层次的保护工程

城市开发不可避免地对土地利用产生不利影响，基础环境的损害使得依附于其上的生命系统受到威胁，同时危害城镇居民的生活。因此，我们既要降低生产生活中的"三废一噪"问题，同时还必须加大环境修复工程的力度。"两手抓，两手都要硬"，才能有效建立环境良好的都市生态圈。

（1）城乡环境一体化

城市是社会经济文化的中心，拥有环境保护的人才、技术和资金，应大力推进城市郊区生态农业的发展，从而营造一个环绕城市的生态环境保护带，有效地疏解城市发展过程中的污染排放，改善区域整体生态环境质量。因此，城市绝不应将自身污染简单外迁，扩散到周边地区。

（2）合理规划绿色植被用地

绿色植被是整个生态系统的支柱，城市发展规划应充分考虑树木、草地、池塘、湖泊以及河流的生态净化功能，给它们留下足够的发展空间。尤其是树林资源，树林资源能够形成一个完整的立体生态系统，其生态效益远远超过简单功能的草地。

三、水资源保护与开发的思想

张薰华认为，水是自然生态经济系统的血液，水资源是构成动植物生命系统的核心资源，人体的 60% 以上由水构成。但水资源在地球上的分布又是极不均衡的，水占到地球表面积的 72%，但水的重量只占地球重量的不到 0.067%，人类以及陆生动植物能够直接使用的陆地淡水资源仅占全球水资源的 2.53%。因此，水资源是自然生态系统中比较脆弱的一个部分。水是社会经济发展的润滑剂，人们的生产消费过程需要大量水资源的参与，水上运输是全球贸易的主要运输方式，水还是人类用于清洁的主要物质。但人类社会的生产消费过程产生了大量的混杂其他物质的污水，对原本就是稀缺资源的淡水造成严重污染。由于水的自由流动性，这种污染并不局限于污染源地区，还会随着水的流动将污染扩展至其他地区，最终损害地球上的另一大生态系统——海洋。

水是构成地球上动植物的核心物质之一，水资源的耗竭和污染对自然生态系统的影响是毁灭性的。地球上的水资源是一个复杂的体系，包括地表水和地下水、淡水和咸水、液态水和固态水、纯态水和化合水等多种形态，物理性质和化学性质各异，水的溶解性决定了水资源的污染易致性和治理复杂性。因此，用水和治水是一项长期的社会系统工程，必须严格遵循生态经济规律的要求。

张薰华以长江为例，对水资源的开发、利用和保护做了深入研究。1993 年 4 月，张薰华发表《长江开发与保护长江》[①] 一文，阐述了自己在水资源保护与开

---

① 张薰华. 长江开发与保护长江 [J]. 理论月刊，1993，04：32 – 33.

发方面的观点。文章中，张薰华首先分析了半个世纪以来长江流域的生态环境和社会变迁，认为正是由于人口快速膨胀和上游流域森林的过度砍伐，加上长江两岸的高山峡谷、海拔落差大的独特地形，导致长江两岸水土大量流失，每年流失表土 24 亿吨，超过黄河流域 50%。上游水土的严重流失，不仅破坏自身的生态平衡，而且殃及中下游河道与湖泊。著名的长江中游荆江段，河床高度超过岸堤外地面达到 10 米，成为悬在荆江地区头顶上的一柄达摩克利斯之剑。湖南洞庭湖的湖底也高于周边地区，成为悬湖。河床普遍淤高的同时，也导致长江航运通航能力的急剧下降。水运是运输成本低且最高效的运输方式之一，在大宗散货的运输方面具有得天独厚的优势。但如果长江航道继续遭受严重的泥沙淤积侵害，导致通航航道水深降低，就会丧失我国东西部之间的经济大动脉功能。

基于上述分析，张薰华提出以下水系治理思路：

第一，大力植树造林。努力提高长江干支流域的森林和绿色植被覆盖率，防止水土流失加剧，采取措施疏浚航道，提高长江干支流的常年通航水深。

第二，限制、迁移和改造高耗能、高污染和资源型企业，从源头解决经济发展与生态环境保护之间的冲突，还长江以山青、水秀、人和。

第三，发展生态旅游。以庐山为例，张薰华建议将与庐山保养、维护、管理、旅游无关的人口迁出庐山，降低居民生活对庐山环境承载力的影响，同时修复庐山上原有别墅的生活居住功能，完善其生态环保设施，采用市场化模式进行商业运营，获得的营业收入又可以作为生态环境保护的资金来源，从而形成经济发展与环境保护之间的良性循环。

四、林业资源保护与开发的思想

在张薰华的生态文明理论体系中，绿色植被，尤其是高度集成化、规模化和立体化的森林具有重要的核心支点地位。"森林是自然生态系统乃至人工生态系统可持续发展的支柱[①]"。张薰华认为，森林对生态环境保护的重要性体现在以下几个方面。

1. 森林在维护自然生态系统平衡方面作用巨大

森林的绿色植被体系维持了大气中氧气与二氧化碳的平衡，净化了生态环境，被称为"地球之肺"。森林通过光合作用，将核心基础环境中的非生物物质转化为中层生命系统中的生物物质，同时完成化学能向生物能的能量转换。绿色

---

① 张薰华. 林字当头与林农牧渔副为序 [J]. 林业经济，1992，03：1－4.

森林中生物的多样性，提供了 2/3 的有机物质给陆地动物消费，蕴含了大量的水资源，保护地表富含有机物质的松散土壤不轻易被雨水冲走。由于绿色森林中植被的多层次和立体性，它吸收二氧化碳的效率远远超过其他植物体系，是大气中二氧化碳的"碳库"。绿色森林还是大气环流中水循环体系中的重要枢纽和区域气候环境的调节器。它吸收、储存大气降水，涵养水源并通过渗透形成地下水，森林植被的水汽蒸发具有调节区域空气湿度和温度的作用。

2. 绿色森林是土地的保护伞

绿色森林作为一个多层次和立体性的植被体系，不仅仅是一个生态多样性的宝库，而且具有抵挡风沙、保护土地的巨大作用。首先，森林的多层次体系能够提高土壤墒情，落叶、动植物代谢产物以及植物丰富的根系改善了土壤，落叶增殖了土壤的有机肥力。其次，森林中高大乔木茂密的树叶，地面丛生的藤蔓，以及多年落叶形成的腐殖层，抵挡了雨水对土壤的冲刷，减少了水土流失。森林能降低风沙速度，抵御风沙对土壤表层的损耗。

3. 毁坏森林就破坏了生态平衡，危及人类生存

恩格斯描述了森林被毁后的自然生态毁灭规律，"美索不达米亚、希腊、小亚细亚以及其他各地的居民，为了得到耕地，毁灭了森林，但是他们做梦也想不到，这些地方今天竟因此而成为不毛之地，因为他们使这些地方失去了森林，也失去了水分的积聚中心和贮藏库。阿尔卑斯山的意大利人，当他们在山南坡把那些在山北坡得到精心保护的枞树林砍光用尽时，没有预料到，这样一来，他们就把本地区的高山畜牧业的根基毁掉了；他们更没有预料到，他们这样做，竟使山泉在一年中的大部分时间内枯竭了，同时在雨季又使更加凶猛的洪水倾泻到平原上[1]"。

原始生产力下的美索不达米亚、希腊和小亚细亚，森林破坏后造成整个文明的衰弱和消失。那么工业革命后的机器大工业时代，巨大生产力所造成的破坏，则要远大于以前各个时代的影响之和。内燃机的发明，人们大量开采地下化石能源作为动力燃料，相当于将以往各个历史时代储存的"碳库"，在极短时间内燃烧殆尽并排放出大量二氧化碳。如果森林被毁，一方面是大量的二氧化碳排放，另一方面是自然生态系统吸收二氧化碳的能力减弱，大量二氧化碳的积蓄造成全球气候的温室气体效应，促使南北极冰盖融化，破坏整个地球大气环流和海洋环流的正常循环，最后导致全球性生态危机的发生，影响人类自身的生存，更遑论

---

① 恩格斯. 自然辩证法（节选）——自然界和社会 [M]. 马克思恩格斯文集（第 9 卷）. 北京：人民出版社，2009：560.

所谓的人类社会可持续发展。

1992 年 3 月，张薰华发表《林字当头与林农牧渔副为序》①一文，认为在人类社会的经济活动中，无论是外层的人类社会再生产系统，还是中层的生命系统生态循环体系，其运行的能量和物质基础都源于绿色植被的光合作用，森林在其中起着支柱作用。如果人类社会活动的目标是保持社会再生产系统中的物质循环动态平衡，核心任务就是保护森林，努力提高森林覆盖率。张薰华认为，传统的"农、林、牧、副、渔"排序并不能反映森林在自然生态系统中的支柱作用，因此，他创新地提出"应改为林、农、牧、渔、副排序，才更符合生态经济规律②"。保护森林资源林业，就不能将森林当成产业资源来经营，而应"把森林当作是人类社会最大的公共基础设施来建设③"。

第四节　本章简评

张薰华生态文明理论源自于马克思主义生产力及生态思想，是马克思主义生产力和生产关系发展规律在中国社会实践中的应用和发展，也是我国社会主义生态文明理论的一个重要组成部分。它丰富和发展了马克思主义的生产力与生态文明思想，构成了和谐社会建设的理论载体，为人口、资源、环境的可持续利用提供了实践的指导建议，为党和国家提出科学发展观和新发展理念提供了理论依据。

一、丰富和发展了马克思主义生态文明思想

由于人的劳动的自觉意识和能动性，劳动是有目的的劳动。因此，人的行为不同于作为动物的人的无意识行为，必然对自然环境产生各种影响，自然也会对这种影响产生反应。马克思深入研究了"人和自然"之间辩证关系，认为"现实的、有形体的、站在稳固的地球上呼吸着一切自然力的人"，"本来就是自然界④"。恩格斯做了进一步的阐释："人本身是自然界的产物，是在自己所处的环境中并且和这个环境一起发展起来的⑤。"由此可见，马克思主义经济学透视了

---

①②③　张薰华．林字当头与林农牧渔副为序［J］．林业经济，1992，03：1–4.

④　马克思．1844 年经济哲学手稿［M］．马克思恩格斯全集（第一版第四十二卷）．北京：人民出版社，1979：167.

⑤　恩格斯．反杜林论—第一篇哲学［M］．马克思恩格斯选集（第二版第三卷）．北京：人民出版社，1995：374–375.

人和自然发展的深层次规律，人类必须认识、尊重和适应这种规律，这是人类社会生存和发展的基础。

作为马克思主义者，毛泽东、周恩来、邓小平、江泽民、胡锦涛和习近平等党和国家领导人在将马克思主义理论引入中国时，并非僵化、教条和一成不变的，而是将马克思主义思想和中国社会主义建设实践相结合，指出了中国特色社会主义发展道路，对生态文明建设也给予了足够的关注。新中国成立初期，我国社会百废待兴，加快恢复国民经济成为国家工作中的重中之重，老一辈国家领导人就已关注到生态环境问题。毛泽东多次强调水利建设、人口控制等战略措施，周恩来多次对生态环境保护发表谈话，并促成我国参加首次人类环境会议。改革开放后，邓小平将环境保护上升到国家政策的高度，明确提出环境保护是我国的一项基本国策。江泽民提出了可持续发展战略，指出："在现代化建设中，必须把实现可持续发展作为一个重大战略。要把控制人口、节约资源、保护环境放到重要位置，使人口增长与社会生产力的发展相适应，使经济建设与资源、环境相协调，实现良性循环①"。胡锦涛提出了科学发展观的指导思想，在党的十七大报告中首次提出生态文明的重大战略思想，"建设生态文明，基本形成节约能源资源和保护生态环境的产业结构、增长方式、消费模式②。"习近平提出了新的发展理念，并对生态文明建设作出重要指示，"建设生态文明是关系人民福祉、关系民族未来的大计。我们既要绿水青山，也要金山银山。宁要绿水青山，不要金山银山，而且绿水青山就是金山银山③。"

张薰华生态文明建设思想以马克思主义经济思想为基础，以中国社会实践中所面临的经济发展与环境保护矛盾为出发点，通过生产力源泉的分析，将生态文明建设问题划分为多个不同层次，并对各层次内部之间、各层次相互之间的物质运动和能量转换关系进行了深入研究，为生态文明理论的构建夯实了理论基础。更为重要的是，张薰华坚持"从实践中来，到实践中去"的理论研究思想，将生态文明建设与中国社会经济发展过程中的具体问题紧密结合。第一，张薰华指出生态文明建设的核心问题是人口问题，必须坚持科学的人口政策，合理的人口数量、高素质的人口质量是人类社会可持续发展的基础。第二，指出森林、土地和水资源的开发、保护和利用是生态环境保护的关键，森林是生态环境保护的支

① 江泽民论有中国特色社会主义（专题摘编）[M]. 北京：中央文献出版社，2002：279.
② 胡锦涛. 高举中国特色社会主义伟大旗帜为夺取全面建设小康社会新胜利而奋斗 [N]. 人民日报，2007-10-25（001）.
③ 习近平总书记系列重要讲话读本（2016年版）[M]. 北京：学习出版社，人民出版社，2016：230.

柱。事实上，森林、土地和水资源不仅仅是生态环境的构成要素，也是社会经济发展中的核心资源。第三，张薰华生态文明建设思想与我国科学发展观和新发展理念紧密相连，是我国社会主义可持续发展理论的重要组成部分。综上所述，张薰华生态文明建设思想以马克思主义生态自然观为基础，将生态文明建设上升到国家发展战略的地位，从人工生态系统三层次理论角度提出了我国生态难题的解决途径，拓展了马克思主义生态文明自然观的研究视野，丰富了马克思的生态文明思想。

二、为和谐社会建设提供了理论依据

构建社会主义和谐社会是中国面向 21 世纪发展的重大战略决策。社会主义和谐社会既包括人与人之间的社会关系的和谐，也包括人和自然之间的生态文明和谐。由此可见，生态文明是社会主义和谐社会的有机组成部分，社会主义和谐社会是生态文明建设的制度保障，二者相辅相成、互相促进、协调发展。

生态环境是人类社会存在的基础。生态环境的优劣，不仅影响到社会经济的发展和进步，也直接关系到人民群众的生活起居、衣食住行和身体健康。张薰华生态文明建设思想强调经济发展与环境保护、人与自然的和谐统一，最终实现个人行为的统一和谐、人们相互之间关系的和谐、社会各阶层之间的和谐、国家与外部世界的和谐，以及个人、社会和自然之间的和谐。张薰华进一步指出，自然生态环境保护的核心目的，就是要给人民群众提供一个自然优美、生态宜人、鸟语花香的生活环境，让人民群众自由呼吸清新的空气、饮用清洁干净的淡水、吃上放心可口的食物，实现"百姓富，生态美"。在张薰华的生态文明建设思想中，生态文明已然成为和谐社会重要标志之一。没有生态文明的社会不是真正的和谐社会，和谐社会的建成需要在生态文明理念的指引下实现人与自然和谐相处。因此，张薰华生态文明建设思想构成了和谐社会建设的理论依据。

三、为生态环境可持续利用提供实践指导

张薰华指出，"人口、生态、环境是一个有机的统一体，而环境科学是人们系统认识环境的各种运动规律及其表现形式的科学[①]"。政治经济学的研究对象不能仅限于生产关系，还应将生产力也纳入到经济学的研究对象范畴，以生产力

---

① 张薰华. 试论环境科学与环境经济学 [J]. 上海环境科学, 1998, 01: 13 – 14.

源泉为着力点，从劳动的自然生产力角度对人口、森林、水和土地等资源的开发利用进行研究，探索和揭示人口、森林、土地、水等资源之间的内在作用和联系，以及经济发展与自然资源之间的相互关系。

张薰华指出，生态环境保护的研究不应将研究对象局限于社会生产力方面，"还要求从生产关系的角度对环境进行保护[①]"。我国应根据社会经济发展的实际情况，制定合理的国土规划体系，改革原有计划经济体系下形成的不合理的资源价格体系，通过市场化的价格手段调节需求和供给，加大资源的保护力度，抑制资源的过度需求，改变资源滥用的粗放模式，建立资源节约型的集约型经济模式。

在张薰华的生态环境理论体系中，森林居于特别重要和特殊的地位。森林通过光合作用将非生物物质转换成生物有机物质，将大气中的二氧化碳转化成动植物生命活动中所必需的氧气，保护土壤表层并防止风沙、水流对土地的侵蚀，森林生态系统的生物多样性是自然界的资源宝库。因此，张薰华认为，我国农业经济传统观点中的"农、林、牧、副、渔"的排序并不合理，应改为"林、农、牧、渔、副"，凸显森林在自然生态系统中的支柱地位。对于人口对经济发展的作用，张薰华认为人的有目的的劳动会对自然造成正负两方面的影响，人的认识自然和改造自然的能力既能成为消耗资源的巨大生产力，也能提供保护自然环境所需要的知识、技术和资金。因此，人们应关注人口的数量和质量两个因素对环境保护的不同作用，抑制人口数量的过快增长，防止自然资源的过度耗费；加快推动人口素质提高，降低生产消费过程中的资源损耗。因此，社会可持续发展的实现需要我们制定合理的人口政策，扶持绿色产业、新能源产业、高新技术产业和低碳环保型产业，寻找不可再生资源的有效替代品，加大可再生资源的保护和循环利用力度，最终实现人和自然的和谐统一。

---

① 张薰华. 试论环境科学与环境经济学 [J]. 上海环境科学，1998，01：13 – 14.

第五章

张薰华对社会主义市场经济理论的探索

作为一名坚定的马克思主义经济学家，张薰华坚持运用《资本论》的基本原理和方法来分析中国社会主义建设中的新情况、新问题，积极倡导中国社会主义的改革。这一时期他的经济思想，为不断开拓我国当代马克思主义政治经济学的新境界打下了良好的基础，揭示了改革开放以来中国特色社会主义政治经济学理论的发展脉络，更加有助于我们深刻理解我国改革开放以来的一系列重大决策是坚持马克思主义的必然结果。

第一节　强调《资本论》对社会主义市场经济的指导作用

回顾我国改革开放以来的道路，从 1978 年十一届三中全会确定以经济建设为中心开始，我国的经济改革是一条不断加强市场作用，不断完善市场经济的道路。1982 年党的十二大提出"计划经济为主、市场调节为辅"的方针，1984 年十二届三中全会提出"有计划的商品经济"的原则，1987 年党的十三大提出"社会主义有计划商品经济的体制，应该是计划与市场内在统一的体制"的观点，1992 年十四大正式确立了建立社会主义市场经济体制改革的目标，接着，党在十五大至十九大各项会议中不断强化市场在资源配置中的作用，至此我国社会主义市场经济体制已初步建立，这是我国改革开放实践的必然结果，也是我国经济理论工作者一路探索的重要成果。

社会主义市场经济体制是一种全新的体制，在理论上也是一种全新的概念。西方经济学理论认为，市场经济的基础是私有制，社会主义是建立在公有制基础上的，两者并不兼容。马克思主义经典著作中也没有社会主义与市场经济结合的思路,马克思当初设想的社会主义是诞生在生产力高度发达的资本主义国家,"一旦社会占有了生产资料,商品生产将被消除,而产品对生产者的统治也将随之消除①。"对于生产力不发达、商品经济落后的社会主义初级阶段,马克思恩格斯并没有设想相对应的经济制度。在马克思主义政治经济学集大成的经典著作《资本论》中,也并没有"商品经济"或"市场经济"的词语,马克思使用的是"货币经济"一词。传统观点对《资本论》研究对象的认识沿用马克思在《资本论》第一卷第一版序言所说的"我要在本书研究的,是资本主义生产方式以及和它相适应的生产关系和交换关系。其最终目的在于揭示现代社会的经济运动规律②。"但是,传统的落脚点更多地放在《资本论》是如何揭示了社会主义必然代替资本主义的历史趋势,对于"现代社会的经济运动规律"因其资本主义的外壳而探索较少。

那么,以资本主义特殊的经济规律为研究对象的《资本论》能否用来指导我国社会主义市场经济的建设呢?马克思在晚年给维·伊·查苏利奇的复信草稿——初稿中指出:"俄国可以不通过资本主义制度的卡夫丁峡谷,而把资本主义制度的一切肯定的成就用到公社中来③。"恩格斯也曾说过:"共产主义不是教义,而是运动。它不是从原则出发,而是从事实出发④。"这说明,《资本论》中肯定蕴含着"资本主义制度的一切肯定的成就",如何在社会主义初级阶段运用就涉及到"从事实出发"的问题。张薰华基于马克思主义经济学基本原理,用他独特的圆圈的圆圈方法来分析《资本论》中的相关理论,从社会主义初级阶段、商品经济的事实出发,充分论证了传统认为的《资本论》中资本主义经济特殊规律的理论,在去除其资本主义的特殊性质后,就是市场经济一般规律的理论。这种一般规律再结合我国社会主义初级阶段的实际情况,对于指导我国社会主义市场经济的建设仍具有重要的价值和指导意义,显示出《资本论》强大的生命力。

本书前文已论述张薰华对发展生产力的研究不遗余力,不仅构建了以发展生产力为核心的经济规律体系,还深入生产力的源泉探索生产力发展的基础。在研究的过程中,张薰华已经熟练运用《资本论》中发展生产力相关理论的一般性来

---

① 恩格斯.社会主义从空想到科学的发展 [M].马克思恩格斯文集(第3卷)[M].北京:人民出版社,2009:564.

② 马克思恩格斯文集(第5卷)[M].北京:人民出版社,2009:26.

③ 给维·伊·查苏利奇的复信草稿——初稿 [M].马克思恩格斯全集(第一版第19卷).北京:1963:435-436.

④ 恩格斯.共产主义者和卡尔·海因岑 [M].马克思恩格斯文集(第1卷).北京:人民出版社,2009:672.

分析我国社会主义经济建设的规律。在 20 世纪 80 年代，虽然没有专门的论述，但他的研究中已出现社会主义与市场经济相兼容的雏形，他在《生产力与经济规律》一书中写道："社会主义社会仍然存在着商品经济，只要撇开资本形式，保留资金形式，撇开土地私有权，代以土地公有权……有关的分配规律以及与生产力相关的相互关系也仍然发生作用①。"对于市场经济是否与社会主义相兼容的问题，张薰华经过研究认为，市场经济作为生产关系的一部分，不决定社会制度，因此可以与不同的社会制度结合，市场经济作为商品经济的成熟阶段，它的运行机制可以更大地解放和发展生产力。张薰华从生产力与生产关系相互关系这一基本原理出发，用圆圈的圆圈方法形象表述了市场经济可以与不同的社会制度结合。如图 5 – 1 生产力、生产关系与上层建筑关系图。

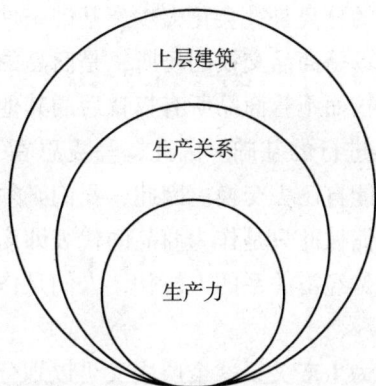

图 5 – 1　生产力、生产关系与上层建筑关系②

在马克思主义基本原理中，生产力在最内层，决定着生产关系（中层），生产关系决定着上层建筑（外层）。按照通常的理解，生产资料所有制的不同决定着生产关系的不同，生产关系又决定着社会制度、意识形态等上层建筑。长期的历史经验和西方经济学理论的误导，人们通常认为商品经济（市场经济）是私有制的产物，只有私有制才有不同的所有者进行交换，市场才有可能有效运行。这种思维定式造成了很大思想误区，人们因此认为市场经济是资本主义私有制的产物，社会主义国家以公有制为基础，不可能与市场经济制度兼容。针对这一思想误区，张薰华指出，生产资料所有制的形式并不意味着生产资料所有者和产品

---

① 张薰华. 生产力与经济规律 ［M］. 上海：复旦大学出版社，1989：163.
② 张薰华. 生产力与经济规律 ［M］. 上海：复旦大学出版社，1989：136.

（或者商品）的所有者是一致的，"由于近代信用制度和土地制度的发展，资本（或土地，以下同）的所有权与使用权可以分离①"。马克思在分析地租问题时也指出，土地所有者和土地经营者的分离是资本主义生产的典型方式，在研究借贷资本时，也注意到资本的所有权和使用权进行了分离。张薰华根据马克思的关于产权的相关理论以及资本主义市场经济运行的实践认为，在现代社会经济运行中，所有权和使用权的分离是一种常态，生产资料的使用者并不一定是生产资料的所有者，生产资料使用者虽没有生产资料的所有权，但通过租用、利息、利润、承包等形式却拥有所经营商品的所有权和定价出售权，经营所产生的利润以利润、利息、地租等形式支付给生产资料的所有者，实现了生产资料所有者的权益，剩余的利润作为生产资料使用者经营的利润。事实上，资本主义的市场经济就是在所有权和分离权的条件下迅速成熟起来。理论和实践充分说明，生产资料的所有权与商品的所有权的分离是社会化大生产基础条件之一。

张薰华继续分析，市场是商品交换的场所，是商品的所有者进行公平交换的场所，市场只认商品所有权而不管商品所有权背后的其他所有权，商品所有者的独立是市场公平交换得以进行的基础。因此，马克思在《资本论》中指出"商品不能自己到市场去，不能自己去交换。因此，我们必须找寻它的监护人，商品所有者。……在这里，人们彼此只是作为商品的代表即商品所有者而存在。……人们扮演的经济角色不过是经济关系的人格化，人们是作为这种关系的承担者而彼此对立着的②"。

综上所述，张薰华认为生产关系这个层次又可以划分为两个层次，如图5-2细分后的生产力、生产关系与上层建筑关系图。一是产品（商品）所有权层次（内层），这个层次与产品的生产密切相关，通过价值规律和市场竞争不断提高生产效率，因而这个层次对生产力的反作用更为直接，更接近生产力核心，这个层次不关心生产商品的生产资料所有权，商品相互交换形成市场；二是生产商品的生产资料所有权层次（外层），这个层次通过商品生产层次反作用于生产力，决定了上层建筑层次，决定了上层建筑是资本主义还是社会主义的性质。在传统的社会主义，生产资料所有权与产品所有权没有区别，因而没有众多独立的产品所有者，市场也不可能形成。如图5-2细分后的生产力、生产关系与上层建筑关系图。

① 张薰华. 利用市场经济机制发展生产力 [J]. 学术月刊, 1993, 06: 1-5.
② 马克思恩格斯文集（第5卷）[M]. 北京: 人民出版社, 2009: 121.

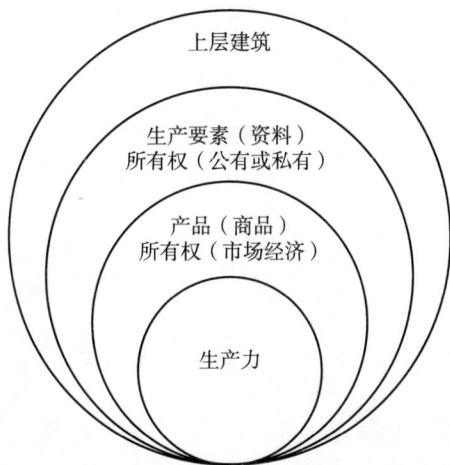

图 5 - 2　细分后的生产力、生产关系与上层建筑关系①

从图 5 - 2 可以看出，市场经济要求只是商品所有权，无论是资本主义私有制形成众多商品所有者，还是社会主义由于所有权与经营权的两权分离导致的众多商品所有者，都可以形成公平的交换市场，市场经济与社会制度无关。他们都由社会生产力所决定，并反作用于社会生产力。在这种两权分离的情况下，生产资料的所有者通过地租、利润、利息等分配形式以市场经济的价格形式来分配剩余价值，来实现自己的性质。这样，张薰华将生产资料所有权的经济实现具体化为图 5 - 3 生产资料所有权的经济实现。

张薰华指出，"《资本论》第一、二卷论述了生产力和生产关系两个圈的关系，第三卷侧重分析外三圈之间的关系②"，并将四个层次综合起来，分析"资本主义商品生产总过程③"。他认为，如果去其资本主义的性质，这些原理不仅可以而且应该用于我国社会主义市场经济体制的建设。

---

① 本图最初文字表述为张薰华 1993 年发表在《学术月刊》第六期《利用市场经济机制发展生产力》论文中，但未画图；2000 年，张薰华在《经济学家之路》第二辑中的文章《锲而不舍，探索规律》中画了该图，但文字表述有所不同，从内层到外层文字表述依次为"社会生产力""商品（市场）经济关系""资本主义（社会主义）生产关系"；2009 年，张薰华在上海市经济学会年刊的文章《从唯物辩证法看新中国的变化——兼论中国人口问题》画了六个层次图，由内至外层文字表为"源泉""生产力""商品所有制（市场经济）""要素所有制（私有或公有）""政治法律制度""意识形态"。为表述方便，本图根据《利用市场经济机制发展生产力》论文的文字表述重新绘制。

②③ 张薰华. 经济规律的探索——张薰华选集（第二版）[M]. 上海：复旦大学出版社，2010：7.

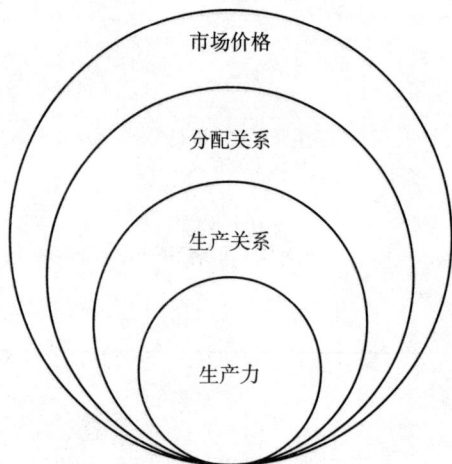

图 5 – 3　生产资料所有权的经济实现①

第二节　利用市场机制发展生产力的思想

　　社会主义根本任务是解放和发展生产力，党在社会主义初级阶段的以经济建设为中心基本路线是社会主义根本任务的具体体现。张薰华认为，"按照内容与形式的辩证关系，作为物质内容的生产力，表现的社会形式首先是生产关系，进而表现为政治法律制度，再表现在意识形态上面②"。张薰华将此表述为图 5 – 4 我国生产力、生产关系与上层建筑图。按照历史唯物主义，生产力决定生产关系，生产关系反作用于生产力。我国目前的现实情况是社会主义制度已建立，社会主义生产关系已确立，根据生产关系反作用于生产力的原理，适合的生产关系也可以更好地促进生产力的发展，在坚持社会主义制度的前提下，利用社会主义生产关系中所包含的市场经济原则促进生产力发展是一种明智、也是必然的选择。关于市场经济与社会主义生产关系相兼容的论述前文已说明。我国经济体制改革的目标就是建立完善的社会主义市场经济体制，完善我国社会主义的生产关系，进一步促进生产力发展，正如党的十四大报告中所指出的，我国经济体制改革的目标是建立社会主义市场经济体制，以利于进一步解放和发展生产力。如何利用市场机制完善我国社会主义生产关系，发展生产力，张薰华提出了如下观点。

---

　　①　张薰华. 锲而不舍，探索规律（原载于《经济学家之路》第二辑，2000 年版）//经济规律的探索——张薰华选集（第二版）[M]. 上海：复旦大学出版社，2010：7.

　　②　张薰华. 利用市场经济机制发展生产力 [J]. 学术月刊，1993，06：1–5.

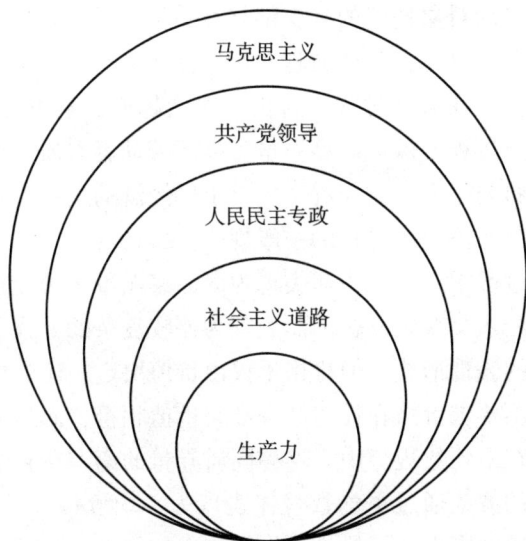

图 5 – 4　我国生产力、生产关系与上层建筑①

一、对市场经济的一般规律的阐述

1. 市场经济规律是价值规律的特殊表现形式

邓小平指出："社会主义要赢得与资本主义相比较的优势，就必须大胆吸取和借鉴人类社会创造的一切文明成果，吸收和借鉴当今世界各国包括资本主义发达国家的一切反映现代社会化生产规律的先进经营方式、管理方法②。"什么是"商品经济的一般规律"，张薰华认为，商品经济的一般规律就是价值规律。在《生产力与经济规律》一书中，张薰华认为，价值规律不是一条单一的规律，不像通常人们认为的只在交换中发挥着作用，它是一个有一定层次的规律体系，他分析了价值规律在商品运动的生产、流通和分配过程中如何发挥作用。

在商品的生产过程中，价值规律的基本规定是：商品的价值由第一种含义的社会必要劳动时间决定。这种规定以使用价值为前提，使用价值是物的有用性，当商品质量不合格，虽然也付出了劳动时间，但这个商品的有用性就减少了甚至没有了，那么，它所包含的劳动也不能形成价值。劳动者素质的高低、生产工具

---

① 张薰华. 利用市场经济机制发展生产力 [J]. 学术月刊，1993，06：1 – 5.
② 在武昌、深圳、珠海、上海等地的谈话要点 [M]. 邓小平文选（第三卷）. 北京：人民出版社，1993：373.

的合理使用与否、劳动对象耗费的多少都与商品价值量的多少密切相关。商品价值量与生产力的高低成反比，生产力越发达，社会必要劳动时间越少，商品中蕴含的价值就越低，反映在流通过程中价格一般就越低，竞争力自然增强。因此，价值规律要求在生产过程中保证商品质量、提高劳动者素质、使用更先进的生产工具、节约生产资料的投入，这与资本主义市场经济的生产实践是相符的，也说明了价值规律是商品经济生产过程的一般规律。

在商品的流通过程中，价值规律表现为商品遵循着等价交换的规律。在流通过程中，由于货币介入交换过程，因而表现为比较复杂的方式。货币介入到交换后，价格成为价值的表现形式，但价格不仅由价值决定，还受供求的影响而上下波动，价值规律并不要求价格在任何场合都与价值相符，而是表现为价格以价值为中心上下波动，在平均数规律中，这种同质异量的离差在它们的总和中被相互抵消。因此，价格的波动通过平均数规律表现为平均价格，最后趋向于价值量，因此价值规律在流通中表现为平均价格规律。当然，由于分配过程中生产资料的所有者要取得平均利润，在流通中平均价格又表现为生产价格。

在商品的分配过程中，生产资料所有权和使用权要实现经济利益，如利息、利润、地租。国民经济各部门有机构成不同，资金周转速度不同、对劳动者剥削程度的不同导致各部门的利润率不同，但是在社会化大生产中，资本追逐利益的本性在各部门自由流动，于是等量资本基本都获得了等量的收益，利润率趋于平均化，商品价值趋于生产价格，价值规律就表现为平均利润规律和生产价格规律。分配反作用于生产，为了获取超过平均利润率以上的超额利润，企业就会不断地提升生产效率，使得个别产品生产价格降到平均生产价格以下，这就是价值规律在分配中的作用。

张薰华通过生产、流通和分配的全过程分析认为，商品（市场）经济的规律就是价值规律的特殊表现形式，深入研究价值规律的各种表现有利于完善我国社会主义市场经济体制的建设。

2. 所有权和经营权的分离是公有制企业成长的前提

根据上一节张薰华分析商品所有权和生产资料所有权分离的思想，张薰华认为，"长期以来，人们把生产资料所有权与产品所有权混为一谈，以为全民所有制企业的产品都属全民所有，这些企业之间的交换是产品交换，不是商品交换，只不过在外表上是商品交换，这种商品外壳论将会导致市场的经济主体不能到位，使我国市场经济难以发育成长①"。他认为建设社会主义市场经济重点在于

---

① 张薰华. 利用市场经济机制发展生产力 [J]. 学术月刊，1993，06：1-5.

确立全民所有制企业的经济主体地位，市场经济才具有社会主义性质。全民所有制企业生产资料属于公有，并不意味着全民所有制企业与市场经济绝缘，只要将生产资料所有权与使用权分离，全民所有制企业完全可以作为各自独立的产品所有者参与市场交换。全民所有制企业的生产资料所有权通过地租、利息等方式在经济上实现收益，经营权分离后企业就可以做到自主经营，自主经营意味着自负盈亏，经营的利润首先保证生产资料所有权的经济实现，才能进行企业其他利润的分配。这就要求企业经营者必须提高生产效率、降低生产成本、加快资金周转速度等，才能实现经营者的收益。当然，现实情况不仅存在国有资产保值问题，在我国经济快速发展的今天，国有企业更要承担国有资产增值的责任，这里就是国家如何加强对国有企业的监管，正确处理国有企业积累的问题。

3. 价格是价值规律的体现并调节生产要素配置

在商品经济中，价值通过生产、流通和分配过程逐渐转化为生产价格。同理，价值规律在市场经济中逐步表现为市场价格的运动。张薰华说，"市场经济的内在规律也就是商品的价值规律。价值规律是社会生产力发展规律的一种社会形式，即商品生产关系的规律。这个形式本身又作为内容再表现为市场价格运动。价格反过来调节分配关系与生产关系，并调节生产要素（资源）的配置，进而影响生产力的发展①"。也就是说，在市场经济中，价格间接反映着价值或者劳动生产力的变化，价格与价值一样，同生产效率成反比，价格短期受供求的影响，长期由价值规律决定，例如生产效率提高一倍，商品的价格就会下降一半。商品的价格下降意味着某些部门获取了超额利润，促使其他部门调节生产要素的配置，提高生产效率，形成竞争，这就是市场价格对生产力的反作用。我们正是要运用这样的市场价格机制来加强竞争，促进社会生产力的发展。要做到这一点就必须遵循客观规律，否则就会扭曲这种机制作用，终而损及社会生产力。客观规律具体内容参见本书第三章张薰华经济规律体系思想。

二、对我国市场经济特点的认识

张薰华除了分析市场经济的一般规律及作用机制，还针对建立和完善我国社会主义市场经济提出了以下观点。

1. 全部生产要素进入市场并形成合理的价格体系是市场经济正常发展的关键

前文已论述价格的重要作用，在市场经济中，价格是价值规律的表现并且通

---

① 张薰华. 利用市场经济机制发展生产力 [J]. 学术月刊，1993（06）：1-5.

过反作用调节生产要素的配置，最终达到促进生产力发展的目的。张薰华认为，要使市场价格正常发挥作用的前提是全部生产要素都要以合理的价格进入市场。在我国改革开放前期，由于受到计划经济思维的影响，没有分清生产资料所有制与商品所有制之间的关系，许多公有制的生产要素并没有进入市场，或者人为压低某些生产要素的价格，如土地、劳动力、技术等。这种做法导致资源浪费、价格体系混乱和分配不合理等问题，最终破坏生产力的发展。张薰华认为，市场是商品交易的场所，商品包含着所有生产资料的内容，生产资料也是生产要素之一，进入市场后采取了商品的形式，形成了相应生产要素市场，如土地市场、劳务市场、技术市场、资金市场等。这些生产要素商品和普通商品一样，也由市场价格调节配置达到最优化状态。如果某一生产资料未进入生产要素市场或者人为干预其价格，那么市场价格将会扭曲，影响了公平竞争，影响了资源的配置，进而阻碍了生产力的发展。张薰华认为，影响生产要素市场化的主要原因是人们没有分清所有权与使用权的关系，某些公有制的生产要素进入市场，并不是出让所有权，而只是出让一定期限的使用权。因而这些生产要素的价格只是某一时期使用权的价格，不影响所有制关系。因此，张薰华建议，全部生产要素应进入市场，"建立起以市场形成价格为主的价格机制①"，理顺价格体系，让价值规律的表现形式市场价格规律来调整资源配置，促进社会主义市场经济的完善。

2. 市场经济不能放弃国家的宏观调控

针对新自由主义的"市场万能"、排斥政府干预的论调，张薰华指出，"我们既要看到市场的积极作用，同时也要看到市场有其自身的弱点和消极方面②"。事实上，资本主义的多次经济危机的爆发早已证明了新自由主义"市场万能论"的缺陷。正如马克思所说，生产资料的私有制与社会化大生产这种资本主义社会无法克服的矛盾，必将导致资本主义经济危机频繁爆发，直至崩溃。经济危机意味着市场失灵，这是市场经济人追逐短期利益而导致负外部性的必然结果。在社会主义国家，虽然生产资料是公有制形式，但进入市场的商品却属于不同的经济人，由于上述原因，完全以市场来进行经济调控必然也会导致市场失灵。因此，对于宏观、长期的影响经济的事物必须由国家进行宏观调控，如环境保护、人口控制、教育普及、产业导向、基础科学等等。这些影响经济发展的长期问题市场是不愿也无力关注的，只有通过国家积极的宏观调控，才有可能尽量减少市场的

---

① 张薰华. 市场经济体制理论与实践（原文载于《改革月刊》1993年第3期）经济规律的探索——张薰华选集（第二版）[M]. 上海：复旦大学出版社，2010：185.
② 张薰华. 利用市场经济机制发展生产力 [J]. 学术月刊，1993（06）：1–5.

波动，保持市场的良性发展，避免经济危机的爆发而危害生产力的发展。张薰华在《生产力与经济规律》一书中也分析了国民经济按比例发展规律，在书中他指出，按比例发展的规律是生产力的内在要求，是生产力源泉和要素之间的比例决定的，这为国家宏观调控提供了理论依据（详见本书第三章第三节）。因此，张薰华建议，"不能因为发现旧的计划体制的弊病以后，就把计划手段也随之抛弃了①"，社会主义市场经济应该是市场手段与计划手段的结合，通过市场手段的灵活克服计划手段的僵化，通过计划手段的长远克服市场手段的短视。社会主义市场经济应该是"使市场在社会主义国家宏观调控下②"的市场经济，而不是完全自由不受干预的市场经济。

三、对市场体系积极作用的肯定

张薰华认为，市场经济并不能点石成金，市场经济促进生产力的发展是有前提的。他认为，如果以下前提成立，市场经济就会通过价格和竞争的机制作用促进生产力的发展。首先是国家宏观调控科学，合理布局生产力，优化产业结构，大力发展交通；其次是所有生产要素进入市场，形成市场体系，理顺价格体系；最后建立完善社会保障制度，维护社会稳定。

在以上的前提下，市场经济将发挥积极作用，促进生产力发展。张薰华接着分析市场经济中商品、技术、资金和土地各个市场体系如何通过价格体系产生竞争，从而促进生产力发展。

首先在商品市场中，张薰华分析了商品市场供求平衡、供过于求和求过于供三种情况，市场通过价值规律表现的价格竞争优化了生产要素配置，促进了生产力发展。在市场供求平衡状态，市场价格与社会价值基本一致，生产者的利润率也基本一致。供求平衡并不代表市场死水一潭，大家相安无事，追逐超额利润的资本本性总会使得某一生产者提高生产力，使自己商品的价值低于社会平均价值，在市场上以社会平均价值销售获取超额利润。通过价格的降低不断挤占其他生产者的市场份额，整个市场就活跃起来了，其他生产者要么退出市场，要么也要提高生产力降低商品的价值从而带来价格的降低，最后就带动了市场整体生产力的提高，这是价格调节竞争的结果。在市场供过于求的状态，生产力高的生产

---

① 张薰华. 利用市场经济机制发展生产力 [J]. 学术月刊，1993（06）：1–5.
② 张薰华. 市场经济体制理论与实践（原文载于《改革月刊》1993年第3期）经济规律的探索——张薰华选集（第二版）[M]. 上海：复旦大学出版社，2010：186.

者为了扩大利润总额降价进行销售，加剧了市场竞争，生产力低的生产者要么提高生产力维持竞争力，要么被市场淘汰，实现了资源的优化配置，这是竞争调节价格的结果。在市场求过于供的状态，市场价格高于社会平均价值，出于逐利的本性，大量生产者进入市场进行生产，使得市场供求平衡，虽然没有促进生产效率的提升，但是优化了生产要素的配置，最终也会促进生产力发展，这也是竞争调节价格的结果。

其次，张薰华分析了技术市场。张薰华认为，作为生产力源泉之一的科学技术力，它通过提高生产力三要素的素质带动生产力提高。但科学技术并不是凭空产生的，它也是大量脑力劳动的结果，科技产品蕴含着大量的价值，技术也必须进入市场形成价格体系才能实现脑力劳动者的价值，这样才会有越来越多的脑力劳动者开发新的技术，促进生产力发展。

再次，张薰华分析了资金市场。资金的价格就是它的利息，属于生产成本的一部分。生产者在市场中赢得竞争，首先表现为生产成本的降低，这就要求生产者缩短生产时间，提高生产效率，加速资金的周转，提高资金的使用效率，从而带来生产力的提高。

最后，张薰华分析了土地市场。土地市场的价格就是地租，级差地租带来超额利润，因土地肥沃程度和地理位置差异而带来的级差地租归土地所有者所有，但是因土地经营者改造土地而带来的级差地租却归土地经营者所有，因此在批租期限内，土地经营者会尽力提高土地生产力，从而获得追加的超额利润，最后促使土地的生产能力普遍提高。

第三节　张薰华的土地批租理论

一、土地批租理论产生的背景

自古以来，土地都是人类最重要的生产资料，被马克思称为"政治经济学之父"的威廉·配第（William Petty）提出的"土地是财富之母"的论断就反映了人类对土地重要性的认识。土地由于面积有限，再生时间漫长，随着世界人口的增长，土地越来越成为稀缺资源。人类社会的进步必然带来城镇化率的提高，城市作为重要的工商业中心，也需要土地作为工商业生产经营的场地，和农业用地一样，土地在城市也是重要的资源。尤其在我国，人多地少，为了保证粮食安全，国家提出了 18 亿亩耕地的红线，土地越发显得稀缺。改革开放初期，百废待兴，城市作为发展经济的重要载体，需要大量资金建设配套基础设施来支持工商业发展。但在 20 世纪 80 年代初，我国正处于计划经济体制向商品经济体制转变时期，计划经济的许多制度还未变革，土地管理制度依然沿袭着计划经济时期无偿划拨、无偿使用的制度，土地作为重要的生产要素无法进入市场，而国有企业的改革正朝着所有权与经营权分离的道路前进，这种形式一方面造成国有企业无偿获取了土地的垄断而带来的超额利润，在市场形成不公平的竞争；另一方面也给合资、外资企业用地带来难题。在所有权和经营权分离、多种所有制并存的背景下，国有土地所有权如何在经济上体现，这实际上是社会主义是否存在地租的问题，以及如何收取的问题。解决了这些问题，不仅可以将土地这个重要生产要素纳入市场体系，维护市场公平竞争，还可以解决城市基础建设的资金问题。

　　社会主义地租问题的讨论由来已久。在马克思主义经典理论中，马克思创建了科学系统的地租理论，但马克思的地租理论的研究对象是土地私有制情况下的地租问题。他认为地租产生的前提是土地的私有制，是土地经营者让渡给土地所有者的收益，在私有制的社会中，存在绝对地租、级差地租与垄断地租。在马克思设想的未来共产主义社会中，社会占有所有生产资料，土地私有制自然也消失了，绝对地租也失去了意义，不复存在，在这个社会中，个人劳动成为直接的社会劳动，商品与市场都消失了。自然，级差地租也将随着市场的消失而消失。马克思的这种论断无疑是正确的，符合逻辑的。

　　苏联作为第一个社会主义国家，根据马克思主义理论，废除了土地私有制，建立了高度集中的计划经济体制，土地所有权与经营权合二为一，就不存在经营者让渡给所有者利益的问题，土地的绝对地租也就不存在了。但是因为苏联、中国等社会主义国家是在落后的农业国基础上建立起来的，为了保证农民生产的积极性，土地公有制分为全民所有制与农村土地集体所有制两种所有制形式。由于土地地理位置、肥沃程度的差异带来的超额收益并不是由于集体劳动形成的，社会主义国家也存在着级差地租产生的条件。苏联自 20 世纪 50 年代，我国自 60 年代开始研究农村土地级差地租这一社会主义经济范畴的问题。当时讨论了社会主义是否存在级差地租的问题，级差地租的原因、级差地租分配等问题。主流观点认为，社会主义制度下，仍然存在着因土地差异而形成的土地收益差异，级差地租的条件依然存在，但因社会制度的不同，不使用级差地租这一范畴，而使用级差土地收入这一范畴①。20 世纪 80 年代初，随

---

　　① 张友仁，李克纲. 社会主义经济理论发展史［M］. 北京：北京大学出版社，1991：506.

着思想的解放和研究的深入，理论工作者们就社会主义农业生产级差地租的研究取得较为一致的意见，级差地租是社会主义农业生产经营中客观存在的一个经济范畴，如许涤新主编的《政治经济学词典》、张凤兰的《浅谈社会主义级差地租及分配》等著作和文章。随着讨论的深入，渐渐涉及到社会主义城市级差地租问题和社会主义绝对地租的问题。当时比较普遍的观点认为，由于不存在土地私有制，社会主义制度下不存在绝对地租，城市土地是全民所有制，城市中的工商企业属于国有制，因此也不存在城市级差地租问题。当然，也有学者，如刘守定、蔡增信、张薰华、洪远朋、陈征等学者也表示了不同的看法，认为土地所有权是绝对地租形成的前提和基础，土地的所有权应该充分地以地租形式在经济上来实现自己。

二、土地批租思想的产生过程

1984 年 4 月张薰华在港澳经济研究会成立大会上提交的论文《论社会主义经济中地租的必然性》正是这一观点的典型看法。他通过理论和历史的阐述有力地论证了社会主义地租的必然性。他指出，"在商品经济条件下，作为生产资料的土地表现出具有价值，土地的使用价值就为价值规律所调节。就经济学来讲，这就是地租问题①。"在文中，他批评了有些学者机械地理解马克思的地租理论。这些学者把土地所有权等同于土地私有权，把地租当成土地私有权的产物，因而推论出社会主义没有地租的观点。他提出"土地所有权包括社会主义土地的共有权，在商品经济下，这种公有权也要通过地租来体现②"。在文中，他不仅分析了绝对地租，也分析了农村和城市的级差地租产生原因和必然性。这篇论文纠正了某些学者对马克思主义地租理论机械、片面的理解，丰富和发展了马克思主义的地租理论，为社会主义土地管理体制的改革奠定了理论基础。

论证了社会主义地租必要性的理论问题后，在实践中土地如何由无偿使用变为有偿使用，尤其是城市土地管理体制如何改革是一个难题。张薰华的"土地批租"理论首先解决了这个难题，他被称为"我国土地管理体制改革的最早倡导者和杰出贡献者③。"他的"土地批租"理论揭开了我国城市土地管理制度改革的

---

① 张薰华. 论社会主义商品经济中地租的必然性（原文载于《调查和研究》1985 年第 5 期）[M]. 经济规律的探索——张薰华选集（第二版）[M]. 上海：复旦大学出版社，2010：192.

② 张薰华. 论社会主义商品经济中地租的必然性（原文载于《调查和研究》1985 年第 5 期）[M]. 经济规律的探索——张薰华选集（第二版）[M]. 上海：复旦大学出版社，2010：194.

③ 程恩富. 改革开放与马克思主义经济学创新 [J]. 社会科学管理与评论，2008，04：15 - 28.

序幕。

张薰华的《论社会主义经济中地租的必然性》论文引起上海市委研究室的重视，上海市委研究室委托张薰华针对上海土地的实际情况增加政策建议部分，张薰华经过认真调研思考，很快写成《再论社会主义商品经济中地租的必然性——兼论上海土地使用问题》（1985）论文。

在这篇论文中，张薰华首次提出了用批租的办法来出租土地使用权。他认为，在土地的所有权和经营权分离的情况下，土地价格实际上就是土地经营权的出售价格，就是按利息率计算的地租价格。我国的土地价格的拍卖可以借鉴英国和港英当局出售一定年限土地租用权、满期后连同地上建筑物一并收回的做法，简称"土地批租"。他认为，虽然英国是资本主义制度，但是这种土地批租的制度很好地解决了土地所有权和经营权分离的价格确定问题，地租土地批租不会改变原有的土地所有权，也就不会改变我国土地公有制的性质。他建议：我国"可以将租期订为例如 20 年、30 年、40 年、50 年等，按地段好坏定出地租级差标准，再按租期长短的利息率计出地价；并且，在租约中明文规定，必须按城市规划兴建某种建筑物（在市中心处运用高地价杠杆使建筑物被迫向高层发展），在租约满期后，也必须将地面建筑物完好地连同土地一起交给市房地产局。引进外资兴建工厂、宾馆、高速公路、码头等等都可用这种办法。"

张薰华提出的土地批租建议得到了上海和中央的重视和认可。很快，这篇文章由中央下发到各地机关，改变了人们头脑中的传统的思维观念，土地这个重要的生产资料蕴含的巨大能量喷涌而出，产生了深远影响。张薰华的土地批租研究丰富了《资本论》的地租理论，奠定了我国城市地租重要的理论基础，催生了各地政府灵活运用土地的政策。在张薰华土地批租思想的影响下，上海市首开先河，1986 年 10 月颁布了《中外合资经营企业土地使用管理办法》，首次在政策上确定了对土地进行有偿使用。1987 年 9 月，深圳市政府运用市场化原则，采取协商议标的形式出让有偿使用的第一块国有土地，同年 12 月，又以拍卖形式出让国有土地使用权，这是国内首次通过拍卖方式有偿出租国有土地[①]。在实践的推动下，1988 年 4 月，七届全国人大第一次会议通过了《宪法修正案》，将《宪法》第十条第四款"任何组织或者个人不得侵占、买卖、出租或者以其他形式非法转让土地"，修改为"任何组织或者个人不得侵占、买卖或者以其他形式非法转让土地。土地的使用权可以依照法律的规定转让。"在"非法转让土地"的定义中去除了"出租"的形式，增加了"土地的使用权可以依照法

---

① 苏梅."第一槌"响起的地方——深圳市土地市场化走笔［J］. 国土资源，2003，05：56-59.

律的规定转让①"条文。有了宪法的保障，出让土地使用权迅速成为各地政府财政的主要来源，为我国改革开放后的国民经济高速增长提供了充足的资金，奠定了良好的基础。

三、社会主义地租的系列观点

张薰华在上述论文和政策建议中，运用《资本论》的绝对地租、级差地租和垄断地租的基本原理，对社会主义地租尤其是土地批租进行了卓有成效的探索，就社会主义地租与土地公有制关系问题、土地国有化问题、土地批租与生态保护关系、土地价格调整资源配置等方面提出一系列创见性的理论观点，形成了关于社会主义地租的较为系统的思想。

1. 土地批租与社会主义土地公有制问题

张薰华认为，在社会主义商品经济条件下，必须利用商品经济形成的价格体系微观调整商品的生产，土地作为重要的生产要素也必须作为商品进入市场，形成价格体系并按价格规律调节其合理使用。土地进入市场意味着土地必须有偿使用才能按价格规律调节，我国经济改革中生产资料所有权和经营权的分离也要求土地必须有偿使用，这样才能将土地产生的超额利润收归土地所有者的代表——国家所有，地租是土地有偿使用的很好的形式。土地批租是张薰华社会主义地租思想中最著名的观点，土地批租，就是将土地按若干年限与一定价格出租，允许土地使用权转让，土地所有权不变②。这种方法，国家土地所有权在经济上得到体现，获得收益。土地批租到期后国家收回使用权，土地所有权没有发生变化；对于经营者来说，他们获得了一定年限的土地使用权进行工商业的经营，土地的有偿使用促使他们更加合理地使用土地。因此，张薰华认为，只要存在商品经济，存在着生产资料所有权与经营权的分离，地租与批租市场就必然存在，土地批租可以与土地所有制的形式无关。

2. 土地国有化问题

土地国有化是张薰华在研究社会主义地租中关注的一个问题。我国土地存在着两种所有制形式，农村土地集体所有制和城市土地全民所有制。虽然全民所有制与国家所有制有一定区别，但因为我国是社会主义国家，国家代表人民行使对

---

① 中华人民共和国宪法修正案（1988年）[EB/OL]. 中国人大网，http：//www.npc.gov.cn/wxzl/wxzl/2000-12/05/content_4498.htm，2000-12-05.

② 张薰华. 论社会主义商品经济中地租的必然性 [J]. 中国房地产，1984，08.

土地的所有权，因此，通常土地全民所有制也被称为土地国有制。

张薰华认为我国土地应该完全国有制，这和马克思主义经典著作是一脉相承的。马克思和恩格斯《共产党宣言》中已提出，无产阶级上升到统治阶级后对所有权强制性的干涉的第一项措施就是"剥夺地产，把地租用于国家支出[①]"，马克思在《论土地国有化》中分析了现代农业对规模化的需求，指出"社会运动将做出决定：土地只能是国家的财产[②]。"甚至，马克思对于土地的集体所有制也是排斥的，他说："把土地交给联合起来的农业劳动者，就等于使社会仅仅听从一个生产者阶级的支配[③]。"张薰华认为，在土地批租市场，土地和其他普通商品相比有其独特性，表现在有限性和稀缺性、由位置和自然条件不同而带来的差异性、不可移动的固定性、垄断性和多用途性。这些特性决定了土地应该在科学的国土规划下规范其特殊的使用价值，尤其土地是生态环境的基础，批租土地应该在保护生态环境的前提下进行统一规划[④]。集体单位多从局部利益出发，有可能会影响全局的利益，"土地国有化最有利于土地的资源配置[⑤]"。张薰华在研究社会主义地租中还指出，"按照价值规律，土地产品的真实价格是社会平均价值，生产价格中超过这平均价值的超额利润部分，就不是该产品的自身的价值部分[①]"。因此，土地带来的超额利润不是该土地的劳动者创造的，而是社会转移的价值，应该归还社会，由国家统一分配。"国家应该垄断土地一级市场[①]"。以上分析可以看出，张薰华的土地国有化思想无疑是正确的，是未来土地制度改革的方向。但是，农村土地集体所有制是在 20 世纪 50 年代所有制改造中形成的，有其合理性。长期的集体所有制形成的利益格局很难打破，还需要我们进一步研究和探索。

3. 土地批租与生态保护问题

张薰华一向重视保护生产力的源泉——生态环境，在土地批租研究中，张薰华分析了土地批租与生态保护的关系，提出了土地批租应以保护生态环境为前提。他在《中国土地批租的学术探索》（1999）指出，土地是生态环境的基础，土地的首要使用价值是生态环境，在用地时要注意植被、水源、空气的保护。在

---

① 共产党宣言［M］. 马克思恩格斯文集（第 2 卷）. 北京：人民出版社，2009：52.

② 马克思. 论土地国有化［M］. 马克思恩格斯文集（第 3 卷）. 北京：人民出版社，2009：232 – 233.

③ 马克思. 论土地国有化［M］. 马克思恩格斯文集（第 3 卷）. 北京：人民出版社，2009：233.

④ 张薰华. 中国土地批租的学术探索（原文载于《中国经贸展望》1999 年第 1 期）［M］. 经济规律的探索——张薰华选集（第二版）. 上海：复旦大学出版社，2010：202.

⑤ 张薰华. 中国土地批租的学术探索（原文载于《中国经贸展望》1999 年第 1 期）［M］. 经济规律的探索——张薰华选集（第二版）. 上海：复旦大学出版社，2010：204.

城市中，因为人口密度大大超过农村的人口密度，二氧化碳、热量的排放容易形成热岛效应，给工商业经营造成损失。而城市中的树木、植被可以将二氧化碳转换成氧气，城乡的湿地可以调节水量，调节城市气候。因此，城市"应该生态化""不应该毁绿批租，不应填湖填河造地批租①。"现在看来，张薰华的这些观点很有前瞻性，目前我国正在提倡的"绿色城市""海绵城市"正是他的城市生态化观点的体现。

4. 土地增值问题

土地由于使用价值的增加出现了增值，这种增值该如何在土地所有者与使用者之间进行分配，张薰华对此问题也进行了深入的探讨。张薰华认为，土地所有权与使用权都需要通过分配关系在经济利益上得以实现，但是土地增值后经济利益如何分配要注意两种情况：第一，土地使用者通过投入资金开发土地使用价值而带来超额利润，这种超额利润应归土地使用者所有，土地所有者不应将这种超额利润作为追加的地租，否则将损害土地使用者的积极性，侵犯土地使用者的利益；第二，由于外界的原因，而非土地所有者或使用者的努力，如区域经济的发展、交通基础设施的兴建导致土地增值，这种增值应归使用者所有，土地所有者在定价时须有先见之明，或者批租的期限不宜太长。这些观点是市场经济条件下契约精神的体现，也是公平竞争的基础。

5. 土地价格机制问题

张薰华认为，"价格是价值规律在市场经济中所体现的形式，土地资源配置必须充分利用价格机制的作用②"。土地价格必须合理定价，并通过市场的价格机制进行调节。过低的土地价格导致土地使用者滥用土地，合理的土地价格会促使土地使用者提高土地利用效率，过高的土地价格将导致无人租用土地，土地所有者的所有权利益将无法实现。在张薰华看来，土地的价格实际上是土地所有者与使用者之间的利益分配问题，这种分配最佳的办法是由所有者与使用者之间进行谈判，由市场决定土地的价格。这种市场决定的分配方式最终会形成合理的土地价格，满足所有者与使用者的利益，这种分配方式正确体现了产权关系，从而提高了土地的利用效率。

6. 土地宏观调控问题

虽然张薰华很重视土地市场价格机制的作用，但是他也强调市场经济中政府

---

① 张薰华. 中国土地批租的学术探索（原文载于《中国经贸展望》1999年第1期）[M]. 经济规律的探索——张薰华选集（第二版）. 上海：复旦大学出版社，2010：200.

② 张薰华. 人地关系与体制改革 [J]. 中外房地产导报，2000（12）：13.

的宏观调控作用不能忽视①。他认为，土地宏观调控是土地资源配置的内在要求。前文在土地国有化问题中已阐述张薰华提倡国有化的原因，国家对于土地的利用必然是从全局、长远的角度进行考虑并制定科学的国土规划，而土地承租方只根据短期、自身的利益而不是根据长期、社会的利益来决定土地用途，这就要求在土地批租中必须制定土地用途管制政策与相关法律制度等宏观调控内容。

四、土地批租的政策建议

张薰华在分析了我国社会主义土地批租的必要性和合理性的基础上，对我国当时的土地管理体制也提出了许多有创见的政策建议，且很多政策建议为政府所采纳。

1. 因地制宜提升土地利用效率

张薰华认为，土地是生产力的源泉之一，本身就是生产力②。但是土地由于地理位置、肥沃程度等的不同具有不同的使用价值，体现出不同的生产力。顺应土地的特性，可以提高土地生产力，违背了土地的特性，会降低土地的使用效率。张薰华在《论社会主义商品经济中地租的必然性——兼论上海土地使用问题》（1985）一文中提到，上海的土地使用应该因地制宜制定土地使用规划。上海作为全国的经济中心，寸土寸金，由于历史的原因，不同的地段有不同的用途，外滩适合外资、外贸、金融等单位，南京街适合经营高档商品，上海港的深水港是最宝贵的地段。因此他建议政府机关、无关企业迁出这些地段，充分发挥该地段优势，收取高额地租，充分发挥这些地段的地理位置特性。根据机场选址灵活的特点，他建议在当时较为偏远的浦东建设新机场，浦西军用机场迁至郊县，将地段好的城市中心土地提供给可以承受高地租的企业。这些政策建议目前在上海都已实现，为上海经济的迅猛发展奠定了良好的地理基础。

2. 拉开地租级差幅度，利用价格机制引导产业配置

因地制宜进行城市土地规划，不能只靠行政命令，还需要通过拉开不同地段的地租级差幅度，引导城市产业的配置。张薰华在上文提到的优势地段的产业安排，就是通过高地租引导政府机关和无关企业迁出相关地段完成的。对于大城市需求的蔬菜、水果等经济作物，张薰华建议通过拉开大城市中心与郊区的地租级差，将经济作物的种植引导到附近郊县；通过提高商品房地租，引导建筑商向高

---

① 张薰华. 体改的源头在金融与地产改革 [J]. 学术月刊, 1998 (07)：28 - 29.
② 张薰华. 土地与生产力 [J]. 世界经济文汇, 1986 (01)：29 - 34.

空发展，提高土地利用效率。

土地生产力高低的不同形成了级差地租，级差地租的产生除了土地本身自然力的差别，还可以依靠资本的投入改造土地提升生产力。土地作为国有资产，它的保值增值依赖于土地经营者追加投资。张薰华建议适当延长土地批租的租期，在租期内，对于土地经营者投资土地带来的超额收益不增加地租。这种做法对于土地所有者和经营者双方都是有利的，对于土地所有者来说，调动土地使用者的积极性提高了土地生产力，最终得益者还是土地所有者，对于土地经营者来说，追加投资提高土地效率可以带来超额利润。

3. 明晰土地批租收益权

土地批租使得土地所有权在经济上体现了收益，但收益权的模糊与分散却影响了土地批租的作用，张薰华提出了必须明晰土地批租的收益权，才能更好地实现国家国土规划的宏观调控与土地利用效率的提升。

张薰华认为，土地批租的收益是土地所有权在经济上的体现，我国城市的土地归国家所有，但国家是一个抽象的概念，具体行使土地所有权则落实到各级地方政府或企事业部门中，这样会使土地国有化转变为地方化或部门化，导致权力寻租和国有资产流失等问题，偏离了土地国有化的方向。因此张薰华建议，为了更好地保持国有化方向，中央政府应该垄断土地的一级市场，地租由中央财政统一收取，然后中央根据国土规划统筹安排地租，下拨地方政府用于土地的基础设施、环保设施的建设。对农地征用问题，张薰华也认为，土地国有的地方化、部门化如果不解决，大量农地在集体所有制转国有制的过程中必然会出现过度征用的问题，从而减少了农地规模，影响了粮食的生产。这是因为农地在转制过程中，因为用途的变更会带来巨大的升值空间，地方政府只按农地原有用途给予集体土地所有者补偿，而收益提升部分归地方政府所有，这必然大大激发地方政府征用土地的积极性。

4. 农村土地二级市场转让问题

改革开放后实行的家庭联产承包责任制虽然大大提高了农民生产的积极性，但是也存在着非规模化经营的问题，张薰华认为目前的联产承包制属于小农经济，不利于土地规模经营的开展，这不仅严重制约了农业生产力发展，而且还会"使官员不按客观经济规律办事，人为地破坏生产力发展[①]"。张薰华认为，农业的发展方向应该在于科学管理的规模经营，规模经营就要破除目前家庭分散经营的状态。他建议制定政策，在明确土地使用权长期归农民的基础上，允许农民将

---

① 张薰华. 从发展生产力剖解"三农"问题 [J]. 世界经济文汇, 2005 (Z1): 47-50.

土地经营权在二级市场上有偿转让，鼓励农民走新型合作化道路，实现土地从分散经营向规模经营转变。

张薰华的土地批租政策建议有很多已实现，例如，国家垄断土地一级市场，对土地用途进行管制；允许土地使用权有偿转让；上海外滩、南京街、深水港、国际机场等建议均被采纳。他的一些政策建议虽然引起了重视，但由于种种原因，目前还未被很好地执行，如土地批租与生态环境保护问题、土地批租收益被地方或部门占有问题、土地国有化问题、农村土地分散经营问题等。

第四节　本 章 简 评

张薰华在从当时中国社会经济建设的实际情况出发，围绕着理论争鸣及经济热点问题展开分析，就社会主义初级阶段的市场经济理论、土地批租理论以及地产改革与体制等方面进行深入的研究，提出了一系列前瞻性的观点和精辟的见解，对于深化我国社会主义市场经济建设具有重要的指导意义。

一、论证了《资本论》的科学性及指导地位

《资本论》是一部马克思主义政治经济学的科学巨著，马克思通过对自由资本主义时期的大量经济现象的研究，揭示了资本主义经济运行的规律。由于《资本论》的研究对象是"资本主义生产方式以及和它相适应的生产关系和交换关系[①]"，马克思在《资本论》中也没有使用过"市场经济"或者"商品经济"一词，我国的社会主义初级阶段也是马克思当时没有详细设想的社会形态。因此在我国探索社会主义市场经济的时期，《资本论》"过时论""局限论"甚嚣尘上，西方社会和国内某些学者主张鼓吹用所谓西方主流经济学取而代之。张薰华独辟蹊径，用他独特的圆圈的圆圈方法来分析马克思主义经济学基本原理，从生产力决定生产关系这一基本原理出发，以生产资料所有权和商品所有权的区分将生产关系划分为两个层次，充分论证了传统认为的《资本论》中资本主义经济特殊规律的理论，在去除其资本主义的特殊性质后，可以成为市场经济一般规律的理论，完全可以成为社会主义市场经济建设的理论基础和思想指导。

论证了社会主义与市场经济互相兼容的观点，张薰华运用《资本论》中蕴含

---

① 马克思恩格斯文集（第5卷）[M]．北京：人民出版社，2009：26.

的市场经济关系分析了社会主义市场经济的功能与机制。他提出了市场经济规律是价值规律的特殊表现形式、所有权和经营权的分离是公有制企业成长的前提、价格是价值规律的体现并调节生产要素配置等观点，并在此基础上总结了建立和完善社会主义市场体制的理论与实践，如全部生产要素进入市场并形成合理的价格体系是市场经济正常发展的关键、市场经济不能放弃国家的宏观调控等建议，这些观点充分展示了马克思主义经济学原理的解释力。

张薰华通过运用《资本论》基本原理对社会主义市场经济的理论探索，充分证明了《资本论》原理的科学性和现实指导意义，有力驳斥了《资本论》过时的歪理邪说，明确了马克思主义政治经济学在我国社会主义建设时期的指导地位，也丰富发展了中国特色社会主义政治经济学的体系。

二、阐发了马克思主义地租理论当代价值

张薰华的土地批租理论的贡献可以总结为以下几点：

第一，继承发展了马克思的地租理论。在马克思设想的社会主义社会由于生产资料的公有制，也不存在商品的生产，没有地租产生的条件。在我国社会主义计划经济时期，前期也否定了社会主义地租的可能性，后期由于两种所有制的关系产生了级差地租的探讨，继而在改革开放后开展了绝对地租和城市级差地租的探讨。张薰华运用马克思主义地租理论的原理，较早地提出了社会主义地租的必然性观点，最早提出了土地批租的理论。他的土地批租理论的实践为我国商品经济的发展奠定了物质基础，为我国土地管理体制的改革提供了科学的理论基础和可行的政策建议，丰富和发展了马克思主义经济学的地租理论，我国社会主义实践充分证明了他的地租思想的科学性和前瞻性。

第二，为我国改革开放奠定了资金的基础。张薰华的土地批租理论揭开了土地管理制度改革的序幕，在他的理论推动下，各级政府通过土地批租的政策盘活了土地资产，为地方政府基础建设准备了充足的资金来源，改变了投资环境，加快了我国城镇化进程，也为国企改革注入了新的活力。

第三，为我国土地制度改革指明了国有化方向。张薰华通过研究马克思土地国有化思想，结合他的土地特殊性理论，充分论证了土地国有化是提升土地生产力，完善土地批租实施的重要条件，为我国土地所有制的改革指明了方向。

第四，为我国土地政策的制定与法律制度的完善做出了重要贡献。在计划经济时代，无论是国有土地还是集体土地都是禁止买卖的，政府机关、企事业单位用地采用划拨的方式，这种政策已经不能适应改革开放后发展的需要。张薰华的

土地批租理论推动了我国各级政府土地批租的实践。进而在地方实践的推动下，1988 年 4 月，七届全国人大第一次会议通过了《宪法修正案》，将《宪法》第十条第四款"任何组织或者个人不得侵占、买卖、出租或者以其他形式非法转让土地"，修改为"任何组织或者个人不得侵占、买卖或者以其他形式非法转让土地。土地的使用权可以依照法律的规定转让"。在"非法转让土地"的定义中去除了"出租"的形式，增加了"土地的使用权可以依照法律的规定转让①"条文。有了宪法的保障，出让土地使用权迅速成为各地政府财政的主要来源，为我国改革开放后的国民经济高速增长提供了充足的资金，打下了良好的基础。张薰华在土地批租理论中特别强调国家参与土地调控的重要性，直到 2001 年 15 号文件《关于加强国有土地资产管理的通知》的颁发②，中央才提出运用土地政策参与宏观调控的问题。这都充分表明，土地批租理论在政府政策与法律制定中所发挥的指导作用。

---

① 中华人民共和国宪法修正案（1988 年）［EB/OL］. 中国人大网，http：//www. npc. gov. cn/wxzl/wxzl/2000 – 12/05/content_4498. htm，2000 – 12 – 05.

② 2001 年 4 月 30 日，国务院发布了《关于加强国有土地资产管理的通知》，提出了"严格控制建设用地供应总量""严格实行国有土地有偿使用制度""大力推行国有土地使用权招标、拍卖""加强土地使用权转让管理""加强地价管理"和"规范土地审批的行政行为"六项加强国家对土地宏观调控的措施。

第六章

张薰华学术研究的特点、学术贡献及启示

　　张薰华教授是我国《资本论》研究的权威专家之一，也是当代著名的马克思主义经济学家，为我国的马克思主义政治经济学贡献了丰富的学术成果。半个多世纪以来他潜心研究《资本论》，始终站在《资本论》教学的第一线，编撰了多部著作对《资本论》进行了深入的解读，为国内《资本论》的学习和研究给予了有益的指导，为马克思经济理论的传播做出了重要的贡献。改革开放以来，针对中国当代经济发展中出现的新问题，他熟练运用《资本论》的基本原理进行分析研究，在一系列新的研究领域中取得了丰富成果。以马克思主义基本原理为核心，以《资本论》揭示的现代经济运动规律为基础，运用唯物辩证圆圈法的分析方法，形成了他独特的经济规律体系思想、生态文明思想，针对我国社会经济发展中的实践问题提出了批租理论、人口发展理论、市场经济体制理论。这些理论和实践研究，不仅拓展了我国马克思主义经济理论研究的视域，并且对我国社会主义经济建设和社会发展具有重要的指导意义，也进一步凸显了《资本论》原理在当代社会主义现代化建设中所具有的生命力。

　　因此，研究张薰华的经济思想具有重要的现实意义和理论价值。首先，张薰华是一位著名的马克思主义经济学家，了解其思想体系与理论逻辑有助于我们更深刻地理解和把握马克思主义经济思想在当代的发展；其次，张薰华的经济思想坚持了马克思主义政治经济学的基本原理和方法，扎根于中国改革开放的客观实践，从历史与现实的角度看，他的观点和见解具有较强的前瞻性和实践意义，研究其经济思想对于我们深刻认识党和国家重大决策和我国发展进程的历史必然性具有重要的指导意义。深入研究、继承发扬张薰华经济思想精髓，对我们运用马克思主义经济思想加强对党的十八届三中全会以来全面深化改革决策的理论研究

具有重要的借鉴意义。同时，也对保持我国社会主义建设稳定快速发展，最终实现"两个一百年"和"中国梦"奋斗目标具有理论与实践价值。

第一节　张薰华学术研究的特点

坚定的政治信仰、追求真理的思想境界、严谨的治学态度和崇尚科学的研究精神是张薰华教授在马克思主义经济学研究领域做出卓著贡献的重要基础。坚持马克思主义立场、观点和方法，坚持研究与中国社会主义发展密切相关的理论与实践问题，使张薰华教授的学术研究具有自身鲜明的特点。

一、对马克思主义的坚定信仰

张薰华坚定的马克思主义信仰有其历史、实践和理论基础。青少年时期的刻骨铭心的历史使张薰华很早便成熟起来，较早地接受了马克思主义的引导，走上了革命的道路，为他以后坚持马克思主义打下了历史基础。新中国成立前他冒着生命危险参与了接管复旦运动，新中国成立后他承担了繁重琐碎的行政工作，这些高难度工作不仅锻炼了他的工作能力，更养成了他善于发现问题本质、协调务实的特点，为以后他研究马克思主义打下了实践的基础。1959 年在中央党校的三年学习，为他的马克思主义信仰奠定了坚实的理论基础。在党校期间，他深入研究了马克思、恩格斯、列宁等马克思经典作家的系列著作，为马克思主义的科学性所折服，形成了对马克思主义的坚定信仰，特别是马克思主义经济思想的科学逻辑成为其重要的理论信仰和学术指导。张薰华认为，马克思学说的科学性在于它揭示了决定人类历史运动和发展的基本规律，即生产力、生产关系和上层建筑之间的辩证关系。自然科学是潜在的生产力，"在马克思看来，科学是一种在历史上起推动作用的、革命的力量[①]。"因而首先要把它"看成是历史的有力杠杆[②]"；经济科学则不仅研究生产关系还要研究生产力，要使经济研究保持其科学性，必然需要马克思主义唯物辩证法的指导。张薰华认为："马克

---

① 恩格斯. 在马克思墓前的讲话［M］. 马克思恩格斯文集（第 3 卷）［M］. 北京：人民出版社，2009：602.

② 恩格斯. 马克思墓前悼词草稿［M］. 马克思恩格斯全集（第一版第 19 卷）. 北京：人民出版社，1963：372.

思主义经济学是科学，要求解放思想、实事求是、与时俱进，在坚持中发展，因发展而繁荣①。"这一思想始终贯彻在他的经济学研究中，即以马克思主义经济学原理分析中国的现实经济问题，以马克思主义经济学理论传道释疑解惑。

经过长期的马克思主义经济学理论研究，特别是对《资本论》的深入探索，张薰华教授深刻地把握了马克思主义的科学方法，厘清了经济发展的脉络。同时，更加可贵的是，他并未仅仅囿于经典学说的理论约束，面对我国改革开放以来活跃多元的现实经济问题，他也能够很好地将其与马克思主义原理结合起来，立足中国的现实基础，探索中国特色经济发展规律，为我国改革开放建言献策，这些突出反映在他的土地批租、生态文明和市场机制的研究领域中。

在社会主义地租方面，张薰华深入研究马克思主义的地租理论，认为正是由于我们没有认真地理解马克思地租理论的前提条件和内在机理，才导致了实践中出现土地无偿使用、产业布局紊乱、资源滥挖滥用、国有资产损失等的错误做法。以马克思主义地租理论为基础，他深入研究并充分阐述了社会主义经济地租存在的必然性，他认为在商品经济下，要保证土地公有权的合理利用就必须确立土地的有偿使用并使地租成为国家的财源之一，提议建立土地批租制度。这是他对中国土地批租制度的建立所做的突出贡献②。中国社会科学院马克思主义研究院原院长程恩富教授曾指出："张薰华是我国土地管理体制改革的最早倡导者和杰出贡献者③。"

在研究生态文明方面，张薰华深入研究马克思恩格斯的自然生态观，深刻理解马克思主义自然观的以人为本的本质，摆脱了西方某些"自然中心论"为保护自然而保护自然的错误观点。以人类的可持续发展为出发点，深入研究人类发展的决定力量——生产力，进而探究生产力的源泉，提出源泉中自然生态是人类发展的重要基础，从社会经济发展的角度提出必须维护生态环境的平衡，尤其注重土地、森林、水和矿产资源的保护利用。他不仅在理论上剖析了生态文明的内涵，在生态文明的建设上，也从马克思恩格斯的论述中受到了启发，例如马克思在《资本论》第一卷中关于"大工业和农业"的论述，分散的小农经济的落后以及对生态的破坏的观点使他深受启迪。经过思考，他提出了以林为首"大农业"的观点，受到相关部门的重视并在实践中逐步实施。例如他研究了《资本论》中关于"生产排泄物的利用"等再生资源的循环再利用问题，深刻理解了科学技术是资源循环利用的关键，科学技术渗入到生产力三要素不仅提高了劳动

① 张薰华. 试论马克思主义基本原理［A］. 上海市经济学会学术年刊（2006）［C］. 2007：6.
② 张薰华. 论土地国有化与地租的归属问题［J］. 特区经济，1987，05：23.
③ 程恩富. 改革开放与马克思主义经济学创新［J］. 社会科学管理与评论，2008，04：15-28.

生产力，还在内含上扩大了生产，形成了资本的张力等。张薰华按照马克思的思路，深刻理解了生态环境与社会生产力的联系，辩证地分析了生态环境，将社会生产力的源泉与生产关系、上层建筑等的关系进行辩证分析，揭示了生态规律、生态经济规律、科学技术经济规律等一系列经济学科的新的研究内容①，最终构建了他的生态文明思想的框架和体系。

总之，张薰华的坚定的马克思主义的信仰不是体现在口头上，而是体现在他的学术成果之中。从他的经济思想可以看出他一贯坚持运用马克思主义基本原理和方法分析和解决问题的特点，更可以看出一位与党同龄、有着近七十年党龄的老党员的拳拳报国之心。

二、追求真理，反对本本主义

追求真理，求真务实是张薰华学术研究的一贯特点。在钻研基础理论时，张薰华教授对事物的内在联系进行了深入探索，力求不被现实的表象所迷惑，清醒地坚持自己的学术观点。他提出："作为经济理论工作者，应该具有科学态度，不做风派人物；应该具有理论勇气，不做阿谀奉承之辈②。"张薰华认为，我们要对事物形成正确的认识需要一个过程，从起初的错误、片面认识到最后的正确、全面认识，是正常的认识过程。实际上，马克思和恩格斯思想的发展就已经对此作了佐证。他们说"1845 年我们两人在布鲁塞尔着手'共同阐明我们的见解'——主要由马克思制定的唯物主义历史观——'与德国哲学的意识形态的见解的对立'，实际上把我们从前的哲学信仰清算一下③。"

新中国成立初期，我国经济学界的思想很大程度上受到苏联影响，在当时条件下，一般人都没有勇气与苏联学者进行辩驳。1956 年，张薰华通过研究，在《论国民经济发展的平均速度指标④》一文中，他认为苏联统计学家卡拉谢夫不仅没有看到方程法比几何平均法有更大的局限，"相反却用了一些不够朴实的例证来夸大方程法的作用⑤"。在当时的政治环境中，直接指出这些权威的错误需

---

① 张薰华. 以马克思主义指引新经济学科建设 [J]. 世界经济文汇，1987，03：4-5.
② 张薰华. 经济理论争鸣中的若干问题 [J]. 学术月刊，1991，02：21+41.
③ 恩格斯. 路德维希·费尔巴哈和德国古典哲学的终结（1888 年单行本序言）[M]. 马克思恩格斯文集（第4卷）. 北京：人民出版社，2009：265.
④ 张薰华. 论国民经济发展的平均速度指标 [J]. 复旦学报（人文科学版），1956，02：149-164.
⑤ 张薰华. 论国民经济发展的平均速度指标 [J]. 复旦学报（人文科学版），1956（02）：149-164.

要很大的勇气，这与他的求真务实的特点是分不开的。在"文革"中，他也因为这个特点屡受批斗，但他仍然坚持着自己的原则，改革开放后的学术研究也深刻反映着他在学术研究的道路上求真务实的特点。

改革开放初期，虽然经济实践领域已经放开了，但在理论研究领域中墨守成规的情况还普遍存在，更谈不上对马克思主义经典著作提法的纠错纠偏了。而张薰华教授在研究《资本论》的过程中发现存在一些笔误或讹错，于是在1980年第3期《中国社会科学》上，发表了《试校〈资本论〉中的某些计算问题》。这在当时是极具学术勇气的行为，也是中国理论界第一次有人敢于指出马克思在《资本论》这部光辉著作中也有常人会犯的错误。张薰华教授就土地批租所提出的政策建议与当时政策是相抵触的，在行政权威炽张的时代，要就此问题发表学术论文，不仅需要严谨的科学的态度还需要充分、坚定的勇气。关于农业产业发展次序问题，新中国成立以来一直遵循的都是"农林牧副渔"的排列，即便是在理论研究中也早已将其作为一个预设前提而不加质疑。但张薰华教授在对环境经济研究中发现，长期以这种顺序指导我国的产业发展实践事实上是本末倒置的，他强调"林业是国民经济基础的基础"，研究论证了以"林农牧渔副"为序的重要性①，被誉为"具有革命意义的重要观点②"。目前看来，这些政策建议有的已被广泛采纳，有的逐步引起重视，显然，张薰华的创新观点是其基于科学研究的求真务实的反映。

张薰华教授的研究成果及其影响不仅揭示了马克思主义经济学在新的时代所具有的旺盛生命力，而且凸显了他作为理论工作者所应具有的求真求实的探索精神。

三、严格严谨的教学和治学态度

严格严谨是张薰华教授教学和治学态度的主要特点。严谨表现在授课过程中逻辑性强、理论脉络清晰，不存在模糊不清之说。在讲授探讨《资本论》的理论观点时，张薰华教授总是能清晰准确地指出这一观点出现在《资本论》的哪一个部分，原文是如何表述的，充分反映了他对《资本论》的熟练掌握与深入研究。严格体现在对学生学习的要求上，他希望学生抓紧一切时间学习研究，打下良好

① 张薰华. 林字当头与林农牧渔副为序 [J]. 林业经济，1992，03：1-4.
② 石山. 我国农业的一次思想革命——林农牧渔副新排列次序论引发的思考 [J]. 生态经济，1994，03：6-10.

的经济学理论基础，他通过独特的考试方式反对投机取巧的学习态度，检验学生的学习效果。例如他在《政治经济学研究》考试中采用口试考核方式，在给定100道题范围以抽签的方式进行，学生有两次抽题回答，未过关就得次年补考，补考未过的话只有毕业前的最后一次机会，仍不过关就不能按期毕业了①。这种考试方式不需要学生死记硬背，而是考核学生对于理论的理解应用能力，学生毕业后反馈印象最深，受益终身②。这种严格的教学设计恰恰反映了他自身对学术研究的严谨态度。

张薰华教授的严谨，还表现他善于求教、善于学习的治学态度，对于自己不熟悉的学科或知识，他务必在弄懂的情况下再进行突破。20世纪80年代初，他为了研究生产力源泉与生态环境之间的关系，专门订阅了《中国环境报》了解环境研究信息，多次到生物系请教，请来生态学家吴人坚副教授为经济系学生开设生态环境选修课，他也去旁听，并与吴教授一同进行合作研究③。在研究生态系统中的森林的作用时，他特地研究了日本学者的《森林学》等著作④。在研究社会主义地租期间，他在港澳经济学研究会成立大会期间，向熟悉香港经济情况的甘长求教授请教香港土地制度，在甘教授的指引下他又研究了英国的土地法制⑤，由此才正式提出了他的土地批租理论。

四、崇尚科学，尊重规律

在多年的教学和研究过程中，张薰华深深感到科学是一种方法论，他的研究始终围绕着"科学"开展。他认为科学是自然规律与社会规律的理论结晶，是人类在与环境进行物质交换过程中逐步探索发现并在历史过程中积累和升华的知识（精神劳动的产品）。本质上，科学就是对事实和规律的认识，它不崇拜任何偶像并引导人们厌弃迷信和愚昧，勇于探索、开拓和创新。他在研究中非常重视对科学的研究，不限于社会科学，更深入到自然科学从现代科学的宏观角度对科学进行了剖析。他认为人们在研究作为一个有机整体的客体环境过程中，产生了不同的研究视角，从不同研究视角对客体环境的不同组成部分的规律进行了研究，在基础上形成了近代科学的各种门类并不断分化发展。同时，他还注意到，一方面

---

①③　朱国宏. 贱尺璧而重寸阴——为张薰华教授九十华诞而作［N］. 解放日报，2010 - 08 - 07（009）.

②　肖森. 穿越世纪的质朴华章——记我的导师张薰华先生［J］. 学术评论，2014（04）：63 - 67.

④　贱尺璧而重寸阴——张薰华教授谈做人与治学［J］. 复旦学报，1991 - 12 - 6.

⑤　张薰华. 中国土地批租的学术探索（原文载于《中国经贸展望》1999年第1期）［M］. 经济规律的探索——张薰华选集（第二版）. 上海：复旦大学出版社，2010：203.

科学研究的分工日益细化，另一方面也存在趋同的特点，即通过不断的整合形成对物质世界客观规律的整体认识。作为一个人类认识物质世界各种运动规律及其表现形式的系统的知识体系，科学既有纵横分明的层次也存在着交汇融合，是一个具有网络化结构的系统。科学的态度使他更加深刻地理解马克思主义经济学不是教义而是科学，也是一种方法论。在研究中他运用科学的方法，全力探索发现经济规律，又遵循经济规律考察事物的表象、偶然性，不断总结经验，发现规律。

张薰华教授通过深入研究《资本论》，深刻认识到《资本论》所提出的主要范畴、所阐释的重要规律，并不是流于字面的刻板概念，要完整地理解、掌握和阐述它们必须要经由历史的或逻辑的过程。他认识到经济的发展依循一定的规律，而经济规律构成了一个规律体系，唯物辩证法是解析这一规律体系的重要工具。他所理解的经济规律体系具体表现为，生产力是社会发展的物质基础。而作为基础的生产力又是建构在自然环境之上的，即自然生态环境中的人口提供人力，资源提供物力。在生产力的基础上形成的生产关系反映了人力所有者与物力所有者的人的社会关系以及作为生产的结果的产品的所有者所形成的市场关系。这些人的社会关系会集中表现为人类社会的政治、法律制度，并进一步发展成为意识形态。从自然条件、生产力到生产关系再到政治法律制度和意识形态，每一个层次都具有自身的发展规律，并经由这一发展脉络联系成为一个规律体系。

在正确认识科学规律的基础上，张薰华对传统政治经济学进行了反思，他认为教科书仅仅将政治经济学的研究对象指向生产关系，以这样的理论指导实践，就会产生脱离生产力基础盲目追求生产关系的问题，例如改革开放前的"人民公社化运动"，或者只顾生产发展，而不注重生产力水平提高的粗放增长方式，都是由于对于生产力源泉的忽视导致的。他指出，按照马克思主义唯物辩证法，作为形式的生产关系不能抛弃作为内容的生产力，发展经济的出发点应该是发展社会生产力，而社会生产力是一个运动中的系统，有其内在的规律[1]。邓小平在1985年会面坦桑尼亚副总统，总结新中国成立后的经验教训的时候认为："毛泽东同志是伟大的领袖，中国革命是在他的领导下取得成功的。然而他有一个重大的缺点，就是忽视发展社会生产力[2]。"可见，探索社会经济发展规律是何等重要。

① 张薰华. 生产力与经济规律 [M]. 上海：复旦大学出版社，1989.
② 政治上发展民主，经济上实行改革 [M]. 邓小平文选（第三卷）. 北京：人民出版社，1993：116.

张薰华正是按照这个规律体系的思路研究社会生产力系统的规律，并进而拓展到整个经济规律体系。在与社会生产力有关的诸多领域，他都取得了重要的研究成果，例如环境经济、人口经济、土地经济、交通经济等。

五、严于律己，追求高尚

早年参与革命活动的宝贵经历使张薰华教授具备不同于一般学人的精神气质。科学精神与革命精神融合、治学与做人统一是其教学和科研的主要特点。他至今缅怀在新中国成立之前光荣牺牲的地下共产党员战友。他常常教导青年人，在"艰苦创业百战多"的革命战争时期，热血进步、激情满怀的青年勇于为追求真理、解放全中国而牺牲，作为幸存者、后来人面对前辈用鲜血乃至生命打下的江山，如果不能建设好就愧对英烈之魂哪①！这一席话，揭示了张薰华教授坚持严于律己、追求高尚的精神动力。学者、革命者、建设者，肩负着这样的历史责任并身体力行，他的风范不仅在复旦大学有口皆碑，也受到学界其他学者的由衷敬佩。与他交往接触便能感受到其和蔼可亲、诚实待人的风度；阅读他的论著也能体会到他坚持科学、锲而不舍、探索真理的韧劲。

第二节 张薰华经济思想的学术贡献

张薰华教授自 1959 年进入中央党校学习后开始研究《资本论》，经过长期的教学和研究，逐渐成为我国《资本论》研究领域的权威和著名的马克思主义经济学家。在我国改革开放初期迫切需要马克思主义经济理论指导的时期，他将历经10 多年艰辛形成的《资本论》教学讲义编写成《〈资本论〉提要》三卷本（1977～1982），并陆续撰写了《〈资本论〉中的再生产理论》（1981）、《〈资本论〉脉络》（1987，2012）和《〈资本论〉中的数量分析》（1993）等著作作为《资本论》教学的辅助用书，满足了当时全国学习研究《资本论》热潮中对学习及参考资料的需求，使广大学习者、研究者能够更加准确、科学地理解和掌握《资本论》的理论精髓。高校师生和理论工作者争相购买，发行达数万套，成为当时学习《资本论》必备的参考书之一。张薰华关于《资本论》的系列辅导读物是又一次对《资本论》这部伟大著作的传播，为我国改革开放初期坚持马克思

---

① 曹静. 三个 30 年的见证 [N]. 解放日报，2011 - 06 - 24 (017).

主义的指导地位、广泛传播马克思主义经济学基本原理、大量培养经济工作人才做出了突出贡献。

20世纪80年代开始，他将目标转向马克思主义经济学基本理论研究和中国现代经济问题研究，并取得了丰硕的成果，为马克思主义经济理论的发展和我国社会主义建设做出了突出的学术贡献。张薰华主要的学术贡献主要体现在系统地探讨了马克思在《资本论》中的数量分析，填补了我国政治经济学界研究《资本论》数量分析的空白；探索经济规律体系，开拓性地构建了以生产力发展规律为核心的经济规律体系思想；深入研究生产力源泉及其辩证关系，为我国生态文明思想的发展打下了坚实的理论基础；首次提出土地批租制度，在国内倡导土地管理体制改革，丰富和发展了马克思主义的地租理论。

一、促进了《资本论》在我国的普及和广泛传播

《资本论》是马克思以毕生精力撰写的一部辉煌巨著，是博大精深的马克思主义百科全书，也是举世公认的人类经济文化思想宝库。然而，《资本论》这部巨著，一~三卷共有200多万字，涉及政治、法律、历史、教育、文学、社会、人口等各门类的科学知识，要从鸿篇巨制中准确理解并把握其思想精髓难度很大。尽管《资本论》出版已有100多年，从潘文郁1932年翻译《资本论》第一卷开始到改革开放初期，《资本论》在中国传播也有40余年。但人们对它的感觉与当年该书在德国出版时的情况差不多："对《资本论》表示惊讶的人多，读它的人少，对它表示钦佩的人多，能理解它的人少[①]。"因此，恩格斯就说过："如果出一套用通俗的语言解说《资本论》内容的小册子，那倒是件很好的事情[②]。"苏联、德国和日本等国的学者都曾出版过解释《资本论》的专著，这一尝试产生了较为广泛的影响，但从其内容上看，有些仅对第一卷的文本加以阐释，有些多为复述内容，没有从商品（市场）经济的角度来进行研究。

我国在改革开放前，受苏联计划经济体制和"左倾"思想影响，否定了社会主义商品生产。尤其在"文革"期间，对所谓的"唯生产力论"开展批判，导致理论经济学各个学科逐渐萎缩，《资本论》研究者甚少。根据《近年来我国经济类著作的出版情况》统计，"以对马克思的《资本论》研究为例，从1949年

① （德）弗·梅林. 德国社会民主党史（第三卷）[M]. 青载繁译. 上海：三联书店，1966：293.
② 恩格斯致弗·凯利——威士涅威茨基夫人（1886年14日）[M]. 马克思恩格斯全集（第一版第三十六卷）. 北京：人民出版社，1974：495.

到 1977 年的 28 年中，我国学者撰写的研究《资本论》的著作只有十余种，有影响的著作更少①。"

改革开放后，1978 年中共十一届三中全会召开，确立了以经济建设为中心的指导思想，开始了以解放发展生产力中心的社会主义发展新时期。这一时期党和国家的中心任务是大力发展社会生产力，因应时势，经济理论发展也进入了一个繁荣期。以"实践是检验真理惟一标准"大讨论为引导，理论界开始对斯大林模式的社会主义建设思想进行反思，大范围开展了"什么是社会主义生产目的"的研讨。对新中国成立以来我国经济工作的总结思考表明，违背马克思《资本论》所揭示的社会经济规律和原理是造成历次经济工作失误的主要原因。在面临经济改革的关键时期，迫切需要一部能通俗、完整、科学阐释《资本论》的著作，以满足广大群众掌握马克思经济理论的迫切需求。

张薰华在"文革"以前已编写出一套"《资本论》讲义"，他的《资本论》讲义和其他类型的《资本论》解说不同，并不是逐字逐句解释《资本论》原文，而是按照《资本论》的思想逻辑，紧紧围绕事物内在联系的关节点进行提炼和阐释。"文革"结束后的四五年间（1977～1982 年），在讲义基础上进一步丰富完善之后，张薰华出版了《〈资本论〉提要》三册本。在当时的同类著作中，这套书以其遵循原著思路、提纲挈领、要点突出、言简意明、深入浅出的特点成为发行量最大、特色最鲜明的一套。其中最具特色的是每卷书都将原著中具有代表性的一些难点问题整理出来，编为"难句试解"，重点加以释疑解惑，"当时在国内外尚属首创②"。这套著作得到当时研究、学习《资本论》的学者和高校学生一致好评，成为学习研究《资本论》案前必备的参考书之一。

列宁在研究《资本论》时说过，"虽说马克思没有留下'逻辑'（大写字母的），但他留下《资本论》的逻辑，应当充分利用这种逻辑来解决当前的问题。在《资本论》中，逻辑、辩证法和唯物主义的认识论［不必要三个词：它们是同一个东西］都用于同一门科学③。"张薰华多年研究《资本论》，对此深有同感。他认为，学习《资本论》不仅要学习基本原理，更重要的是要学习列宁所说的《资本论》的"逻辑"，也就是唯物辩证法。本着以科学方法来解决当前问题的精神，张薰华把深入探索、普及唯物辩证法，并用以指导认识、发现客观规

①　书林．近年来我国经济类著作的出版情况［J］．出版工作，1984，07：15－19.

②　何干强，冒佩华．用辩证法指导经济规律探索——张薰华教授的学术风格、学术成就与经济思想［J］．高校理论战线，2002，07：26－31.

③　黑格尔辩证法（逻辑学）的纲要（批语摘选）［M］．列宁专题文集——论辩证唯物主义和历史唯物主义．北京：人民出版社，2009：145.

律，当作自己毕生的任务。除了自己弄懂弄通外，作为一名经济学家，他还致力于将科学的方法论传授给大众，使广大人民群众能够理解掌握《资本论》的方法，进而将其在实践中转化为巨大的物质力量。这个科学方法论的传递扩散的过程是一个科学思想通俗化的过程，要达到这一目标，研究者自身必须对理论原理有深刻的理解。因此，深入浅出成为张薰华教授研究《资本论》方法的一大特色。在《〈资本论〉提要》第3册的"难句试解"中，他将《资本论》中应用的唯物辩证法简要地阐释为三个圆圈，即资本的直接生产过程（内层）、资本的流通过程（中层）和资本主义生产的总过程（外层）。这一极为简单的图形结构很好地解读了《资本论》第一卷至第三卷在叙述方法上是如何从资本主义经济制度的本质逐步接近其现象的[①]。将这一基本思路丰富完善之后，张薰华教授于1987年发表了研究《资本论》方法的重要成果《〈资本论〉脉络》一书，提出了理解《资本论》方法论的两个维度：研究方法和叙述方法。首先，马克思的研究方法是唯物的，"是从实际出发，由表及里从感性认识深入到理性认识"；其次，在唯物论研究法下取得理性认识后形成的叙述方法是马克思与黑格尔的根本区别，就是说，只有具备了对客观规律的科学理性认识，才能辩证地展开叙述，"由里及表从内在规律来阐述外在的表现"。以对《资本论》研究和叙述方法的科学理解为基础，张薰华用小圈外套大圈、圈圈拓展的形象方式为大众展示了马克思应用于社会研究的唯物辩证法。这部20万字的著作为人们顺利地进入《资本论》学习研究领域指明了方向，并提供了克服障碍的思路和工具，使人们加深了对《资本论》巨著是客观地、历史地、辩证地反映资本主义社会经济运动规律的"一个艺术的整体"的理解。

二、填补了我国对《资本论》进行数量分析的空白

长期以来，学术界把马克思主义经济学和西方经济学的研究方法对立起来，认为马克思主义经济学的研究方法主要是历史方法、逻辑方法、抽象方法，在科学史研究中属于以思辨和定性为特征的"概括科学"；而后者则主要是量化方法和实证方法，是以推断和定量为特征的"精密科学"。这种判断易于产生这样一个认识：马克思主义经济学深刻但不实用，西方经济学尽管不够深刻但更为严谨实用，尤其是在市场经济条件下更是如此。

马克思对于资产阶级庸俗经济学的批判更加深了人们认为马克思主义经济学

---

① 张薰华.《资本论》提要（第3卷）[M].上海：上海人民出版社，1982：356–357.

是定性而非定量分析的误解，形成了不注重数量分析的政治经济学研究方法。从历史背景来看，1830 年以后，资产阶级经济学从古典学派转向庸俗化。马克思指出，在当时，"法国和英国的资产阶级夺得了政权。从那时起，阶级斗争在实践方面和理论方面采取了日益鲜明的和带有威胁性的形式。它敲响了科学的资产阶级经济学的丧钟。现在问题不再是这个或那个原理是否正确，而是它对资本有利还是有害，方便还是不方便，违背警章还是不违背警章①。"这一阶段，边际效用学派的兴起对现代西方经济学的发展中产生了重要影响，经济学中的数理分析得到迅速的发展。沿着这一历史过程，人们一直认为经济学中的数理分析属于资产阶级经济学理论的范围，甚至有人认为是资产阶级庸俗经济学。事实上，马克思在《资本论》所分析的是那一特定时期资产阶级经济学的庸俗化趋势，并未提出此后西方经济学内容全部都是庸俗的东西。即使对马尔萨斯这样典型的庸俗经济学家，对其理论中的科学成分，马克思也加以了实事求是的评判。实际上，数理分析在现代西方经济学中的大量普遍应用从一个角度反映了经济科学与自然科学，尤其是数学有着紧密的联系，与其他社会科学范畴相比，经济学更易于把自然科学的优秀成果和先进的方法纳入自己的体系。客观地说，这反映了社会科学与自然科学的融合发展，是一种历史进步。况且，马克思本人也认为"一种科学只有在成功地运用数学时，才算达到真正完善的地步②"，相应地，在《资本论》中他也进行了为数不少的数量分析。这清晰地表明了，数学分析作为经济理论分析的内在方法，并不是资产阶级学者的专利。

我国著名经济学家孙冶方在为《〈资本论〉浅说》（1983）一书写序言时也指出："社会科学尤其经济科学不能离开自然科学，更不能离开数学③"。因此，对《资本论》的研究必须包含对其中数量分析方法和内容的研究。但 20 世纪 80 年代国内政治经济学研究还是依循旧例，绝大多数都是在辩证唯物主义和历史唯物主义领域下运用科学抽象这一基本方法来进行定性分析。张薰华认为，马克思在《资本论》中始终对各个经济范畴既进行定性分析，又在定性分析的基础上进行定量分析，"如果不注意《资本论》的定量分析，就会片面地理解《资本论》理论，并使自己的认识不能达到完善的地步④。"因此对于《资本论》中数量分析的研究就显得非常必要，不仅可以纠正马克思主义经济学只有定性研究而缺乏

①　马克思恩格斯文集（第5卷）［M］. 北京：人民出版社，2009：35.
②　（德）波尔·拉发格，赵冬垠译. 忆马克思［M］. 学术出版社，1942.
③　孙冶方. 经济工作者必须认真学习《资本论》［J］. 经济问题，1983，03：1－3.
④　张薰华.《资本论》中的数量分析［M］. 济南：山东人民出版社，1993：1.

定量分析的偏见，而且可以避免由于这种偏见而对人类思想史上最伟大理论武器的片面认识。

张薰华教授运用他的数学、统计学特长，多年潜心于《资本论》的数量分析，他认为，三卷《资本论》"卷卷都包含着数学的方法，处处运用数学方法具体分析经济运动的内在联系[1]。"

他指出，《资本论》的目的是揭示资本主义商品经济运动规律。这里揭示的经济规律都是质和量结合在一起的。例如，《资本论》第一卷揭示的价值规律，由社会平均劳动时间决定一个使用价值的价值量是其基本规定性；而借助于剩余价值率 m/v 和资本有机构成 c/v 两个数量指标则可以揭示资本价值的增值规律。又如，《资本论》第二卷所揭示的单个资本的周转速度与资本占用量的关系，以及社会总资本按比例生产所形成的两大部类的平衡条件，都是利用数量分析方法进行叙述的。再如，《资本论》第三卷所揭示的剩余价值分配的规律以及生产价格规律则是以平均利润率为中心展开的，为此第三卷手稿一开始就有着大量的数学计算。恩格斯在整理这部分手稿时，还特别邀请塞米尔·穆尔（数学家）协助整理这一部分笔记[2]。

通过研究，他指出，在《资本论》的数量分析中，马克思特别注意平均数规律，并在《资本论》中大量应用。马克思也曾指出："总的说来，在整个资本主义生产中，一般规律作为一种占统治地位的趋势，各个生产部门的利润率与平均利润率的偏离会相互抵消。始终只是以一种极其错综复杂的和近似的方式，作为从不断波动中得出的、但永远不能确定的平均情况来发生作用"，"在这种生产方式下，规则只能作为没有规则性地盲目起作用的平均数规律来为自己开辟道路[3]"。张薰华认为，"平均数所处理的是同质异量的大量现象。平均数规律是大量现象的数量方面的规律，大量现象还有其本质方面的规律，两者相互渗透，相辅相成。在同质异量的大量现象中，每个现象虽然同质但因为偶然性的影响使它成为异量，这一个个带有偶然性的变量没有规则性地盲目起作用，他们的共同内在必然性，或者说他们的集体性规律，变现在它们的总体运动中，表现在这个运动中它们对平均数的偶然性离差会在综合中相互抵消，他们的集体性规律就通过平均数变现出来[4]"。平均数就这样扫除偶然性对各个变数的影响，为必然性

① 张薰华.《资本论》中的数量分析 [M]. 济南：山东人民出版社，1993：2-3.
② 张薰华.《资本论》中的数量分析 [M]. 济南：山东人民出版社，1993：2.
③ 马克思恩格斯文集（第7卷）[M]. 北京：人民出版社，2009：181.
④ 张薰华.《资本论》中的数量分析 [M]. 济南：山东人民出版社，1993：7.

（规律）开辟道路。同时偶然性和必然性也是相互转化的，他们都是相对于某一个特定过程来讲。这一过程中的偶然性往往是另一必然性在这一过程中的表现。例如，从第一种含义的劳动决定价值、价值又表现为价格这个过程来说，是价格的内容的必然性，价格背离价值是偶然的，但是，在供求不平衡的条件下，从第二种含义的劳动决定价格总额另一过程来看，价格偏离价值又具有必然性。因此，张薰华指出，在《资本论》数量分析中，不仅是在定性分析的基础上进行定量分析，并把两者结合在一起，而且还运用了必然性和偶然性的辩证逻辑关系。

张薰华数量分析研究成果主要体现在他的专著《〈资本论〉中的数量分析》（1993）中。在书中，他按照《资本论》三卷体系的逻辑顺序展开，以平均数规律为核心，系统地介绍了《资本论》三卷中的数量分析。张薰华在阐述马克思关于经济数量关系时，重点指出《资本论》中的数量分析都是建立在对事物本质的定性分析基础之上的，这是马克思经济学数量分析的特点和目的，这对人们全面准确地理解马克思经济理论具有重要的指导意义。

同时在书中，他也着重解析了《资本论》中数量分析的特点，并将其与当代西方经济学的数量分析方法相区别。马克思的经济学说是在科学定性的基础上进行量的分析，而与此相反，当代西方经济学大多缺乏科学的定性分析，他们很容易将现象当作本质，将资产阶级观点理论化，走入庸俗经济学的困境。当然西方经济学的长处也在于他们对经济现象广泛进行数学分析。因此张薰华认为如果我们既掌握科学的马克思主义的定性分析方法，又能运用西方经济学中的数学分析，并将两者科学地结合起来，必将有利于经济科学研究的发展。

张薰华对《资本论》中数量分析的研究不仅填补了国内研究的空白，有力地驳斥了认为《资本论》中只有定性分析没有定量分析的错误见解，而且开辟了《资本论》研究的新视角和新领域。

三、形成了独具特色的生态文明思想

在漫长的人类文明发展进程中，人类在生产生活中与自然界之间形成了紧密的联系，对人与自然界关系的认识也不断得以调整。在这一过程中，人们不断克服自身改造客观物质世界的活动所带来的负面效应，改善人与自然的关系，逐步建立起有序平衡的生态运行机制，并在与之相关的物质、精神、制度等方面取得了一系列的成果，这些成果的总和就是生态文明。生态文明的发展是人类文明发展的必然要求和结果，是现代文明的本质反映。同时，生态文明的发展水平也称为衡量一个国家现代文明发展水平的重要指标。但是，生态文明要真正从传统的工业文明中破茧而出，不仅需要在实践中更加重视处理好人与生态环境的关系，修复长期以来工业发展对环境的损害，更重要的是要在思想上取得革命性的突破，即不断丰富和发展生态文明建设的内容。

自 20 世纪 80 年代以来，张薰华由研究生产力源泉入手，逐渐扩展到人口、资源和环境及可持续发展等生态文明问题的研究，是我国当代较早并持续研究生态文明问题的学者之一。除了个人进行相关研究，他还大力推动环境保护、可持续发展等生态文明思想的普及和研究。在 80 年代初他就在经济系开设了环境经济学课程，在 1993 年创办"复旦大学经济学院环境经济研究所"，他的环境保护和可持续发展思想，得到了国家环保局认可，1995 年他被授予"全国环境教育先进个人"称号[1]。

张薰华的生态文明思想主要体现在《论社会生产力发展规律》（1985）、《土地与生产力》（1986）、《试论环境经济规律》（1987）、《林字当头与林农牧渔副为序》（1992）、《长江开发与保护长江》（1993）、《可持续发展论纲》（1996）、《土地与环境》（1995）《生态文明建设要义论》（2014）等多篇论文，以及《土地经济学》（1987）《生产力与经济规律》（1989）两部著作中。

张薰华生态文明思想研究角度和大部分学者不尽相同，主流学者的研究大都从环境污染、生态破坏影响了人类生产生活乃至未来发展入手，剖析其危害，寻求其原因，探索治理方式。而张薰华多年对《资本论》的研究使他能直接抓住问题本质，从社会发展根本推动力——生产力出发，进而探索生产力的源泉，张薰华以他独特的视角，从研究生产力的源泉入手，以唯物辩证法的圆圈法为分析方法，以生态学理论为基础，用马克思主义基本原理在理论上阐述了人类与自然的辩证关系，在人口、资源、环境和生态各个方面形成了独具特色的生态文明思想。

他将生态环境分为三个层次，分析了各个层次之间的辩证关系，结合马克思主义的经济学原理，提出了作为生产力源泉的人口、资源环境对社会发展具有制约性的影响的观点并进行了论证，他认为"保护水土、保护森林、控制人口是三层次保持正常循环的重中之重[2]"，三者保护好了才能保持生态环境的正常循环，

---

① 傅萱. 一生结缘复旦——记经济学院张薰华教授［EB/OL］. 复旦新闻文化网，http：//news. fudan. edu. cn/2005/0908/7485. html，2005 - 09 - 08.

② 张薰华. 土地与环境［J］. 中国土地科学，1995，04：1 - 5.

才有可持续发展，才能使得生产力的动力连绵不绝，不断推动着人类社会发展进步、走向越来越高层次的文明。

他认为人类活动是创造人类文明的主要力量，文明发展的本质是人的文明的发展，归根到底，在特定的文明发展阶段，是由具有特定的文明观的人决定了与之相适应的社会经济发展方式的。而人的文明观的影响因素不仅包括社会生产和生活方式，还包括了民众认知和社会氛围。张薰华指出，人既是推动社会生产力可持续发展的主观能动因素，也是生态文明建设的主导者，所以，为了实现生态文明的建设目标，人的文明发展需要培育人民的生态文明观，尊重自然、保护自然和顺应自然，选择节约外界自然条件的生产方式和生活方式，这种生态文明观或价值取向的培养至关重要。因此对民众的生态文明宣传教育要常抓不懈，尤其对儿童的生态文明观教育。

最后他总结提出了生态规律和生态经济规律，认为生态文明的建设必须遵循这两个规律。张薰华认为生态规律就是生态系统中物质循环的动态平衡规律①。具体来说，在生态系统中，生物与非生物环境之间持续发生着物质交换和能量传递，这些交换和传递活动的总和就构成了生态关系，而各种生态关系间的内在联系就形成了生态规律，其核心就是生态系统中物质循环的动态平衡规律。张薰华认为，生产力发展规律是一切经济规律的核心规律，而制约着社会生产力发展乃至一切经济活动的就是自然环境，即生态环境，故而生态环境可以说是生产力的源泉。根据这一思想，在经济发展进程中通过保持人工生态系统的平衡来实现社会生产力的可持续发展应该是生态文明建设的重要目标。与工业文明相适应的机器大生产具有强大的改造物质世界的能力，与之相较，自然界中生物有机体自身的转化活动及其所产生的物质变化就要弱得多了。不仅大量开发资源容易引起环境破坏问题，而且人类生产和消费所产生的大量废弃物和排泄物中的大部分都直接进入了自然界，也会产生环境问题，因此，必须对资源进行综合集约使用，同时探索开发利用再生资源的方法。

同时他把该规律与中国现实问题相联系，寻求方法解决改革开放后中国面临的诸如人口、资源、环境、农业发展等根本性问题，提出了人口问题是可持续发展的核心问题，森林是生态系统的支柱、是国民经济基础的基础等创新观点，并对土地资源、水资源、生物资源、矿产资源和代谢物等资源的保护和可持续利用提出了有见地的新思想、新观点。

---

① 张薰华. 生产力与经济规律 [M]. 上海：复旦大学出版社，1989：54.

四、开拓了经济规律体系研究的新范式

研究经济规律体系首先必须明确其研究范畴，即在政治经济学的研究领域中，究竟有哪些研究对象需要被涵盖在经济规律体系之中。传统上，一种普遍性的看法是，只有生产关系才是政治经济学的研究对象，生产力并不属于这一研究范畴。在这种思想指导下所进行的经济规律体系研究显然就只能局限于对生产关系若干规律的研究，从而弱化了经济规律体系研究的科学性。张薰华认为，"应该从实际出发，突破传统观点，明确政治经济学的对象不仅限于生产关系，而且包括生产力。只有达到把社会关系归结于生产关系，把生产关系归结于生产力的高度，才能有可靠的根据把社会形态的发展看作自然历史过程[①]"。为了建立起更加科学的经济规律体系，就应该以生产力发展规律这一更高更广的范畴来作为本源和立足点。他正是循着这一新思路建立起了新的经济规律体系的总体框架，其核心是生产力发展规律，围绕其延伸出了社会生产力系统派生的规律、生产力和生产关系相互作用的规律、价值规律体系和价格规律，对这些规律的研究构成了经济规律体系的新理论。

在经济规律体系的研究领域内，张薰华通过自己的开拓性研究做出了多方面的理论贡献，仅就经济规律体系自身内容来说就包含了下述四个方面：

（一）生产力源泉研究对于经济规律体系不可或缺

张薰华认为，生产力是一个由源泉（生态环境、人口和科技）、结构和结果等多层次组成的、各层次之间具有相互转化的联系和规律的系统[②]。从其运行的逻辑过程来看，由其源泉开始到其构成要素再到要素间的相互作用并产生结果，生产力系统的运行就完成了一个循环。其后，这一个循环产生的结果又会转换为下一个循环的源泉，再继续转化为新的生产力，取得更多的结果。社会生产力就这样在自身这一系统的不断循环中螺旋上升地发展。他还认为，作为整体的社会生产力系统具有其运行的一般规律，与此同时，构成生产力系统的各个子系统以及它们的诸多构成因素也有自身的运行规律，包括社会生产力发展规律，以及环境经济规律、人口规律和科学技术经济规律。与那些忽视了生态、科技等要素及其运行规律的传统研究相比，张薰华将生产力系统纳入了研究领域，并且对社会生产力规律体系做出了全面、生动的解说，这显然是经济规律体系研究的一个重

---

①② 张薰华.生产力与经济规律［M］.上海：复旦大学出版社，1989：3-4.

大突破。

（二）合理处理按比例规律和速度规律

在将社会生产力系统纳入经济规律体系研究中之后，张薰华进一步揭示了这一系统运动派生的两个重要规律：国民经济按比例发展的规律和国民经济发展速度规律。他认为，"按比例规律和速度规律与生产力发展规律一样，均属人类社会的共有规律①"。在社会生产力系统中，这三个规律是按照一定的逻辑次序分层次展开运行的，首先，在系统运行中起到基础作用的是生产力发展规律，然后由其派生出按比例发展的规律，在这两者的共同影响下，速度规律再发生作用。联系实际来看，按照"生产力—按比例—速度"的次序就要求在经济建设工作中，尤其是起指导性作用的计划工作一定要以发展生产力为根本目标，在此基础上再根据按比例发展规律的要求布局，其后才能获得经济发展的高速度。如果这个次序发生了倒置，比如，先把速度放在前面，其结果必然就会破坏符合规律要求的比例问题，最后当然就会产生损害生产力的不良后果，即"欲速则不达"，使速度目标也难以实现。这一理论逻辑已经在我国的经济建设实践中被验证了。

（三）划分了社会根本经济规律、基本经济规律和主要经济规律三个范畴

生产力和生产关系相互作用的规律是以生产力内容和生产关系形式的矛盾运动为基础而发生的，这一规律又进一步地分解为两个方向相对作用和反作用力，即我们所熟知的生产力决定生产关系的规律和生产关系反作用于生产力的规律。张薰华指出，这两个规律均由社会生产力发展规律展开并具有基本的逻辑次序，即首先展开为生产力决定生产关系的规律，再进一步展开为生产关系反作用于生产力的规律，因此，在理论层面上这三个规律的范畴是不同的，不能把生产关系反作用于生产力作为社会基本经济规律。他主张根据社会经济规律体系展开运动的层次性，分别把这三个规律叫做"社会根本经济规律、社会基本经济规律和社会主要经济规律②"，并且认为，社会基本经济规律是内容决定形式的规律，其中，生产力占主导方面，而社会主要经济规律，是形式反作用于内容的规律，其中，生产关系占主导方面。

---

① 张薰华．生产力与经济规律［M］．上海：复旦大学出版社，1989：95.
② 张薰华．生产力与经济规律［M］．上海：复旦大学出版社，1989：140.

在生产关系反作用于生产力这个规律层次上，一定的生产关系先是作用于社会生产的一切主要方面和主要过程，最终作用于生产力。从这个意义上看，在历史进程中，代表某一特定生产关系的集团，往往会把发展生产力当作实现其自身特殊利益目标的手段和工作。也就是说，社会生产方式中形式和内容的关系在现实中又进一步转化为了目的和手段的关系，其中，生产的形式表现为生产的目的，生产的内容表现为生产的手段。张薰华认为，弄清楚这个关系是理解社会主要经济规律的关键。就社会经济规律体系中根本规律、基本规律、主要规律范畴的界定及其本质关系的揭示，是具有强烈的理性光辉和逻辑力量的，充分表现了张薰华深厚的理论素养。

（四）分析了内在经济规律通过价值规律表现的形式

张薰华认为，价值规律实质上是社会生产力发展规律的价值形式。在商品经济条件下，在社会生产力发展规律内部包含的一切内在规律，如时间节约规律、按比例发展规律、按劳分配规律等，都会表现为价值规律。因此，在社会生产活动的各个环节中，价值规律都表现出了十分丰富的内容：在生产领域，社会生产力发展规律通过商品价值反比例地表现出来；在流通过程，价格与价值的背离就是按比例发展规律的表现形式；在分配过程，生产价格不仅是分配关系得以实现的形式，更进一步地，也是生产要素所有权和使用权的实现形式，两者都是分配规律的重要表现。至于价值增殖规律，它仍是在价值规律基础从剩余价值方面对外延伸的部分，而货币流通规律也是由价值规律所衍生并受制于价值规律的。价值规律必定表现为价格运动，而价格又要由竞争来调节。这样，"市场价格结合着市场竞争，就为以生产力发展规律为核心的一切内在经济规律开辟前进道路[①]"。

五、丰富和发展了马克思主义的地租理论

张薰华教授关于"土地批租"的系列论文，丰富和发展了马克思主义经济学的地租理论，催生了中国改革开放后的"土地批租"政策，为中国土地管理制度的改革提供了理论依据。张薰华被称为中国土地批租制度的理论奠基人[②]（社会科学报2013年8月8日）、我国土地管理体制改革的最早倡导者和杰出贡献者[③]。

---

① 张薰华. 生产力与经济规律 [M]. 上海：复旦大学出版社，1989：251.
②③ 汪仲启. 张薰华：中国土地批租制度的理论奠基人 [N]. 社会科学报，2013 - 08 - 08005.

　　张薰华关于地租、批租和土地管理体制改革的观点主要集中在《论社会主义经济中地租的必然性》（1984）、《再论社会主义商品经济中地租的必然性——兼论上海土地使用问题》（1985）和《论社会主义商品经济中地租的必然性》（1985）等系列论文中。张薰华在系列论文中阐释"地租"在改革开放中城市建设领域的理论基础和现实可行性，指出"土地的有偿使用关系到土地的合理使用和土地的公有权问题。级差地租应该为国家的财源之一，港澳的租地办法可以采用①。"这就为中国土地批租制度的建立和土地管理体制的改革提供了理论依据。他在地租理论和实践的主要贡献如下。

（一）有偿使用土地应该成为我国的一项根本国策

　　张薰华是第一个在国内学术界提出"土地批租"问题的学者②（1985）。他提出，土地是自然环境的要素，也是重要资源。主张在商品经济条件下，土地作为一种生产资料在生产中加以使用并具有价值，因此，人们对土地的利用是受价值规律调节的，并表现为价格。在社会主义国家，土地属于国有，只能出卖使用权，不能出卖所有权。因此，为了在确保土地公有权的条件下实现合理利用有限的土地资源的目标，土地必须有偿使用。在经济学范畴内，这就是地租问题：撇开绝对地租不说，就是在较优等土地上经营商品生产和流通必然会带来超额利润以及它的归属问题。地租不应该归个人所占有，也不应该归一部分人集体所有，这个超额利润（级差地租）只应该由代表全民的国家来收取，才能消除一部分人对社会劳动的侵占③。根据以上原理，以土地国有化制度为前提，土地私有制乃至土地集体所有制都是不合理的，因为在土地集体所有制下，集体单位获取了来自这部分土地的级差超额利润，然而，这并不是由集体劳动创造的，而是某种社会转移价值。同样地，如果国有企业能够无偿使用国有土地，实际上就意味着土地国有权蜕变为了国有企业所有权，两者是有本质区别的。

（二）借鉴采用香港土地批租制度，改革我国土地管理体制

　　在1985年的《论社会主义商品经济中地租的必然性——兼论上海土地使用问题》一文中，张薰华提出可以借鉴香港的土地批租制度，认为撇去其资本主义

① 张薰华. 经济规律的探索——张薰华选集（第二版）［M］. 上海：复旦大学出版社，2010：8.
② 程恩富. 改革开放与马克思主义经济学创新［J］. 社会科学管理与评论，2008，04：15－28.
③ 张薰华. 中国土地批租的学术探索（原文载于《中国经贸展望》1999年第1期）［M］. 经济规律的探索——张薰华选集（第二版）. 上海：复旦大学出版社，2010：203.

性质，其制度可以为我国所用，既保存土地公有制，又在事实上出让经营权。张薰华认为，地租的实体是超额利润，因此，地租是一种特殊分配关系的表现，在社会主义土地公有制下，地租只能归于国家，因此，对经营（使用）土地的任何单位和个人都必须收取地租。他建议，我国也可参考港英政府的管理办法，将土地租期订为例如 20 年、30 年、40 年、50 年等，并按地段好坏定出地租级差标准，再按租期长短的利息率计出地价；并且，在租约中明文规定，必须按城市规划兴建某种建筑物（在市中心处运用高地价杠杆使建筑物向高层发展），在租约满期后，也必须将地面建筑物完好地连同土地一起交给市房地产局。他认为，我国在引进外资兴建工厂、宾馆、高速公路、码头等等工作中都可用这种办法。

这些观点引起了中央书记处研究室和上海市委研究室的重视，经修改后由中央下发到各省市委领导机关，引起了广泛关注，并产生了深远影响。张薰华的研究为在新时期完善我国城市土地的使用和管理制度建设提供了重要的理论基础，为充分盘活土地这个社会生产力中最重要的"要素"提供了思想源泉。

1986 年 10 月，上海市颁布了《中外合资经营企业土地使用管理办法》，对外商投资企业收取土地使用费，第一次在政策层面确定了土地的有偿使用。1987 年，深圳市政府将该市农村土地全部收归国有；同年 9 月，深圳以协商议标形式出让了第一块国有土地使用权，12 月又以拍卖形式出让第三块国有土地使用权，这是我国国有土地拍卖的首次尝试①。1988 年 4 月，七届全国人大第一次会议通过了《宪法修正案》，将《宪法》第十条第四款"任何组织或者个人不得侵占、买卖、出租或者以其他形式非法转让土地"，修改为"任何组织或者个人不得侵占、买卖或者以其他形式非法转让土地。土地的使用权可以依照法律的规定转让"。在"非法转让土地"的定义中去除了"出租"的形式，增加了"土地的使用权可以依照法律的规定转让②"条文。此后，"土地批租"成为全国各地土地开发利用所采用的普遍方式，为大规模的城市改造建设和经济发展创造了条件，为我国经济持续多年高速增长奠定了基础。

第三节　张薰华经济思想的启示

新中国经济建设至今已走过了六十多个春秋，在此期间，我国以马克思主义

---

①　苏梅．"第一槌"响起的地方——深圳市土地市场化走笔 [J]．国土资源，2003（05）：56 – 59.

②　中华人民共和国宪法修正案（1988 年）[EB/OL]．中国人大网，http：//www. npc. gov. cn/wxzl/wxzl/2000 – 12/05/content_4498. htm，2000 – 12 – 05.

经济学为基础理论指导经济建设，结合我国国情和发展实践，不断总结新规律、凝炼新思想，不仅在实践中取得了前所未有的经济奇迹，也丰富发展了社会主义经济思想，特别是改革开放四十年来的进步为世界树立了经济转型发展的好榜样。2016 年 7 月 8 日，习近平在经济形势专家座谈会上指出，中国特色社会主义政治经济学只能在实践中丰富和发展，又要经受实践的检验，进而指导实践。要加强研究和探索，加强对规律性认识的总结，不断完善中国特色社会主义政治经济学理论体系，推进充分体现中国特色、中国风格、中国气派的经济学科建设①。

　　张薰华运用马克思主义基本原理对我国社会主义建设的理论和实践进行了卓有成效的探索和创新，提出了一系列有创见的理论和实践观点，其中许多观点经受了岁月考验和实践检验，仍焕发着勃勃生机，对于当代中国经济的改革和发展仍具有重要的指导意义。我们研究张薰华的经济思想，不仅有利于增强我们对马克思主义基本原理的运用，更重要的是对他的经济思想概括、总结和提升，凸显其现实意义，丰富和发展马克思主义经济学理论，更好地服务当代中国经济实践。张薰华的研究方法、以发展生产力为核心的经济规律体系和生态文明思想至今都具有重要的启发意义，有必要在实践中不断地传承并发扬光大。

一、对发展中国特色社会主义政治经济学的意义

　　改革开放后，中国摆脱了僵化的计划经济体制，尤其在广泛参与国际分工后，中国经济体制逐步转向社会主义市场经济体制。在经济体制转型的过程中，为适应经济全球化的趋势，大量引进了西方经济理论。西方经济理论偏重于对经济现象的表层描述和分析，计量和实证分析，大量运用数学模型，对复杂的经济规律、各种微观经济现象和宏观经济现象进行量化分析与描述，针对市场经济运行与市场调控中的具体问题进行对策性研究。西方经济理论中的合理部分是值得我们借鉴的，对我国的经济改革与社会发展有一定积极作用。但同时，也致使了一部分人、甚至是一些从事马克思主义经济学教学和研究工作的人对马克思主义经济理论的科学性和现实应用的指导性产生了严重怀疑，认为马克思主义经济理论对现实经济问题缺乏解释力，不适合指导社会主义经济建设。因此，马克思主义"过时论""终结论"等各种言论层出不穷，可以说，这些言论对改革开放后的迅速发展视而不见，对马克思主义的指导意义认识不足，从而丧失了对马克思主义的理论自信。

---

① 坚定信心增强定力坚定不移推进供给侧结构性改革 ［N］. 人民日报，2016 – 07 – 09（001）.

针对马克思主义经济学不断被淡化和边缘化、西方经济学主流化的声音甚嚣尘上的形势，中共中央在十八大适时提出了坚持马克思主义理论为指导，坚定中国特色社会主义现代道路自信、理论自信、制度自信等思想。2014 年 7 月，习近平总书记在听取专家学者对当前经济形势和做好经济工作的意见和建议时提出各级党委和政府要学好用好政治经济学，自觉认识和更好地遵循经济发展规律[①]。2015 年 11 月，习近平总书记在主持中央政治局学习时强调，要立足我国国情和我国发展实践，揭示新特点新规律，提炼和总结我国经济发展实践的规律性成果，把实践经验上升为系统化的经济学说，不断开拓当代中国马克思主义政治经济学新境界[②]。

张薰华教授在其长期的革命工作和理论研究中，始终坚持了一个老共产党员对马克思主义的坚定信仰和理论自信，同时又能实事求是地扎根现实问题对马克思主义经济理论加以创新发展，弘扬他的精神，对于如何深化对马克思经济学基本原理的认识，纠正对马克思主义经济学理解的偏差，以科学发展和与时俱进的态度来完善马克思主义经济学的基本理论，使之与社会主义市场经济发展的要求更加紧密地结合起来，对于巩固马克思主义经济学在社会主义经济建设中的指导地位，发展中国特色社会主义政治经济学具有重要的意义。

（一）坚定马克思主义理论自信

张薰华是当代著名的马克思主义经济学家，也是坚定的马克思主义者，正是由于他对马克思经济理论的高度自信，使他始终致力于《资本论》的传播、研究、运用和发展，数十年如一日，在逆境和挫折中毫不动摇，并随着时代的发展，不断与时俱进，常研常新，为马克思主义经济理论的传播和发展做出了卓越的贡献，充分体现了老一辈革命家追求真理、笃信马列，甘于奉献和服务人民的高尚情操。我们要始终秉承这一优良品格，学习他那坚定的理想信念。尤其在中国特色社会主义事业正处在艰苦探索和努力创新的历史进程中，各种思想文化相互激荡和相互渗透，传统的价值观、利益观、道德观受到严峻挑战，信仰缺失的问题日益凸显，是非混淆、善恶颠倒、荣辱不分的现象时有发生，特别需要政治经济学的指导。在此形势下，我们要大力弘扬张薰华这种孜孜不倦地追求真理、传播真理、发展真理的决心和勇气，对"马克思主义怀疑论""马克思主义局限

① 更好认识和遵循经济发展规律推动我国经济持续健康发展 [N]. 人民日报，2014 - 07 - 09 (001).
② 立足我国国情和我国发展实践发展当代中国马克思主义政治经济学 [N]. 人民日报，2015 - 11 - 25 (001).

论""马克思主义过时论""马克思主义终结论"等认识上的错误和严重偏差进行反驳和斗争，坚持运用马克思主义政治经济学原理指导中国社会主义经济发展，坚持在中国特色社会主义经济实践中发展当代马克思主义政治经济学。

（二）坚持运用马克思主义的立场、观点、方法来研究中国经济问题

毛泽东于 1930 年 5 月写了《反对本本主义》一文，指出："我们说马克思主义是对的，绝不是因为马克思这个人是什么'先哲'，而是因为他的理论，在我们的实践中，在我们的斗争中，证明了是对的①。"马克思恩格斯虽然没有明确使用过"马克思主义立场、观点和方法"的术语，但反复阐明了对待他们所创立的思想体系的科学态度。马克思恩格斯在《共产党宣言》序言中强调："不管最近 25 年来的情况发生了多大的变化，这个《宣言》中所阐述的一般原理整个说来直到现在还是完全正确的②。"

推进中国特色社会主义事业的健康发展，一个十分关键的因素就是学习马克思主义的立场观点方法，用马克思主义立场观点方法来研究问题。无论是生产力研究、经济规律体系、生态文明这些基础理论研究，还是在土地管理制度改革等实践理论，张薰华的经济思想是一个学者坚持运用马克思主义的立场、观点和方法分析研究问题的结晶，为我们进一步深入研究中国经济问题提供了优秀的样本。正如张薰华在《马克思主义真理颠扑不破》（1994）中所论证的马克思主义立场观点方法没有过时，改革开放以来社会主义经济建设的迅速发展的理论基础就是基于《资本论》所揭示的现代社会的经济运动规律。

因此，在理论研究中，除了要学习张薰华坚定的马克思主义理论自信，还要学习他牢固地掌握和运用马克思主义的基本观点和方法。我们要重视学习马克思主义的基本原理和研究方法，坚持一切从实践出发，客观辩证地看待问题，又要掌握事物之间的联系性，要勤于学习，敏于思考，善于观察，把马克思主义的基本观点和方法作为分析问题和解决问题的工具，坚持和完善创新与辩证的思维方法，紧紧抓住我国改革开放过程中出现的重大问题进行剖析和研究，为社会主义建设、实现中华民族的伟大复兴做出应有的贡献。

（三）与时俱进地发展马克思主义经济理论

同时，我们还要认识到，马克思主义经济学作为一种科学的经济思想体系，

---

① 反对本本主义 [M]. 毛泽东选集（第 1 卷）北京：人民出版社，1991：111.
② 共产党宣言（1872 年德文版序言）[M]. 马克思恩格斯文集（第 2 卷）. 北京：人民出版社，2009：5.

是开放和与时俱进的。马克思恩格斯强调他们的理论"随时随地都要以当时的历史条件为转移①。"他们还告诫道："我们的理论是发展着的理论，而不是必须背得烂熟并机械地加以重复的教条②。"

自 1848 年马克思恩格斯共同发表了《共产党宣言》，马克思主义的提出已有170 多年了。在当前全球化和社会主义初级阶段背景下，出现了许多新情况、新问题、新现象，这是 170 多年前的马克思恩格斯所无法考虑到的。因此，如何科学看待马克思主义经济理论，需要我们不断研究和深刻反思。对于全盘否定和严重曲解马克思经济理论的，则是要否定和严厉批判的；但如果一味地认为马克思经济理论都是绝对的真理，没有任何的瑕疵，在任何形势下都可以完全套用，则是陷入了教条主义，也不是真正的马克思主义者。张薰华是马克思主义经济理论的继承者和创新者，他在深入研究马克思地租理论的基础上，首次论证提出了土地批租的理论和相关实践设想，引起了中央决策层的关注，促进了我国土地管理制度的改革，实现了马克思地租理论的创新。随着时代的发展把马克思经济理论推向前进，证明了马克思主义经济理论在当代仍具有旺盛的生命力。因此，一位真正的马克思主义经济学家，就要坚持运用马克思的立场、观点和方法分析问题、解决问题，又要善于根据新的实践情况，对马克思经济理论进行不断充实、创新和完善。要始终坚持与时俱进的科学态度来发展马克思主义经济学，根据时代的特点和实践的发展情况，主动放弃不符合客观规律要求的观点和论断，积极探索、创新开拓，提出更加符合新的历史阶段特点和要求的科学理论和观点，通过揭示新特点新规律，把我们建设中国特色社会主义的实践经验经由科学的理论阐释上升为系统化的经济思想，创造出能够充分反映中国经验的当代马克思主义政治经济学新气象，使马克思主义经济理论永葆生机和活力。

二、解放与发展生产力是社会主义的本质要求

我国在改革开放前的传统经济理论并不认为发展生产力是社会主义的内涵和本质，当时的政治经济学认为社会主义就是"公有制＋计划经济＋按劳分配"，不把生产力的发展作为社会主义的内在本质，在"文革"时期甚至论及发展生产

---

① 共产党宣言（1872 年德文版序言）［M］. 马克思恩格斯文集（第 2 卷）. 北京：人民出版社，2009：5.

② 恩格斯致弗·凯利——威士涅威茨基夫人（1887 年 1 月 27 日）马克思恩格斯选集（第二版第 4 卷）［M］. 北京：人民出版社，1995：681.

力会被批判为"唯生产力论"。这种强调生产关系、忽视生产力的经济学观点大大限制了生产力发展，影响了社会主义优越性的发挥。

张薰华一贯反对这种观点，他通过对《资本论》的系统研究认为，政治经济学的研究对象不应仅限于生产关系，而应该包括生产力，一切经济规律都源于作为物质内容的社会生产力发展规律，都是生产力规律从内容到形式的展开，都服从于一个有机的经济规律体系。在理论探索创新中，他始终强调"生产力决定生产关系"这一马克思主义经济学的基本原理，强调社会主义的优越性应该体现在比其他制度有更高的生产效率上。为了体现发展生产力的重要性，他在著作《生产力与经济规律》一书中把生产力规律作为所有经济规律的出发点，把生产力规律提升为经济发展的根本规律。他认为："所有经济规律的有机体系的出发点是生产力发展规律，由此出发，从抽象到具体，展开为各个经济规律。在这个经济规律体系中，每一经济规律都潜在着生产力规律的作用，都是生产力规律的展开形式。而生产力规律也因展开的各个经济规律丰富了自己，使自己更密实起来①。"（《生产力与经济规律》序言）。在《社会主义商品经济与发展生产力》（1992 年）中，他提出生产力与生产关系的矛盾是社会的基本矛盾，生产力决定生产关系规律是社会基本经济规律，生产关系反作用于生产力规律是社会主义社会主要经济规律了，发展生产力必须遵循价值规律，提高劳动生产率，必须保护生产力源泉，维护源泉的内部平衡，必须发展商品经济，用竞争规律促使生产效率提升，必须改革生产关系中不适应生产力发展的部分体制，通过市场调整生产要素的配置来影响生产力的发展。

张薰华提出的解放和发展生产力的观点，从方法论上看，是符合马克思历史唯物主义和辩证唯物主义的基本方法和历史观要求的；从实践上看是与党的社会主义初级阶段基本路线的根本要求相一致的；从理论研究上看，是对中国特色社会主义政治经济学的基本方法和原则的发展和应用。因此，他的以生产力发展为核心的思想对我国在复杂的形势下建设社会主义具有重要的意义。

首先，要进一步完善我国社会主义市场经济建设，必须以科学分析中国生产力与生产关系的矛盾运动为基础，从中准确认识和把握社会主义生产关系演变运动的特征，并结合生产力发展的历史要求调整和完善生产关系，这是进一步解放和发展生产力的必由之路。

其次，我们只有不断地解放和发展社会生产力，并使之最终超越当代资本主义的发展水平，才能从根本上证明中国特色社会主义的历史必然性和优越性。正

---

① 张薰华. 生产力与经济规律 ［M］. 上海：复旦大学出版社，1989：3.

如列宁所说："无产阶级取得国家政权以后，它的最主要最根本的需要就是增加产品数量，大大提高社会生产力①。"

最后，生产关系与生产力矛盾运动的规律是我们正确认识社会主义初级阶段发展规律的基础，也是我们将社会主义本质要求和中国客观实际相结合的重要前提。只有深刻认识这一规律的重要作用，我们才能正确认识在社会主义初级阶段必须以经济建设为中心的重要意义，才能始终坚持总体布局，坚持科学发展。

目前，我国仍处于并将长期处于社会主义初级阶段，经济社会发展的主要矛盾是人民日益增长的物质文化需求同落后的社会生产之间的矛盾，解决这一矛盾的根本出路在于解放和发展生产力。这也是我们在中国特色社会主义政治经济学研究中推动理论和实践创新所必须遵循的基本要求。党的十八大以来，我国经济社会发展进入新常态，发展的要素、方式、环境、动力等方面都发生了深刻变化，面对新形势新情况，习近平总书记提出要坚持解放和发展生产力重大原则，"全面建成小康社会，实现社会主义现代化，实现中华民族伟大复兴，最根本最紧迫的任务还是进一步解放和发展社会生产力②。"党的十九大报告中，习近平提出了一个重大的判断："经过长期努力，中国特色社会主义进入了新时代，这是我国发展新的历史方位③，我国社会主要矛盾已经转化为人民日益增长的美好生活需要和不平衡不充分的发展之间的矛盾。"新矛盾的解决仍需"解放和发展社会生产力"，这"是社会主义的本质要求④"。可见，在中国特色社会主义进入新时代的阶段，张薰华的解放发展生产力思想仍具有重要的启示意义。

三、推进生态文明建设是我国发展的未来方向

放眼全球，经济发展和环境破坏一直是相伴相生的一对主要矛盾。因此，保护生态环境、建设生态文明是全球范围内的热点和焦点问题。中国作为最大的发展中国家，自改革开放以来迎头赶上，在经济建设领域持续高速发展，但与之相应的环境污染、过度开发和资源枯竭等问题也引发更多人关注，环境问题带来的压力和挑战与日俱增。2007 年中国共产党第十七次全国人民代表大会的报告，

---

① 关于工会在新经济政策条件下的作用和任务的提纲草案［M］. 列宁专题文集——论社会主义. 北京：人民出版社，2009：301.

② 习近平. 切实把思想统一到党的十八届三中全会精神上来［J］. 求是，2014，01：3 - 6.

③④ 习近平. 决胜全面建成小康社会夺取新时代中国特色社会主义伟大胜利［N］. 人民日报，2017 - 10 - 28（001）.

在对过去工作的回顾中特别谈到了这一问题："在看到成绩的同时，也要清醒认识到，我们的工作与人民的期待还有不小差距，前进中还面临不少困难和问题，突出的是：经济增长的资源环境代价过大；我们要高度重视这些问题，继续认真加以解决①。"

由于经济发展的阶段不同，环境问题暴露的时间有早有晚，对环境问题进行反思的时间也不同。20世纪70年代，国外学者就开始对经济发展带来的生态问题进行研究，关注的主要问题包括环境保护、污染治理以及对环境问题产生根源的反思等，他们的理论视角也各有不同，除了经济学外，还包含了社会学、哲学等范畴。随着各领域研究的不断深入，人们逐渐发现资本主义制度是产生环境危机的根源。到了20世纪90年代以后，我国经济高速增长带来的生态问题逐渐形成了一定的规模，这才引起了国内学者的重视。而早在改革开放初期的80年代，张薰华就开始了对环境和生态进行研究并撰写了大量论文，是我国当代较早并持续研究生态文明问题的学者之一。张薰华凭借多年研究《资本论》的基础，从研究生产力的源泉入手，以唯物辩证法的圆圈法为分析方法，以生态学理论为基础，用马克思主义基本原理在理论上阐述了人类与自然的辩证关系，在人口、资源、环境和生态各个方面形成了独具特色的生态文明思想。首先，他提出了生态环境三个层次的划分并分析了各个层次之间的辩证关系，提出了"保护水土、保护森林、控制人口是维持生态环境的正常循环的重中之重。其次他强调在生态文明建设目标下，需要培育人民的生态文明观，对人民的生态文明宣传教育要常抓不懈。再次，他提出生态文明的建设必须遵循生态规律和生态经济规律这两个规律，才能实现社会生产力的可持续发展。最后，他提出制度构建上要以生态文明为导向，通过加强环境立法及其执行力度，在目标、法律、政策、组织、机制等方面为生态文明建设提供法律和制度保障。同时他也将之与中国现实问题联系起来，为当时所面临的人口、资源、环境、农业发展等根本性问题探索解决办法，提出了人口问题是可持续发展的核心问题，森林是生态系统的支柱、是国民经济基础的基础等创新观点，并对土地资源、水资源、生物资源、矿产资源和代谢物等资源的保护和可持续利用提出了有见地的新思想、新观点。

正是由于张薰华等一批学者的持续研究和推动，加之客观上环境和生态破坏问题日益突出，党和国家对生态问题予以了高度重视，将其视为推进中国特色社会主义建设事业继续顺利前行的关键所在。中国共产党第十七次全国人民

① 胡锦涛. 高举中国特色社会主义伟大旗帜为夺取全面建设小康社会新胜利而奋斗 [N]. 人民日报，2007 – 10 – 25 (001).

代表大会的报告在"实现全面建设小康社会奋斗目标的新要求"这一部分中强调:"建设生态文明,基本形成节约能源资源和保护生态环境的产业结构、增长方式、消费模式,循环经济形成较大规模,可再生能源比重显著上升。主要污染物排放得到有效控制,生态环境质量明显改善。生态文明观念在全社会牢固树立[1]"。

在党的十八大报告当中,生态文明建设的地位又被提升到了新的高度:"中国特色社会主义道路,就是在中国共产党领导下,立足基本国情,以经济建设为中心,坚持四项基本原则,坚持改革开放,解放和发展社会生产力,建设社会主义市场经济、社会主义民主政治、社会主义先进文化、社会主义和谐社会、社会主义生态文明,促进人的全面发展,逐步实现全体人民共同富裕,建设富强民主文明和谐的社会主义现代化国家。建设中国特色社会主义,总依据是社会主义初级阶段,总布局是五位一体,总任务是实现社会主义现代化和中华民族伟大复兴[2]。"这次报告中,首次单篇对生态文明建设进行了论述,并且把"美丽中国"作为未来生态文明建设的宏伟目标。党的十八届五中全会提出"创新、协调、绿色、开放、共享"五大发展理念,作为我国未来的发展思路与方向。其中"绿色"发展理念指的是:"坚持节约资源和保护环境的基本国策,坚持可持续发展,坚定走生产发展、生活富裕、生态良好的文明发展道路,加快建设资源节约型、环境友好型社会,形成人与自然和谐发展现代化建设新格局,推进美丽中国建设,为全球生态安全作出新贡献[3]。"习近平总书记对于推进生态文明建设非常关注,他的著名论断"绿水青山就是金山银山[4]"反映了我国坚持绿色发展的理念与方向,把生态文明建设融入经济、政治、文化和社会各个方面的建设,努力开创社会主义生态文明的新时代。党的十九大报告中对生态文明建设进行了多方面的深刻论述:生态文明建设被提升为"千年大计",报告明确指出,"建设生态文明是中华民族永续发展的千年大计",将"美丽"纳入国家现代化目标之中。报告明确,到21世纪中叶,"把我国建成富强民主文明和谐美丽的社会主义现代化强国",在原来的"富强民主文明和谐"基础上加了"美丽"二字,说明了党对生态文明建设的高度重视。

---

① 胡锦涛. 坚定不移沿着中国特色社会主义道路前进,为全面建成小康社会而奋斗 [M]. 北京:人民出版社,2012:11.
② 中共中央关于全面深化改革若干重大问题的决定 [N]. 人民日报,2013 – 11 – 16(001).
③ 中国共产党第十八届中央委员会第五次全体会议公报 [J]. 求是,2015(21):3 – 7.
④ 中共中央宣传部. 习近平总书记系列重要讲话读本(2016 年版)[M] 北京:学习出版社,人民出版社,2016:230.

　　张薰华的生态文明思想是马克思主义基本原理与中国的特殊国情相结合的产物，是对马克思主义经济学的继承与创新，对于我们从根本上正确认识经济发展和生态保护的关系，探索解决这一矛盾的方法具有一定的指导意义。我们应当立足于社会主义初级阶段的基本国情，以马克思主义理论为指导，继续推进生态文明建设的理论探索，深入扎实地贯彻和落实五大发展理念，积极推进生态文明建设，形成具有中国特色的生态文明发展道路，凝结成为生态文明建设的中国经验。

结　　语

　　1949 年，新中国在共产党的带领下，开始了社会主义建设的征程，虽然有苏联建设社会主义的经验可以学习借鉴，但是由于社会历史条件、基本国情的不同，在中国这种历史条件下建设社会主义是前所未有的事业，由此我国开始了中国特色社会主义建设道路的探索。经过六十多年的建设，我国从一个落后的农业国建成了 GDP 世界排名第二的经济大国，综合国力和国际竞争力迅速增强，人民生活水平大幅提高，逐渐形成了中国特色社会主义建设道路。六十多年的社会主义建设实践表明，坚持马克思主义思想的指导是我国取得巨大成就的原因，建设过程中的一些重大失误和弯路恰恰是由于我们违背了马克思主义的基本原理造成的。在形成中国特色社会主义建设道路的过程中，离不开广大的马克思主义经济学家的努力和探索。尤其是改革开放后，我国确定了以经济建设为中心的道路，更为马克思主义经济学家的研究开辟了广阔天地，在他们的努力下，逐渐形成了中国特色社会主义建设道路和中国特色社会主义政治经济学，其中，张薰华对中国经济问题探索所取得的成果是这些成就的重要组成部分。

　　本书以张薰华所处的历史时代为背景，以他的经济思想为研究对象，较为全面地梳理和总结了张薰华主要的经济思想。张薰华作为我国著名的研究《资本论》的专家，为《资本论》在我国的普及和传播做出了重要贡献，他不仅授之以鱼，他的教授《〈资本论〉提要》和《〈资本论〉脉络》等著作通俗易懂地传播了马克思主义经济的基本原理；他还授之以渔，他在教授《资本论》时注重强调分析问题的科学方法——唯物辩证法，不仅方便了读者更加深刻理解《资本论》的原理，也为读者在分析研究经济问题时打下了很好的方法论基础，为我国的社会主义建设培育了大批坚持马克思主义的经济人才。除了在传播《资本论》中所做的贡献，他的经济思想的更多成果体现在他运用《资本论》的基本原理和方法分析解决我国经济建设的主要问题，这些经济思想体现在现在看来，仍有很强前瞻性和实践性，其中的理论精华是中国特色社会主义政治经济学的重要组成部分。研究他的思想，对于我们坚持马克思主义作为指导思想，推进我国社会主义市场经济的完善，实现中华民族的伟大复兴仍具有重要的现实意义。本书主要观点如下：

一、张薰华坚定的马克思主义信仰有其历史、实践和理论基础

从张薰华的人生经历和经济思想的主要发展阶段中，可以发现，张薰华对马克思主义的坚定信仰和研究问题的务实态度和他早期的人生经历密切相关。少年和青年时期的经历使张薰华很早地成熟起来，饱含忧国忧民之心，积极寻求救国存亡之道，在就读高中期间就走上了革命的道路，重庆学习期间使他更加认识到国民党政府的腐败无能，更加坚定了他的马克思主义信仰，为他以后坚持马克思主义打下了历史基础。新中国成立前他冒着生命危险参与了接管复旦运动，之后他承担了繁重琐碎的行政工作，这些高难度工作不仅锻炼了他的工作能力，更养成了他善于发现问题本质、协调务实的特点，为以后他研究社会主义的经济问题打下了很好的实践基础。1959 年被选送到中央党校的三年学习，大大提升了他的马克思主义理论修养，坚定了他的马克思主义信念，为以后他从事经济研究打下了坚实的理论基础。

二、张薰华的学术研究与我国社会主义建设的进程息息相关

改革开放后，他开始进入学术研究的巅峰时期，他的经济思想主要成就基本上在这段时间完成。本书按照张薰华研究重点的不同，可以将他的经济思想分为三个阶段，第一阶段是改革开放初期，国家将工作重心转移到经济建设上来，全国掀起了学习《资本论》的热潮，张薰华开始了研究和普及《资本论》原理和方法；第二阶段是改革开放后的经济发展带来一系列的生态问题，出现了很多发展生产力实为破坏生产力的失误，张薰华由此展开了研究生产力及其源泉的阶段，逐渐形成了他的生态文明思想；第三阶段是确立社会主义商品经济体制后，张薰华开始研究中国现实经济问题阶段，主要研究生产要素产权如何通过分配关系，进而通过市场价格来实现的问题，其中他的土地批租理论影响最大。

三、为《资本论》的传播和普及在我国的广泛传播做出了卓越贡献

十一届三中全会后，面对我国学习《资本论》热情的高涨，他出版了《〈资本论〉提要》《〈资本论〉脉络》《〈资本论〉中的再生产理论》和《生产力与经济规律》等著作，迅速地普及了《资本论》原理，培养了大批经济人才，尤其是他注重《资本论》方法的教育，在他的大部分著作中，用圆圈法把唯物辩证法形象地展现出来，使读者能更加深刻理解恩格斯对马克思世界观的评价："马克思的整个世界观不是教义，而是方法。它提供的不是现成的教条，而是进一步研究的出发点和供这种研究使用的方法。"针对人们对《资本论》只有定性分析而没有定量分析的误解，张薰华运用他的数学、统计学特长，多年潜心于《资本论》的数量分析，出版了专著《〈资本论〉中的数量分析》，系统地介绍了《资本论》三卷中的数量分析，提出了"三卷《资本论》卷卷都包含着数学的方法，处处运用数学方法具体分析经济运动的内在联系。"这是研究《资本论》数量分析的一部经典著作，填补了国内研究《资本论》数量分析的空白，开辟了《资本论》研究的新视角和新领域。

四、开拓性地构建了以发展生产力为核心的经济规律体系

改革开放后，邓小平同志提出"社会主义的根本任务是发展生产力"，但是如何发展生产力，怎么发展生产力，许多人不甚了解，甚至有时为了发展生产力反而破坏了生产力，鉴于此，张薰华开始转向生产力的研究。张薰华认为，发展生产力必须遵循客观经济规律，以往研究经济规律偏重于生产关系和上层建筑，对于社会生产力的结构和规律研究关注较少，由此，他开拓性地建构以社会生产力发展规律为核心的经济规律体系，揭示了生产力系统和社会生产力规律体系，并以此为基础，分层次将马克思主义经济学中相互联系、相互作用的经济规律构建成经济规律体系。在研究经济规律体系的基础上，张薰华形成了两个研究方向，一是生产力源泉和可持续发展的研究，二是生产要素分配的研究。

五、生态文明思想为我国生态文明的建设提供了实践指导和理论基础

在我国经济学家中，张薰华较早开始了人口、资源、生态环境等生态文明问题的研究，他从研究生产力源泉的角度开始，进而扩展到人口、资源环境和可持

续发展的研究，创建了复旦大学环境经济研究所，可以说是我国生态文明研究的先驱之一。在生态文明的研究中，他深入分析生产力源泉，辩证分析生态环境层次，提出经济建设必须遵循生态规律、生态环境制约着社会发展的前瞻性观点。具体的政策上，他提出林业是生态的支柱，应该在大农业中的排序中居于首位，对我国退耕还林、植树造林的政策起了积极的影响；提出了土地资源开发利用的思想，农村用地应遵循生态规律，发展生态农业，城镇用地要统筹规划，减少污染；提出了水资源保护与开发的思想。他尤其关注人口问题的研究，认为人口问题是生态问题核心，坚持控制人口数量和提高人口质量的计划生育观点。改革开放后我国人民收入的快速增长、人民生活水平的迅速提高和计划生育国策的实施密切相关，虽然近年来国家修订了计划生育政策，但是生育政策的目的还是控制人口有序增长，新修订的二胎政策实际上是鼓励城市高素质人口的增长，这说明了张薰华提高人口质量观点的前瞻性。他的生态文明思想丰富和发展了马克思的生态文明思想，为人口、资源、环境的可持续利用提供了实践的指导建议，为党和国家提出生态文明思想提供了理论依据。

六、土地批租思想成为我国土地管理体制改革的理论基础

对于我国社会主义建设过程中出现的新问题，张薰华注重运用《资本论》原理和方法进行探索。他最早提出了土地批租思想及土地管理体制改革思路。十一届三中全会后，随着经济体制的改革，企业开始推行独立核算，对外开放政策的实施，大量外资企业进入中国，土地公有制不存在地租的传统观念制约了改革开放的发展。张薰华在《资本论》地租理论的基础上，提出在我国社会主义初级阶段，土地所有制还存在着全民所有制和集体所有制的区别，各个企业是独立核算的单位，使用土地的企业和个人事实上拥有的是土地所有权和经营权分离后的经营权，因此国家作为土地所有者应该收取地租体现土地所有权。尤其是由于土地的不同特性而带来的级差地租不应该由一部分人集体所有，应有国家收取。如何在土地公有制下确定土地价格，有效地实现土地所有权和经营权的分离，在国内学术界，张薰华第一个提出"土地批租"的政策方案，他借鉴英国和港英当局的土地制度，建议国家出售一定年限土地租用权、满期后连同地上建筑物一并收回的做法，简称"土地批租"。张薰华提出的土地批租思想得到了中央政府的认可和推行，我国土地管理体制发生了翻天覆地的变化，出让土地使用权迅速成为各地政府财政的主要来源，为我国改革开放后的国民经济高速增长提供了充足的资金。土地批租思想丰富和发展了马克思主义的地租理论，是张薰华一贯注重用马

克思主义经济学原理分析解决中国现实问题的产物。

七、利用市场经济机制发展生产力的思想丰富了马克思主义经济学理论

如何利用市场经济机制发展生产力，张薰华首先用圆圈的圆圈方法清晰简明地表明市场经济可以与不同的社会制度结合。张薰华指出，生产关系可以划分为两个圈，内圈是产品（商品）的所有权，形成了市场经济，外圈是生产要素（资料）所有制，分为公有与私有。在商品经济中，生产资料所有制的形式并不意味着生产资料所有者和产品（或者商品）的所有者是一致的。在进行商品交换的市场经济中，产品的所有权与生产资料的所有权是可以分离的。决定社会主义还是资本主义的是外圈——生产要素（资料）所有制，而市场是商品交换的场所，市场经济只关心商品所有权，并不关心生产资料的所有权。因此，市场经济既可以与资本主义私有制也可以与社会主义公有制结合。其次，张薰华指出，市场经济规律是价值规律的特殊表现形式，价格是价值规律的体现，市场经济通过价格实现资源的优化配置，市场价格是价值规律的体现并调节生产要素配置，全部生产要素进入市场并形成合理的价格体系是市场经济正常发展的关键。张薰华提出，我们既要看到市场的积极作用，"同时也要看到市场有其自身的弱点和消极方面"，市场经济不能放弃国家的宏观调控。马克思所处的时代没有出现社会主义国家，未能就社会主义国家如何利用市场经济留下理论遗产，很多人认为《资本论》过时了，张薰华关于利用市场经济机制发展生产力的思想说明了马克思主义经济学的基本原理和方法仍有着的强大生命力，马克思主义仍然是我国社会主义市场经济的指导思想。

八、张薰华学术研究的特点及其经济思想的现代意义

本书指出，张薰华在经济学领域取得的成就与他学术研究的特点密不可分，本书在研究张薰华经济思想的过程中，深切地感受到张薰华经济研究的五个特点是他学术贡献的基础：对马克思主义的坚定信仰；追求真理，反对本本主义；严格严谨的教学和治学态度；崇尚科学，尊重规律；严于律己，追求高尚。

本书认为张薰华经济思想的现实意义体现在，张薰华的经济规律体系、土地批租思想、生态文明思想及市场经济思想都是对马克思主义经济理论的发展和创新，是马克思主义基本原理与中国的特殊国情相结合的产物，对于指导我国社会

主义市场经济的建设、生态文明的建设，构建中国特色社会主义政治经济学体系具有重要指导意义。

　　总之，本书认为研究张薰华经济思想有助于深刻理解和把握马克思主义经济思想的精髓；研究张薰华的经济思想使我们更要坚持理论联系实际，把马克思主义与中国改革开放的客观实践相结合，才能不断创新发展马克思主义；研究张薰华经济思想可以加深对党和国家重大经济决策和改革开放历程的认识，对于发展当代中国马克思主义政治经济学也具有重要的启示；研究张薰华使我们能够树立坚定的马克思主义信仰，养成追求真理、崇尚科学、尊重规律的学风和严于律己、追求高尚的人格。

参 考 文 献

一、经典著作和重要文献

［1］马克思恩格斯全集（第一版第二十卷）［M］. 北京：人民出版社，1971.

［2］马克思恩格斯全集（第一版第四十二卷）［M］. 北京：人民出版社，1979.

［3］马克思恩格斯全集（第一版第四十六卷下册）［M］. 北京：人民出版社，1980.

［4］马克思恩格斯选集（第二版第二卷）［M］. 北京：人民出版社，1995.

［5］马克思恩格斯选集（第二版第三卷）［M］. 北京：人民出版社，1995.

［6］马克思恩格斯选集（第二版第四卷）［M］. 北京：人民出版社，1995.

［7］马克思，恩格斯. 马克思恩格斯文集（第1卷）［M］. 北京：人民出版社，2009.

［8］马克思，恩格斯. 马克思恩格斯文集（第2卷）［M］. 北京：人民出版社，2009.

［9］马克思，恩格斯. 马克思恩格斯文集（第3卷）［M］. 北京：人民出版社，2009.

［10］马克思，恩格斯. 马克思恩格斯文集（第4卷）［M］. 北京：人民出版社，2009.

［11］马克思，恩格斯. 马克思恩格斯文集（第5卷）［M］. 北京：人民出版社，2009.

［12］马克思，恩格斯. 马克思恩格斯文集（第6卷）［M］. 北京：人民出版社，2009.

［13］马克思，恩格斯. 马克思恩格斯文集（第7卷）［M］. 北京：人民出版社，2009.

［14］马克思，恩格斯. 马克思恩格斯文集（第8卷）［M］. 北京：人民出

版社，2009.

［15］马克思，恩格斯.马克思恩格斯文集（第9卷）［M］.北京：人民出版社，2009.

［16］马克思，恩格斯.马克思恩格斯文集（第10卷）［M］.北京：人民出版社，2009.

［17］列宁全集（第二版第三十八卷）［M］.北京：人民出版社，1986.

［18］列宁选集（第三版第一卷）［M］.北京：人民出版社，1995.

［19］列宁选集（第三版修订版第一卷）［M］.北京：人民出版社，2012.

［20］列宁.列宁专题文集——论辩证唯物主义和历史唯物主义［M］.北京：人民出版社，2009.

［21］斯大林.苏联社会主义经济问题［M］.北京：人民出版社，1971.

［22］毛泽东.毛泽东选集（四卷）［M］.北京：人民出版社，1996.

［23］毛泽东.毛泽东文集（第八卷）［M］.北京：人民出版社，1999.

［24］邓小平.邓小平选集（三卷）［M］.北京：人民出版社，1993.

［25］周恩来.周恩来选集（下卷）［M］.北京：人民出版社，1984.

［26］中共中央文献研究室编.三中全会以来重要文献选编（上、中、下）［C］.北京：人民出版社，2011.

［27］中共中央文献研究室编.十二大以来重要文献选编（上中下）［C］.北京：人民出版社，2011.

［28］中共中央文献研究室编.十三大以来重要文献选编（上中）［C］.北京：人民出版社，2011.

［29］中共中央文献研究室编.十三大以来重要文献选编（下）［C］.北京：人民出版社，2013.

［30］中共中央文献研究室编.十四大以来重要文献选编（上中下）［C］.北京：人民出版社，2011.

［31］中共中央文献研究室编.十五大以来重要文献选编（上）［C］.北京：人民出版社，2000.

［32］中共中央文献研究室编.十五大以来重要文献选编（中下）［C］.北京：人民出版社，2003.

［33］中共中央文献研究室编.十六大以来重要文献选编（上中下）［C］.北京：中央文献出版社，2011.

［34］中共中央文献研究室编.十七大以来重要文献选编（上中下）［C］.北京：中央文献出版社，2013.

［35］中共中央文献研究室编．十八大以来重要文献选编（上）［C］．北京：中央文献出版社，2014.

［36］中共中央宣传部．邓小平同志建设有中国特色社会主义理论学习纲要［M］．北京：学习出版社，1995.

［37］中共中央文献研究室编．江泽民论有中国特色社会主义（专题摘编）［C］．北京：中央文献出版社，2002.

［38］习近平．习近平谈治国理政［M］．北京：外文出版社，2014.

［39］中共中央宣传部．习近平总书记系列重要讲话读本（2016年版）［M］．北京：学习出版社，人民出版社，2016.

［40］习近平．决胜全面建成小康社会夺取新时代中国特色社会主义伟大胜利：在中国共产党第十九次全国代表大会上的报告［M］．北京，人民出版社，2017.

二、张薰华出版的著作（含合著）及相关文章

（一）张薰华著作类：

［1］张薰华，洪远朋．《资本论》提要（第一、二册）［M］．上海：上海人民出版社，1978.

［2］张薰华．《资本论》提要（第三册）［M］．上海：上海人民出版社，1982.

［3］张薰华．《资本论》中的再生产理论［M］．上海：复旦大学出版社，1981.

［4］张薰华．《资本论》脉络［M］．上海：复旦大学出版社，1987.

［5］张薰华．《资本论》中的数量分析［M］．山东：山东人民出版社，1993.

［6］张薰华．生产力与经济规律［M］．上海：复旦大学出版社，1989.

［7］张薰华，俞健主编．土地经济学［M］．上海：上海人民出版社，1987.

［8］张薰华主编．土地与市场［M］．上海：上海远东出版社，1996.

［9］张薰华，俞键，朱大均主编．交通经济学［M］．上海：上海社会科学出版社，1992.

［10］张薰华．社会科学争鸣大系——社会主义经济理论卷［M］．上海人民出版社，1991.

［11］张薰华．可持续发展战略［M］．上海：上海人民出版社，1998.

［12］张薰华．经济规律的探索——张薰华选集［M］．复旦大学出版社，

2000.

（二）张薰华论文类：

[1] 张薰华.论国民经济发展的平均速度指标 [J].复旦学报（人文科学版），1956，02：149 – 164.

[2] 张薰华.论"高速度"的含义及经济速度间的对比问题 [J].复旦学报（人文科学版），1956，02：165 – 176.

[3] 张薰华.论平均速度的计算方法 [J].统计工作通讯，1956，24：21 – 23.

[4] 张薰华.速度是经济竞赛中的决定性因素——纪念十月革命四十二周年 [J].学术月刊，1959，11：5 – 8.

[5] 张薰华.科学技术优先发展的规律和自身发展的规律 [J].学术月刊，1979，01：33 – 34.

[6] 张薰华.加速资金周转，少花钱，多办事 [J].思想战线，1979，04：6 – 8 + 5.

[7] 张薰华.试论人口发展规律——兼论我国人口必须进一步控制 [J].复旦学报（社会科学版），1979，05：6 – 11.

[8] 张薰华.论扩大再生产平衡条件的基本公式 [J].经济研究，1979，10：54 – 58 + 72.

[9] 张薰华.试校《资本论》中某些计算问题 [J].中国社会科学，1980，03：53 – 63.

[10] 张薰华.辩证法在《资本论》中的应用 [J].学术月刊，1980，07：1 – 8.

[11] 张薰华.论提高资金使用效率的途径——学习马克思关于再生产理论的体会 [J].复旦学报（社会科学版），1981，05：10 – 16.

[12] 张薰华.不要轻易抛弃《资本论》的经济范畴 [J].学术月刊，1981，10：11 – 12.

[13] 张薰华.关于《试校〈资本论〉中某些计算问题》[J].中国社会科学，1982，02：108 – 112.

[14] 张薰华.《资本论》中的经济危机理论 [J].中国经济问题，1982，03：34 – 39.

[15] 张薰华.价格理论与理论价格 [J].复旦学报（社会科学版），1983，04：1 – 6 + 39.

[16] 张薰华.探索规律尊重规律 [J].学术月刊，1983，01：5 – 6.

[17] 张薰华. 用怎样的观点发展《资本论》——与熊映梧同志商榷 [J]. 学术月刊, 1984, 01: 7 –14.

[18] 张薰华. 经济学和经济统计学的内在联系 [N]. 世界经济导报, 1984 (5, 7, 6, 4).

[19] 张薰华. 遵循客观规律放手发展特区经济 [M]. 特区经济理论论文集. 北京: 人民出版社, 1984.

[20] 张薰华. 在社会主义建设中发展《资本论》的理论 [J]. 复旦学报 (社会科学版), 1984, 05: 15 –21.

[21] 张薰华. 论社会主义经济中地租的必然性 [J]. 中国房地产, 1984, 08.

[22] 张薰华. 商品经济与利息的重大作用 [J]. 上海金融, 1985 (01): 7 –10.

[23] 张薰华. 论社会生产力发展规律 [J]. 学术月刊, 1985, 03: 1 –7.

[24] 张薰华. 论社会主义商品经济中地租的必然性 [J]. 调查研究, 1985, 05.

[25] 张薰华. 竞争为经济规律开辟道路 [J]. 贵州社会科学, 1985, 06: 1 –5 +9.

[26] 张薰华. 价格体系改革是一项系统工程 [J]. 学术月刊, 1985, 08: 1 –7.

[27] 张薰华. 国民经济按比例发展规律和国民经济发展速度规律 [J]. 学术月刊, 1986, 01: 1 –9.

[28] 张薰华. 土地与生产力 [J]. 世界经济文汇, 1986, 01: 29 –34.

[29] 张薰华. 论生产力决定生产关系的规律 [J]. 青海社会科学, 1986, 02: 29 –37.

[30] 张薰华. 论价值规律制约的货币流通规律 [J]. 贵州社会科学, 1986, 11: 1 –8.

[31] 张薰华. 生产力与分配关系相互作用的规律 [J]. 复旦学报 (社会科学版), 1987, 01: 2 –8.

[32] 张薰华. 论交通的症结在于没有走上有计划商品经济的轨道 [J]. 唯实, 1987, 01: 14 –17.

[33] 张薰华. 经济规律与平均数规律 [J]. 上海社会科学院学术季刊, 1987, 01: 20 –27.

[34] 张薰华. 试论环境经济规律 [J]. 学术月刊, 1987, 02: 24 –31.

[35] 张薰华. 以马克思主义指引新经济学科建设 [J]. 世界经济文汇, 1987, 03: 4 –5.

［36］张薰华. 论土地国有化与地租的归属问题 ［J］. 特区经济, 1987, 05: 23.

［37］张薰华. 经济科学的创新与发展 ［J］. 学术月刊, 1987, 09: 3 - 4.

［38］张薰华. 价格体制改革的核心在于土地产品价格的合理化 ［C］. 首届华东价格理论研讨会论文集, 1987.

［39］张薰华. 初级阶段的主要问题是人口膨胀 ［J］. 学术月刊, 1988, 08: 24 - 27.

［40］张薰华. 价格理论与实践 ［J］. 求索, 1989, 01: 8 - 15.

［41］张薰华. 股份制的资本性质 ［J］. 学术月刊, 1989, 08: 27 - 31.

［42］张薰华. 价值规律与宏观调控 ［J］. 财经研究, 1990, 02: 13 - 16.

［43］张薰华. 遵循客观规律, 促进经济发展 ［M］. 我的经济观. 南京: 江苏人民出版社, 1991.

［44］张薰华. 经济理论争鸣中的若干问题 ［J］. 学术月刊, 1991, 02: 21 + 41.

［45］张薰华. 计划、市场与搞活大中型企业 ［N］. 解放日报, 1991 - 5 - 7.

［46］张薰华. 人口、发展生产力与失业 ［J］. 上海经济研究, 1991, 04: 11 - 12.

［47］张薰华. 社会经济发展与脑力劳动 ［J］. 学术月刊, 1991, 05: 24 - 28.

［48］张薰华. 试论经济运行中的交通业 ［J］. 财经研究, 1991, 07: 32 - 37.

［49］张薰华. 科学与生产力 ［N］. 解放日报, 1991 - 9 - 11.

［50］张薰华. 贱尺璧而重寸阴 ［J］. 复旦学报, 1991 - 12 - 6.

［51］张薰华. 社会主义商品经济与发展生产力 ［J］.《资本论》与当代经济, 1992, 02: 12 - 17.

［52］张薰华. 林字当头与林农牧渔副为序 ［J］. 林业经济, 1992, 03: 1 - 4.

［53］张薰华. 市场经济体制理论与实践 ［J］. 改革月刊, 1993, 03.

［54］张薰华.《资本论》与市场经济 ［J］.《资本论》与当代经济, 1993, 04: 37 - 42.

［55］张薰华. 长江开发与保护长江 ［J］. 理论月刊, 1993, 04: 32 - 33.

［56］张薰华. 利用市场经济机制发展生产力 ［J］. 学术月刊, 1993, 06: 1 - 5.

［57］张薰华. 在市场经济中建设社会主义精神文明 ［J］. 安徽大学学报, 1994, 03.

［58］张薰华. 土地市场与市场体系 ［A］. 中国土地学会. '94 海峡两岸土地学术研讨会论文集 ［C］. 中国土地学会, 1994: 5.

［59］张薰华. 马克思主义的真理颠扑不破［J］. 当代经济研究, 1994, 05: 7 - 10.

［60］张薰华. 体改中若干问题的思考［J］. 改革与理论, 1994, 05: 7 - 8.

［61］张薰华, 袁绪亚. 市场体系中的土地市场定位与运行［J］. 复旦学报 (社会科学版), 1995, 01: 2 - 6.

［62］张薰华. 试论经济科学的发展［J］. 复旦学报 (社会科学版), 1995, 03: 7 - 11.

［63］张薰华. 土地与环境［J］. 中国土地科学, 1995, 04: 1 - 5.

［64］张薰华. "可持续发展"论纲［J］. 世界经济文汇, 1996, 03: 3 - 4.

［65］张薰华. 简评《国家主导型市场经济论》［J］. 财经研究, 1996, 07: 61.

［66］张薰华. 从生产方式看效率与公平［J］. 学术月刊, 1996, 09: 38 - 40.

［67］张薰华. 两个根本转变的理论导向［J］. 当代经济研究, 1997, 01: 2 - 6.

［68］张薰华. 坚持与发展《资本论》原理［J］. 当代经济研究, 1997, 06: 10 - 13.

［69］张薰华. 自然科学奔向社会科学——社会科学融通自然科学［J］. 复旦学报 (社会科学版), 1997, 02: 5 - 7.

［70］张薰华. 从可持续发展战略看深港甬经济合作［J］. 特区经济, 1997, 11: 19 - 20.

［71］张薰华. 经济改革的几个理论问题探析［J］. 学术月刊, 1998, 01: 3 - 8.

［72］张薰华. 试论环境科学与环境经济学［J］. 上海环境科学, 1998, 01: 13 - 14.

［73］张薰华. 从可持续发展战略看甬港深经济合作［J］. 宁波经济, 1998, 02: 25 - 26.

［74］张薰华.《共产党宣言》的理论与实践［J］. 复旦学报 (社会科学版), 1998, 02: 8 - 12.

［75］张薰华.《资本论》论经济规律［J］. 特区经济, 1998, 03: 22 - 25.

［76］张薰华. 经济哲学与经济学哲学［J］. 东南学术, 1998, 06: 7 - 10.

［77］张薰华. 体改的源头在金融与地产改革［J］. 学术月刊, 1998, 07: 28 - 29.

［78］张薰华. 中国土地批租的学术探索［J］. 中国经贸展望, 1999, 01.

［79］张薰华. 中国土地批租制度的建立［J］. 上海土地, 1999, 02.

［80］伍装，张薰华．现代经济学中的两种价值判断理论［J］．经济学家，1999，05：79－84．

［81］张薰华．《资本论》教学改革初探［J］．当代经济研究，1999，08：18－20．

［82］张薰华．从探索到认识与尊重经济规律［N］．解放日报，1999－10－08．

［83］张薰华．自然科学的进步与社会科学的创新发展［J］．面向21世纪的中国社会科学，1999，12．

［84］张薰华．关于人口数量规模与素质结构的几个问题［J］．决策参考，2000，02．

［85］张薰华．论社会主义商品经济中地租的必然性——兼论上海土地使用问题［A］．中国土地科学二十年——庆祝中国土地学会成立二十周年论文集［C］．2000：3．

［86］张薰华．人地关系与体制改革［J］．中外房地产导报，2000，12：13．

［87］张薰华．邓小平理论与马克思列宁主义一脉相承［J］．复旦学报，2000增刊．

［88］张薰华．劳动价值论论纲［J］．南京政治学院学报，2001，06：22－24．

［89］张薰华．劳动价值论深释［J］．当代经济研究，2001，11：10－15＋72．

［90］张薰华．基本原理在于揭示规律［J］．高校理论战线，2002，02：27．

［91］张薰华．正本清源论价值［J］．毛泽东邓小平理论研究，2002，02：36．

［92］张薰华．经济学创新与唯物辩证法［A］．中国《资本论》研究会．中国《资本论》研究会第11次学术年会论文集［C］．中国《资本论》研究会，2002：8．

［93］张薰华．经济学体系与唯物辩证法［J］．经济经纬，2003，02：4－5．

［94］张薰华．社会主义者应是环保主义者［A］．上海市经济学会学术年刊（2004）［C］．2004：2．

［95］张薰华．试论马克思主义理论建设问题［J］．毛泽东邓小平理论研究，2004，12：3－4．

［96］张薰华．从发展生产力剖解"三农"问题［J］．世界经济文汇，2005，Z1：47－50．

［97］中国《资本论》研究会副会长丁堡骏中国人民大学教授吴易风上海金融学院经济系教授周肇光复旦大学经济学院教授张薰华．西方经济学取代不了马克思主义经济学［N］．社会科学报，2005－11－10（004）．

［98］张薰华．试论马克思主义基本原理［J］．上海市经济学会学术年刊，

2006, 00: 3-8.

[99] 张薰华. 科学的理论与科学的方法 [J]. 海派经济学, 2006, 03: 136-140.

[100] 张薰华. 社会和谐与社会主义新农村建设之路 [J]. 毛泽东邓小平理论研究, 2006, 12: 10-12.

[101] 张薰华. 马克思主义原理的创新性 [A]. 上海社会科学院邓小平理论研究中心. 上海社科院马克思主义创新论坛2007论文集 [C]. 上海社会科学院邓小平理论研究中心, 2007: 4.

[102] 张薰华. 试论马克思主义基本原理 [A]. 上海市经济学会学术年刊 (2006) [C]. 2007: 6.

[103] 张薰华.《资本论》与当代 [J]. 上海行政学院学报, 2007, 06: 4-9.

[104] 张薰华. 社会和谐与农业生产力的发展 [A]. 上海市经济学会学术年刊 (2007) [C]. 2008: 3.

[105] 张薰华. 流通经济的科学发展 [J]. 中国流通经济, 2008, 04: 4-6.

[106] 张薰华. 从唯物辩证法看新中国的变化——兼论中国人口问题 [A]. 上海市经济学会学术年刊 (2009) [C]. 2009: 12.

[107] 张薰华. 科学发展观的焦点在生产力发展 [J]. 生产力发展研究, 2009, 02.

[108] 张薰华. 孜孜不倦探索经济规律 [J]. 毛泽东邓小平理论研究, 2011, 03: 78-82+87.

[109] 张薰华. 2012年"世界马克思经济学奖"获奖感言 (二) [J]. 海派经济学, 2012, 04: 9-11.

[110] 张薰华, 王岩. 生态文明建设要义论 [J]. 当代经济研究, 2014, 01: 5-10+96.

[111] 张薰华, 张晓理. 人口法制与依法治国 [J]. 马克思主义研究, 2015, 05: 113-121.

（三）他人对张薰华学术评价及访谈

[1] 李玉. 经济规律探索之路上的经世济民情怀——张薰华访谈 [N]. 中国社会科学报, 2011-01-27017.

[2] 曹静. 三个30年的见证——张薰华访谈 [N]. 解放日报, 2011-06-24 (017).

[3] 李雪. 关于经济规律的探索——复旦大学教授、博士生导师张薰华先生访谈录 [J]. 经济师, 2011, 05: 6-8.

［4］王中保．张薰华经济思想扫描［J］．管理学刊，2011，05：13-15.

［5］本刊记者．剩余劳动与生产力的发展——访中国社会科学院马克思主义研究院顾问张薰华［J］．马克思主义研究，2007，01：11-13.

［6］何干强，冒佩华．用辩证法指导经济规律探索——张薰华教授的学术风格、学术成就与经济思想［J］．高校理论战线，2002，07：26-31.

［7］唐启国．林业是国民经济基础的基础——张薰华教授访谈录［J］．探索与争鸣，1995，08：36-38.

［8］杨庆杰．G～G′路漫漫——访张薰华教授［J］．特区经济，1997，11：26-27.

［9］一苇．洪灾的根本原因是人口过剩——张薰华教授访谈录［J］．探索与争鸣，1998，11：17-19.

［10］尤莼洁．《资本论》没有金融危机的所有答案——张薰华访谈［N］．解放日报，2009-03-19（005）.

［11］恩惠，施镇平．经济规律体系研究的新突破——评张薰华的《生产力与经济规律》［J］．学术月刊，1990，06：19-22+66.

［12］朱国宏．贱尺璧而重寸阴——为张薰华教授九十华诞而作［N］．解放日报，2010-08-07（009）.

［13］潘真．"土地批租"禁区的突破——张薰华访谈［N］．联合时报，2009-08-06.

［14］韩国飚．八十治学不觉倦——张薰华访谈［N］．人民日报．华东新闻，2001-01-05 第三版.

［15］严法善．学习《资本论》的指南——《〈资本论〉脉络》一书评介［J］．世界经济文汇，1988-04-30.

［16］程恩富，齐新宇．马克思经济学是同时代经济学数量分析的典范——《〈资本论〉中的数量分析》读后感［J］．复旦学报（社会科学版），1997-11-25.

［17］肖淼．穿越世纪的质朴华章——记我的导师张薰华先生［J］．学术评论，2014，04.

三、其他著作和论文

（一）学术著作

［1］陈征．〈资本论〉和中国特色社会主义经济研究［M］．太原：山西经济出版社，2005.

［2］陈征，李建平，郭铁民主编．政治经济学［M］．北京：经济科学出版

社，2001.

[3] 陈征，李建平，郭铁民主编. 〈资本论〉与当代中国经济 [M]. 北京：社会科学文献出版社，2008.

[4] 李建平. 〈资本论〉第一卷辩证法探索 [M]. 北京：社会科学文献出版社，2006.

[5] 李建平，李建建，黄茂兴主编. 马克思主义经济学的创新与发展 [M]. 北京：社会科学文献出版社，2008.

[6] 廖福霖等. 生态文明经济研究 [M]. 北京：中国林业出版社，2010.

[7] 张华荣. 科学思维方法论基础 [M]. 福建：海风出版社，2001.

[8] 刘思华. 当代中国马克思主义经济学：批判与创新 [M]. 北京：中国出版集团，世界图书出版公司，2012.

[9] 吴易风. 马克思主义经济学与西方经济学比较研究（三卷本）[M]. 北京：中国人民大学出版社，2014.

[10] 顾海良. 马克思主义发展史 [M]. 北京：中国人民大学出版，2009.

[11] 程恩富，周肇光，陶友之. 马克思主义经济思想史经典作家卷 [M]. 上海：东方出版社，2006.

[12] 程恩富，马艳，赫国喜，漆光瑛. 马克思主义经济思想史中国卷 [M]. 上海：东方出版社，2006.

[13] 杨国昌，成保良. 马克思经济学体系的继承与创新 [M]. 北京：北京师范大学出版社，2004.

[14] 马健行. 社会主义经济思想史 [M]. 北京：中共中央党校出版社，2003.

[15] 赵晓雷. 新中国经济理论史 [M]. 上海：上海财经大学出版色，1999.

[16] 程恩富. 马克思主义与新中国60年 [M]. 北京：中国社会科学出版社，2010.

[17] 胡寄窗，谈敏. 新中国经济思想史纲要（1949～1989）[M]. 上海：上海财经大学出版社，1997.

[18] 《经济研究》编辑部. 建国以来社会主义经济理论问题争鸣（上下）（1949～1984）[M]. 北京：中国财政经济出版社，1986.

[19] 世界政治经济学学会. 世界马克思主义经济学家思想论集（第一辑）[M]. 北京：中国财政经济出版社，2010.

[20] 萧国亮，隋福民. 中华人民共和国经济史（1949～2010）[M]. 北京：

北京大学出版社，2011.

[21] 张卓元. 论争与发展：中国经济理论 50 年 [M]. 云南：云南人民出版社，1999.

[22]《经济研究》《经济学动态》编辑部. 建国以来政治经济学重要问题争论（1949～1980）[M]. 北京：中国财政经济出版社，1983.

[23] 苏联科学院经济研究所. 政治经济学教科书 [M]. 北京：人民出版社，1955.

[24]（德）黑格尔. 逻辑学（下卷）[M]. 杨一之译. 上海：商务印书馆，1996.

[25] 李京文，方汉中. 国际技术经济比较——大国的过去、现在和未来 [M]. 北京：中国社会出版社，1990.

[26] 曲格平. 我们需要一场变革 [M]. 吉林：吉林人民出版社，1997.

[27] 萧灼基. 马克思恩格斯经济学论著概况 [M]. 北京：经济科学出版社，1987.

[28] 苏东斌. 当代中国经济思想史断录 [M]. 北京：社会科学文献出版社，2009.

[29] 张友仁，李克纲. 社会主义经济理论发展史 [M]. 北京：北京大学出版社，1991.

[30] 顾海良. 马克思经济思想的当代视界 [M]. 北京：经济科学出版社，2005.

[31] 世界环境与发展委员会编，王之佳，柯金良译，我们共同的未来 [M]. 吉林：吉林人民出版社，1997.

[32] 熊诗平，徐边主编. 经济学家之路（第二辑）[M]. 上海：上海财经大学出版社，2001.

（二）期刊学位论文等文献

[1] 胡培兆. 马克思主义经济学的主流地位不可动摇 [J]. 政治经济学评论，2013（7）.

[2] 李建平. 新自由主义市场拜物教批判 [J]. 当代经济研究，2012（9）.

[3] 黄茂兴. 李建平的学术贡献与经济思想 [J]. 海派经济学，2010（4）.

[4] 张传鹤. 新中国成立 60 年来我国所有制政策的历史变迁 [J]. 中国浦东干部学院学报，2009（5）.

[5] 程恩富. 代马克思主义政治经济学的四大理论假设 [J]. 中国社会科学，2007（1）.

［6］邱海平．中国政治经济学研究的主要缺陷与出路［J］．马克思主义研究，2010（6）．

［7］马怀礼．论政治经济学研究的基本思路［J］．当代经济研究，2010（1）．

［8］洪远朋．构建马克思主义政治经济学的新思维［J］．探索与争鸣，2010（2）．

［9］逢锦聚．建设中国化时代化的马克思主义经济学［N］．光明日报，2010-01-25（8）．

［10］武力．新中国60年经济发展回顾与思考［J］．江苏行政学院学报，2009（6）．

［11］逢锦聚．论中国经济学的方向和方法［J］．政治经济学评论，2012（4）．

［12］张宇、蒋茜、王娜．深化对社会主义本质认识的若干思考［J］．经济学动态，2012（3）．

［13］吴强．新中国60年与中国社会主义经济发展理论研讨会综述［J］．红旗文稿，2009（20）．

［14］张东岭，王俐君．中国特色社会主义经济建设应坚持基本的经济制度［J］．当代经济研究，2009（3）．

［15］罗慧，霍有光，胡彦华，庞文保．可持续发展理论综述［J］．西北农林科技大学学报（社会科学版），2004，01：35-38．

［16］毛传清．论中国社会主义市场经济发展的六个阶段［J］．当代中国史研究，2004，05：71-79+127．

［17］程霖．20世纪的中国经济思想史研究——以学术著作为主的考察［J］．中国经济史研究，2004，04：139-148．

［18］王晓林．人口、资源与环境和谐共生的科学发展经济学分析框架初探［J］．现代财经（天津财经大学学报），2008，01：3-9．

［19］刘开云．马克思、恩格斯反对经济学"数学化"吗——与尹世杰同志商榷［J］．统计与决策，2008，03：4-8．

［20］张平．经济思想史的研究方法［J］．法制与社会，2008，05：283+292．

［21］付志宇，缪德刚．二十一世纪以来中国经济思想史研究总结与展望［J］．上海经济研究，2008，10：113-120．

［22］刘思华．中国特色社会主义生态文明发展道路初探［J］．马克思主义研究，2009，03：69-72+160．

［23］李文．陈云、马寅初与中国二十世纪五十年代的计划生育——兼谈毛

泽东的人口观 [J]. 中共党史研究, 2009, 05: 77-83.

[24] 殷霞. 论黑格尔的总体概念——从《逻辑学》谈起 [J]. 东岳论丛, 2009, 08: 125-128.

[25] 张亚光. 建国60年中国经济思想史学科的发展 [J]. 贵州财经学院学报, 2009, 06: 16-23.

[26] 石淑华. 马克思主义经济学中国化与当代中国经济学建设 [J]. 徐州师范大学学报 (哲学社会科学版), 2012, 01: 100-105.

[27] 王时中. 从"精神科学"到"历史科学"——重评唯物辩证法与黑格尔辩证法的对立 [J]. 天津社会科学, 2012, 02: 4-9.

[28] 牛文元. 中国可持续发展的理论与实践 [J]. 中国科学院院刊, 2012, 03: 280-289.

[29] 郑晓瑛, 左学金, 顾宝昌, 彭希哲, 解振明, 穆光宗. 重新认识中国人口问题——纪念马寅初先生诞辰130周年 [J]. 人口与发展, 2012, 03: 16-26.

[30] 郭广迪. 马克思与经济学数学化——从相传马克思的一句话谈起 [J]. 华南师范大学学报 (社会科学版), 2012, 04: 103-111+160.

[31] 李光灿. 关于社会主义人口规律问题 [J]. 经济问题探索, 1980, 06: 73-78+72.

[32] 左常青, 于光中. "人口生产与物质资料生产相适应"是适合一切社会形态共有的人口规律吗? [J]. 人口与经济, 1981, 05: 19-22+42.

[33] 侯征. 唯物辩证法是《资本论》的根本方法——兼与张薰华、洪远朋同志商榷 [J]. 学术月刊, 1981, 05: 30-32.

[34] 吕亿环, 李达昌. 略论《资本论》的数学方法 [J]. 学习与思考, 1982, 05: 43-48.

[35] 曹明国. 再谈共有的人口规律——五论"两种生产" [J]. 人口学刊, 1982, 01: 17-19.

[36] 刘方棫. 经济规律体系的宏观考察和我国经济发展的新战略 [J]. 东岳论丛, 1983, 01: 37-41.

[37] 解书森, 陈冰. 马克思人口理论和社会主义人口规律 [J]. 经济问题探索, 1983, 03: 19-21.

[38] 张维达. 《资本论》中的定量分析方法及其现实意义 [J]. 经济研究, 1983, 04: 3-9.

[39] 姜凌. 正确理解马克思《资本论》的科学方法 [J]. 社会科学研究, 1984, 01: 37-39.

［40］魏浩光．论社会主义城市经济中的级差地租 ［J］．东北师大学报，1984，03：9-15.

［41］高春初，张志祥．经济规律体系应包括生产力运动和发展的规律 ［J］．学术月刊，1984，06：1-5.

［42］苏喜友，王悦．森林资源可持续发展综述 ［J］．林业资源管理，1994，02：1-9.

［43］上海土地批租资料 ［J］．上海建材，1994，06：38-39.

［44］孙宇辉．对社会主义经济规律的再认识 ［J］．税务与经济（长春税务学院学报），1995，06：27-33.

［45］陈征．社会主义城市级差地租 ［J］．中国社会科学，1995，01：39-52.

［46］蔡昉．人口、资源与环境：中国可持续发展的经济分析 ［J］．中国人口科学，1996，06：1-10.

［47］张富强．论香港土地管理制度的特色及其借鉴意义 ［J］．学术研究，1997，01：68-71.

［48］肖立见．人口与资源、环境、经济、社会的可持续发展 ［J］．暨南学报（哲学社会科学），1997，03：34-40.

［49］高春初，张志祥．再论经济规律体系应包括生产力运动和发展的规律 ［J］．天津社会科学，1985，03：16-19.

［50］李竞能，李垣明．对社会主义人口规律问题的再认识 ［J］．南开经济研究，1985，06：6-10.

［51］吴流云．经济规律体系与宏观控制 ［J］．江西社会科学，1986，05：59-62.

［52］李伟，陈其林，陈宏，陈甫军．方法·层次·体系——研究社会主义经济规律的几个问题 ［J］．财经研究，1986，08：40-45.

［53］徐仲和．论经济规律体系的几个特点 ［J］．理论探索，1988，02：18-21.

［54］刘景丰．对生产力要素和生产力规律之浅见 ［J］．河北地质学院学报，1988，01：75-80+2.

［55］裴世安．上海市土地使用权有偿转让的回顾与展望 ［J］．涉外税务，1989，04：4-6+15.

［56］姜建强．论黑格尔哲学史研究方法 ［J］．文史哲，1990，04：99-105.

［57］余南楠．黑格尔圆圈式思想初探 ［J］．西北大学学报（哲学社会科学版），1990，02：84-92.

[58] 樊树庭. 评黑格尔的"圆圈"式发展思想——读列宁的《哲学笔记》[J]. 东北师大学报, 1991, 02: 13-17.

[59] 曹建明. 冲破"土地批租"禁区的前前后后 [J]. 新闻记者, 1992, 01: 3-5.

[60] 董黎明. 中国城市土地有偿使用的回顾与展望 [J]. 云南地理环境研究, 1992, 02: 16-29.

[61] 石波. 当前土地批租工作中存在的问题及其对策 [J]. 统计与决策, 1993, 05: 23-25.

[62] 贾忠文. 土地批租制反思 [J]. 经济学情报, 1995, 02: 12+11.

[63] 张首先. 生态文明研究 [D]. 西南交通大学, 2011.

[64] 桂大一. 中国经济体制模式转换研究 [D]. 武汉大学, 2011.

[65] 赵志亮. 中国生产力发展理论与实践研究 [D]. 河南大学, 2012.

[66] 白音. 辩证法的"三者一致"——黑格尔、马克思和列宁 [D]. 吉林大学, 2013.

[67] 朱秋莲. 建国以来党的人口生育政策变迁研究 [D]. 湖南师范大学, 2013.

[68] 尤绪超. 社会主义市场经济: 溯源、争论与发展 [D]. 吉林大学, 2014.

[69] 李鸥.《资本论》量化分析方法探析 [J]. 马克思主义研究, 2006, 05: 49-54.

[70] 陶斯文, 杨风. 循环经济: 中国人口资源环境可持续发展的必然选择 [J]. 特区经济, 2006, 11: 24-26.

[71] 刘超. 循环经济与林业可持续发展研究 [J]. 林业经济问题, 2005, 05: 257-259+264.

[72] 王凤杰. 可持续发展的人口、资源、环境问题及其对策分析 [J]. 理论月刊, 2005, 08: 144-148.

[73] 侯元兆. 林业可持续发展和森林可持续经营的框架理论 (上) [J]. 世界林业研究, 2003, 01: 1-5.

[74] 周毅. 人口与环境可持续发展 [J]. 武汉科技大学学报 (社会科学版), 2003, 01: 1-6.

[75] 周毅, 王学伍. 人口与资源可持续发展 [J]. 长安大学学报 (社会科学版), 2003, 02: 11-22.

[76] 郭志仪. 毛泽东的人口思想与我国五六十年代的计划生育政策反思

[J]. 西北人口, 2003, 04: 2-7.

[77] 张剑. 中国社会主义生态文明建设研究 [D]. 中国社会科学院研究生院, 2009.

[78] 杨卫军. 马克思的自然观及当代价值 [D]. 华中科技大学, 2009.

[79] 王强. 马克思主义环境利益思想研究 [D]. 东北师范大学, 2010.

[80] 王丹. 马克思主义生态自然观研究 [D]. 大连海事大学, 2011.

[81] 刘静. 中国特色社会主义生态文明建设研究 [D]. 中共中央党校, 2011.

[82] 杜晓霞. 马克思主义生态自然观视域下谈林业可持续发展 [J]. 山东农业大学学报 (社会科学版), 2013, 02: 81-85.

[83] 刘思华. 对建设社会主义生态文明论的再回忆——兼论中国特色社会主义道路 "五位一体" 总体目标 [J]. 中国地质大学学报 (社会科学版), 2013, 05: 33-41.

[84] 《刘思华文集》编辑组. 刘思华的学术贡献与经济思想 [J]. 海派经济学, 2009, 03: 164-193.

[85] 常江, 王忠民. 科学发展观对可持续发展理论的创新与发展 [J]. 西北大学学报 (哲学社会科学版), 2010, 03: 112-116.

[86] 薛桂波, 萧玲. 科学发展观与马克思自然观的价值论契合 [J]. 马克思主义研究, 2010, 06: 92-98.

[87] 穆光宗. 还原马尔萨斯和马寅初人口思想的历史价值 [J]. 人口与发展, 2010, 03: 87-100.

[88] 白暴力, 白瑞雪.《资本论》方法、体系与基本内容 [J]. 中国特色社会主义研究, 2010, 04: 36-41.

[89] 李怀涛. 马克思自然观的生态意蕴 [J]. 马克思主义研究, 2010, 12: 91-97.

[90] 李建平. 掌握《资本论》方法, 正确理解劳动价值论 [J]. 当代经济研究, 2002, 01: 6-9+2.

[91] 张昆仑. 马克思《资本论》研究方法探新 [J]. 经济评论, 2007, 06: 3-11.

[92] 严晓萍, 杨思远. 马克思与马尔萨斯人口论之比较 [J]. 教学与研究, 1998, 11: 44-47+64.

[93] 李建平, 张华荣, 黄瑾, 王知桂.《资本论》方法之我见 [J]. 东南学术, 1998, 06: 11-15.

［94］范柏乃，邓峰，马庆国．可持续发展理论综述［J］．浙江社会科学，1998，02：41－45＋57.

［95］唐卓．新中国成立以来《资本论》方法研究的历史演变［J］．河南社会科学，2015，04：8－13.

［96］谢世良．《资本论》的方法论研究及现实价值［D］．西南政法大学，2014.

［97］张红宇．中国农村土地制度变迁的政治经济学分析［D］．西南农业大学，2001.

［98］王福生．从思辨到革命——马克思对黑格尔辩证法的颠倒［D］．吉林大学，2004.

［99］钱立火．《资本论》与唯物史观［D］．复旦大学，2004.

［100］王永生．试析《资本论》与数学方法的运用［D］．贵州师范大学，2007.

［101］许光伟．劳动价值论中的数学方法——兼论《资本论》的逻辑问题［J］．海派经济学，2012，03：152－163.

［102］魏澂．马克思主义人口理论研究［D］．哈尔滨工程大学，2012.

［103］冯慧玲．改革开放以来中国共产党生态文明建设思想的发展研究［D］．安徽大学，2014.

［104］杨峰．浅析黑格尔"圆圈式"的发展观［J］．西安政治学院学报，2011，01：119－120.

［105］朱海冰，蔡道成，张侨．中国可持续发展理论概述［J］．商业时代，2011，07：6－7.

［106］黄贤金．土地经济学的基础理论与学科前沿［A］．中国土地学会.21世纪中国土地科学与经济社会发展——中国土地学会2003年学术年会论文集［C］．中国土地学会，2003：5.

［107］屈炳祥．《资本论》与马克思的土地经济学［J］．中南财经大学学报，2000，02：22－26.

［108］沈国舫．中国林业可持续发展及其关键科学问题［J］．地球科学进展，2000，01：10－18.

［109］原玉廷，彭邓民．马克思土地资本理论与土地经济学理论体系重构［A］．陕西省《资本论》研究会.《资本论》与新型城镇化问题研究——陕西省《资本论》研究会2013年学术年会论文集［C］．陕西省《资本论》研究会，2014：7.

［110］李磊. 马克思辩证法与黑格尔辩证法的比较研究［D］. 延安大学, 2013.

［111］杜胜利. 东欧市场社会主义研究与借鉴［D］. 南开大学, 2014.

［112］何海琳. 刘国光经济思想研究［D］. 福建师范大学, 2014.

［113］李建平. 当代西方经济学的暗夜之星——评托马斯·皮凯蒂的《21世纪资本论》［J］. 福建理论学习, 2015 (02): 4 – 10.

［114］李建平. 试析社会主义市场经济条件下更好发挥政府作用的理论依据［J］. 东南学术, 2015 (03): 4 – 9 + 245.

［115］陈美华. 陈征经济思想研究［D］. 福建师范大学, 2015.

［116］李建平, 谭苑苑.《资本论》与黑格尔［J］. 东南学术, 2016 (01): 22 – 31 + 247.

［117］叶龙祥. 吴宣恭经济思想研究［D］. 福建师范大学, 2016.

［118］李建平. 认识和掌握社会主义市场经济三个层次的规律［J］. 经济研究, 2016 (03): 30 – 32.

［119］李建平. 哲学社会科学要坚持以马克思主义为指导［N］. 福建日报, 2016 – 05 – 26 (011).

［120］李建平. 构建中国特色社会主义政治经济学的三个重要理论问题［N］. 福建日报, 2017 – 01 – 17 (009).

［121］李建平, 黄瑾. 论中国特色社会主义政治经济学的当代新特征［J］. 福建师范大学学报（哲学社会科学版）, 2017 (02): 8 – 15.

附录 1　张薰华年谱

1921 年

个人经历：

▲ 12 月 31 日出生于江西九江，幼年母亲早逝，父在外地旧政府任职，由祖父（中医）抚养，就读私塾 3 年。不久祖父去世，又投靠上海的外祖母和姨母，中学在上海租界。

1937 年

个人经历：

▲ "八·一三"淞沪战争爆发后，又被迫举家逃回九江老家。

1938 年

个人经历：

▲ 日军西进，带着两个妹妹（14 岁和 10 岁）和一个弟弟（6 岁）到上海外祖母和姨母处，避难上海租界。

1939 年

个人经历：

▲ 就读于避难上海的苏州工业学校土木科，较早学习了高等数学（学了比普通高中更多的数学）。

▲ 参加党的外圈组织——上海市学生抗日救亡协会（简称学协）。

1940 年

个人经历：

▲ 外祖母去世，姨母离沪回九江，他带着弟妹再次离沪，经温州到丽水，

投靠在邮局工作的堂兄。

▲ 在丽水考入复旦大学农艺系茶业专业，同年，随复旦迁校重庆北碚。

1941 年

同期历史：

■ 1941 年，私立复旦大学改为"国立复旦大学"。

1942 年

个人经历：

▲ 转入经济系。

1944 年

个人经历：

▲ 参加党的外围组织——中国学生导报社（中共南方局领导的一个外围组织）。

1945 年

个人经历：

▲ 在经济系主任樊弘的倾力支持下，毕业留校，任经济系助教，担任"统计学""经济学数学"课程教师。

▲ 被推选为 1945 届毕业同学会主席。

▲ 组织复旦讲师助教会，联合复旦教授会，积极参加解放运动。

1946 年

同期历史：

■ 复旦大学迁回上海江湾原址。

1947 年

个人经历：
个人经历：

▲ 正式加入中国共产党。

1949 年

个人经历：

▲ 解放前被上海地下党委以重任，参与接管复旦大学。8 月 1 日由上海军管

会陈毅、粟裕签署复旦大学"校务委员并兼常务委员"的"委任状",并兼任主任秘书。

1952 年

个人经历:

▲ 逐步退出行政工作,回到经济系任教,转向教学岗位,讲授经济数学"和"统计学"。

▲ 担任校工会主席至 1981 年。

同期历史:

■ 全国院系调整,由复旦大学、南京大学、金陵大学、圣约翰大学、安徽大学、震旦大学、上海学院以及前已并入的大夏大学、英士大学等 9 校经济学系合并组成新经济学系。

1953 年

学术编著

● 编写《统计学原理讲义》,被中央高教部列为全国交流教材。

1956 年

学术论文:

◎论国民经济发展的平均速度指标 [J]. 复旦学报(人文科学版),1956,02:149 – 164.

◎论平均速度的计算方法 [J]. 统计工作通讯,1956,24:21 – 23.

◎论"高速度"的含义及经济速度间的对比问题 [J]. 复旦学报(人文科学版),1956,02:165 – 176.

同期历史:

■ 1956 年实现了生产资料所有制的社会主义改造之后,中央在如何确定新中国经济建设方针的问题上出现了分歧和争论。毛泽东要求超速实现工业化,号召批"右"倾保守;周恩来等人主张积极稳妥地发展,提出反急躁冒进的建议。

■ 开始制定"二五计划"(1958 ~ 1962)。

1957 年

学术论文:

◎统计理论中的几个重要问题 [J]. 学术月刊,1957,06:50 – 55.

1958 年

同期历史：

■ 1958 年 5 月，党中央在八届二中全会提出了"鼓足干劲、力争上游、"多快好省"地建设社会主义"的总路线。1958～1960 年，全国掀起"大跃进"运动。

1959 年

个人经历：

▲ 被选派到北京中央党校理论班，脱产学习三年（1959～1962），师从著名的《资本论》研究专家王学文教授。

注 1：中央党校理论班 1959 年至 1961 年，中央为了培养理论工作者，专门在中央党校开办了"理论班"，俗称"秀才班"。"秀才班"一共办了三届，即：59 班、60 班、61 班。

注 2：王学文（1895～1985）著名的马克思主义经济学家、教育家。中国科学院社会科学学部委员，中共七大正式代表。1921 年考入日本京都帝国大学经济学部，受教于著名的马克思主义经济学家河上肇。

学术论文：

◎高速度与按比例的关系 [J]. 复旦，1959，09：1－4.

注：与苏联统计学家卡拉谢夫大胆论争，该篇文章引起关注。

◎速度是经济竞赛中的决定性因素——纪念十月革命四十二周年 [J]. 学术月刊，1959，11：5－8.

1962 年

个人经历：

▲ 从中共中央党校学习结束返回复旦大学，担任经济系主任（1962～1984 "文革"期间中断），开始系统讲授 3 卷《资本论》，从事《资本论》的教学和科研，并编写 3 卷《资本论》讲义。

1966～1976 年

个人经历：

▲ 被批斗游行，但抓紧机会研究《资本论》。

同期历史：

■ 1966～1976 年，复旦大学成为"文革"的重灾区，教学科研受到重创。

复旦大学在"文化大革命"时期陷入一片混乱，发展几近停顿。"文革"中，复旦受审查和批斗的教职工占80%左右。

1977 年

个人经历：

▲"文革"后开始任教，讲授《资本论》。

▲ 任系主任并兼任 77 级辅导员。

学术编著

● 5 月，《资本论提要》第一册出版。

同期历史：

■ 10 月 12 日，国务院批转了教育部《关于 1977 年高等学校招生工作的意见》，废除推荐制度，恢复文化考试，择优录取。

1978 年

学术编著

● 10 月，《资本论提要》第二册出版。

1979 年

学术论文：

◎试论人口发展规律——兼论我国人口必须进一步控制 [J]. 复旦学报（社会科学版），1979，05：6 – 11.

◎加速资金周转，少花钱，多办事 [J]. 思想战线，1979，04：6 – 8 +5.

◎科学技术优先发展的规律和自身发展的规律 [J]. 学术月刊，1979，01：33 – 34.

1980 年

学术论文：

◎试校《资本论》中某些计算问题 [J]. 中国社会科学，1980，03：53 – 63.

◎辩证法在《资本论》中的应用 [J]. 学术月刊，1980，07：1 – 8.

1981 年

学术论文：

◎论提高资金使用效率的途径——学习马克思关于再生产理论的体会 [J].

复旦学报（社会科学版），1981，05：10 – 16.

◎不要轻易抛弃《资本论》的经济范畴［J］. 学术月刊，1981，10：11 – 12.

学术编著

● 12 月，《〈资本论〉中的再生产理论》出版。

1982 年

学术论文：

◎关于《试校〈资本论〉中某些计算问题》［J］. 中国社会科学，1982，02：108 – 112.

◎《资本论》中的经济危机理论［J］. 中国经济问题，1982，03：34 – 39.

学术编著

● 3 月，《资本论提要》第三册出版。

1983 年

学术论文：

◎价格理论与理论价格［J］. 复旦学报（社会科学版），1983，04：1 – 6 + 39.

◎探索规律尊重规律［J］. 学术月刊，1983，01：5 – 6.

1984 年

个人经历：

▲ 离任经济学系系主任职务。

学术论文：

◎在社会主义建设中发展《资本论》的理论［J］. 复旦学报（社会科学版），1984，05：15 – 21.

◎用怎样的观点发展《资本论》——与熊映梧同志商榷［J］. 学术月刊，1984，01：7 – 14.

◎论社会主义经济下地租的必然性［C］. 港澳经济研究会成立大会，1984，4.

◎论社会主义经济中地租的必然性［J］. 中国房地产，1984，8.

注：引起了上海市委研究室的高度重视。

1985 年

个人荣誉

★ 国家教委和国家环境保护总局联合授予全国环境教育先进个人

★ 所在的政治经济学专业中的研究生质量被国务院学位委员会的专业学位评估小组评为优等

学术论文：

◎再论社会主义商品经济中地租的必然性——兼论上海土地使用问题 [Z].内部资料，1985，6.

注：1月，上海市委研究室主任俞健派顾家靖约稿，成稿后上报中央。

◎论社会主义商品经济中地租的必然性——兼论上海土地使用问题 [J].调查与研究，1985，5.

注：该刊由中央书记处研究室主办，且下发到各省、市委领导机关，由此兴起了全国土地批租工作。

◎竞争为经济规律开辟道路 [J].贵州社会科学，1985，06：1-5+9.

◎论社会生产力发展规律 [J].学术月刊，1985，03：1-7.

◎价格体系改革是一项系统工程 [J].学术月刊，1985，08：1-7.

同期历史：

■1985年，并系建院，复旦大学经济学院正式成立。

■1986年10月，上海市首开先河，颁布了《中外合资经营企业土地使用管理办法》，首次在政策上确定了对土地进行有偿使用。

1986年

学术论文：

◎论生产力决定生产关系的规律 [J].青海社会科学，1986，02：29-37.

◎土地与生产力 [J].世界经济文汇，1986，01：29-34.

◎国民经济按比例发展规律和国民经济发展速度规律 [J].学术月刊，1986，01：1-9.

1987年

学术论文：

◎论土地国有化与地租的归属问题 [R].全国城市土地管理体制改革理论研讨会，1987，10.

注：中国土地学会和深圳特区经济研究中心联合举办。国家土地管理局局长和深圳主要领导参加了这次会议，会议重点讨论了土地使用权转让问题。

◎论价值规律制约的货币流通规律 [J].贵州社会科学，1986，11：1-8.

◎以马克思主义指引新经济学科建设 [J].世界经济文汇，1987，03：4-5.

◎论土地国有化与地租的归属问题 [J]. 特区经济，1987，05：23.

◎生产力与分配关系相互作用的规律 [J]. 复旦学报（社会科学版），1987，01：2 - 8.

◎论交通的症结在于没有走上有计划商品经济的轨道 [J]. 唯实，1987，01：14 - 17.

◎经济规律与平均数规律 [J]. 上海社会科学院学术季刊，1987，01：20 - 27.

◎试论环境经济规律 [J]. 学术月刊，1987，02：24 - 31.

◎经济科学的创新与发展 [J]. 学术月刊，1987，09：3 - 4.

学术编著

● 1 月，《资本论脉络》出版。

● 4 月，主编《土地经济学》出版。

同期历史：

■ 1987 年 9 月，深圳以协商议标形式出让了第一块国有土地，12 月又以拍卖形式出让第三块国有土地使用权，这是我国国有土地拍卖的首次尝试。

1988 年

个人荣誉

★ 主讲的《政治经济学研究》课程被评为教育优秀奖。

学术论文：

◎初级阶段的主要问题是人口膨胀 [J]. 学术月刊，1988，08：24 - 27.

同期历史：

■ 1988 年 4 月，七届人大一次会议通过中华人民共和国宪法修正案，在"非法转让土地"的定义中去除了"出租"的形式，增加了"土地的使用权可以依照法律的规定转让"条文。

■ 8 月 8 日，上海有偿出让虹桥开发区 26 号地块 1.29 公顷土地 50 年的使用权。

1989 年

个人荣誉

★ 被国家教委评为全国优秀教师并授予奖章。

学术论文：

◎价格理论与实践 [J]. 求索，1989，01：8 - 15.

◎股份制的资本性质 [J]. 学术月刊，1989，08：27 - 31.

学术编著

● 10 月,《生产力与经济规律》出版。

1990 年

学术论文:

◎价值规律与宏观调控［J］. 财经研究,1990,02:13-16.

1991 年

个人经历:

▲ 正式离休。

学术论文:

◎试论经济运行中的交通业［J］. 财经研究,1991,07:32-37.

◎人口、发展生产力与失业［J］. 上海经济研究,1991,04:11-12.

◎经济理论争鸣中的若干问题［J］. 学术月刊,1991,02:21+41.

◎社会经济发展与脑力劳动［J］. 学术月刊,1991,05:24-28.

学术编著

● 主编《社会科学争鸣大系——社会主义经济理论卷》出版。

1992 年

学术论文:

◎社会主义商品经济与发展生产力［J］.《资本论》与当代经济,1992,02:12-17.

◎林字当头与林农牧渔副为序［J］. 林业经济,1992,03:1-4.

学术编著

● 8 月,主编《交通经济学》出版。

1993 年

个人经历:

▲ 创办复旦大学经济学院环境经济研究所(为 2000 年成立的复旦大学环境经济研究中心前身,现任中心名誉主任)。

学术论文:

◎《资本论》与市场经济［J］.《资本论》与当代经济,1993,04:37-42.

◎长江开发与保护长江［J］. 理论月刊,1993,04:32-33.

◎利用市场经济机制发展生产力 [J]. 学术月刊，1993，06：1 - 5.

学术编著

● 12 月，《〈资本论〉中的数量分析》出版。

1994 年

学术论文：

◎土地市场与市场体系 [A]. 中国土地学会.94 海峡两岸土地学术研讨会论文集 [C]. 中国土地学会，1994：5.

◎马克思主义的真理颠扑不破 [J]. 当代经济研究，1994，05：7 - 10.

◎体改中若干问题的思考 [J]. 改革与理论，1994，05：7 - 8.

1995 年

学术论文：

◎张薰华，袁绪亚. 市场体系中的土地市场定位与运行 [J]. 复旦学报（社会科学版），1995，01：2 - 6.

◎试论经济科学的发展 [J]. 复旦学报（社会科学版），1995，03：7 - 11.

◎土地与环境 [J]. 中国土地科学，1995，04：1 - 5.

1996 年

学术论文：

◎简评《国家主导型市场经济论》[J]. 财经研究，1996，07：61.

◎"可持续发展"论纲 [J]. 世界经济文汇，1996，03：3 - 4.

◎从生产方式看效率与公平 [J]. 学术月刊，1996，09：38 - 40.

学术编著

● 主编《土地与市场》出版。

1997 年

学术论文：

◎两个根本转变的理论导向 [J]. 当代经济研究，1997，01：2 - 6.

◎坚持与发展《资本论》原理 [J]. 当代经济研究，1997，06：10 - 13.

◎自然科学奔向社会科学社会科学融通自然科学 [J]. 复旦学报（社会科学版），1997，02：5 - 7.

◎从可持续发展战略看深港甬经济合作 [J]. 特区经济，1997，11：19 - 20.

1998 年

学术论文：

◎《共产党宣言》的理论与实践［J］. 复旦学报（社会科学版），1998，02：8－12.

◎试论环境科学与环境经济学［J］. 上海环境科学，1998，01：13－14.

◎《资本论》论经济规律［J］. 特区经济，1998，03：22－25.

◎经济改革的几个理论问题探析［J］. 学术月刊，1998，01：3－8.

◎体改的源头在金融与地产改革［J］. 学术月刊，1998，07：28－29.

◎经济哲学与经济学哲学［J］. 东南学术，1998，06：7－10.

◎从可持续发展战略看甬港深经济合作［J］. 宁波经济，1998，02：25－26.

学术编著

● 8 月，《资本论脉络》第二版出版。

● 主编《可持续发展战略》出版。

1999 年

个人荣誉

★ 荣获复旦大学研究生教学一等奖。

学术论文：

◎《资本论》教学改革初探［J］. 当代经济研究，1999，08：18－20.

◎伍装，张薰华. 现代经济学中的两种价值判断理论［J］. 经济学家，1999，05：79－84.

◎试论环境科学与环境经济学［A］. 中国科学技术协会、浙江省人民政府. 面向 21 世纪的科技进步与社会经济发展（上册）［C］. 中国科学技术协会、浙江省人民政府，1999：1.

2000 年

学术论文：

◎邓小平理论与马克思列宁主义一脉相承［J］.《复旦学报》2000 年增刊号

◎人地关系与体制改革［J］. 中外房地产导报，2000，12：13.

学术编著

● 12 月，《经济规律的探索》第一版出版.

2001 年

学术论文：

◎劳动价值论深释 ［J］. 当代经济研究，2001，11：10 – 15 + 72.

◎劳动价值论论纲 ［J］. 南京政治学院学报，2001，06：22 – 24.

2002 年

学术论文：

◎基本原理在于揭示规律 ［J］. 高校理论战线，2002，02：27.

◎正本清源论价值 ［J］. 毛泽东邓小平理论研究，2002，02：36.

◎经济学创新与唯物辩证法 ［A］. 中国《资本论》研究会. 中国《资本论》研究会第 11 次学术年会论文集 ［C］. 中国《资本论》研究会，2002：8.

2003 年

学术论文：

◎经济学体系与唯物辩证法 ［J］. 经济经纬，2003，02：4 – 5.

2004 年

学术论文：

◎社会主义者应是环保主义者 ［A］. 上海市经济学会学术年刊（2004）［C］. 2004：2.

◎试论马克思主义理论建设问题 ［J］. 毛泽东邓小平理论研究，2004，12：3 – 4.

◎社会主义者应是环保主义者 ［J］. 上海市经济学会学术年刊，2004，00：3 – 4.

2005 年

学术论文：

◎从发展生产力剖解"三农"问题 ［A］. 上海市经济学会. 上海市经济学会 2005 年年会论文集 ［C］. 上海市经济学会，2005：7.

◎从发展生产力剖解"三农"问题 ［J］. 世界经济文汇，2005，Z1：47 – 50.

2006 年

学术论文:

◎试论马克思主义基本原理 [J]. 上海市经济学会学术年刊, 2006, 00: 3 - 8.

◎科学的理论与科学的方法 [J]. 海派经济学, 2006, 03: 136 - 140.

◎社会和谐与社会主义新农村建设之路 [J]. 毛泽东邓小平理论研究, 2006, 12: 10 - 12.

2007 年

学术论文:

◎马克思主义原理的创新性 [A]. 上海社会科学院邓小平理论研究中心. 上海社科院马克思主义创新论坛 2007 论文集 [C]. 上海社会科学院邓小平理论研究中心, 2007: 4.

◎试论马克思主义基本原理 [A]. 上海市经济学会学术年刊 (2006) [C]. 2007: 6.

◎社会和谐与农业生产力的发展 [J]. 上海市经济学会学术年刊, 2007, 00: 155 - 157.

◎《资本论》与当代 [J]. 上海行政学院学报, 2007, 06: 4 - 9.

2008 年

个人荣誉

★ 上海市哲学社会科学优秀成果评奖委员会授予学术贡献奖。

学术论文:

◎社会和谐与农业生产力的发展 [A]. 上海市经济学会学术年刊 (2007) [C]. 2008: 3.

◎流通经济的科学发展 [J]. 中国流通经济, 2008, 04: 4 - 6.

2009 年

学术论文:

◎从唯物辩证法看新中国的变化——兼论中国人口问题 [A]. 上海市经济学会学术年刊 (2009) [C]. 2009: 12.

<h2 style="text-align:center">2010 年</h2>

学术编著
● 12 月,《经济规律的探索》第二版出版。
同期历史:
■ 上海市社联、市经济学会与复旦大学经济学院及复旦大学泛海书院联合举行张薰华教授 90 寿辰庆祝会暨"中国可持续发展与包容性发展道路研究"学术研讨会。

<h2 style="text-align:center">2011 年</h2>

学术论文:
◎孜孜不倦探索经济规律 [J]. 毛泽东邓小平理论研究,2011,03:78 – 82 + 87.

<h2 style="text-align:center">2012 年</h2>

个人荣誉
★ 荣获第二届世界马克思经济学奖。

<h2 style="text-align:center">2014 年</h2>

学术论文:
◎生态文明建设要义论 [J]. 当代经济研究,2014,01:5 – 10.

<h2 style="text-align:center">2015 年</h2>

学术论文:
◎人口法制与依法治国 [J]. 马克思主义研究,2011,05:113 – 120.
个人荣誉
★ 被中共中央、国务院、中央军委授予抗战胜利 70 周年纪念章。

附录2 张薰华教授回顾生平及学术生涯

锲而不舍，探索规律[①]

我生于 1921 年 12 月 31 日。1945 年毕业于复旦大学经济系，留校任教至今。1962～1984 年（"文革"期间中断）任经济系系主任。社会兼职：中国《资本论》研究会顾问，上海市经济学会名誉会长。20 世纪 80 年代以来，长期为经济学院各专业硕士生开设公共必修课，讲授经济规律体系与《资本论》脉络专题，传授经济学基础理论。还为自己指导的博士生讲授土地经济学、环境经济学、人口经济学与可持续发展理论。1988 年荣获复旦大学研究生教学优秀奖，1989 年被评为全国优秀教师，1995 年被评为全国环境教育先进个人，1999 年荣获复旦大学研究生教学一等奖。自 1978 年恢复招收研究生以来，共培养了 33 名硕士生（已全部毕业）、22 名博士生（已毕业 12 名）。新千年开始，我正好 80 岁，还将探索经济规律。

一、生平

少年时丧母，由中医祖父抚养，就读私塾。其后，投靠在上海的护士姨母，进初中。此时，一方面目睹上海租界中帝国主义在我国领土上为非作歹，另一方面日本帝国主义正在侵占东北三省。幼小心灵中开始感到国弱被人欺。"八一三"淞沪战争，返回九江避难。1938 年，侵华日军进逼江阴，九江危在旦夕，时年不到 17 岁，率两妹（14 岁与 10 岁）一弟（6 岁），背井离乡，流浪数月，再到上海租界姨母处。途中多次遇日机轰炸，到上海后又闻日寇侵占家乡时，祖母与

---

① 本文载于《经济学家之路》第二辑，上海财经大学出版社，2000 年版.

乡亲多人已在庐山脚下遇难。国破家亡，救国之心愈发强烈。1939 年，就读于避难上海的苏州工业学校土木科，在这里参加了党的地下外围组织"上海市学生抗日救亡协会"（简称"学协"）。

1940 年夏，高中毕业乘船经温州至内地，进复旦大学农艺系，两年后转经济系。在爱国学生运动中，又参加了党的外围组织"中国学生导报社"。

抗战结束后，大家都希望建立一个民主富强的社会主义新中国。爱国主义和社会主义就这样统一于解放全中国的革命中。此时，已是青年教师，并于 1947 年参加了中国共产党，既要教好书，又要团结好教职工，并支援学生运动。

新中国成立初期，主要精力用于接管学校的重建和学校领导层行政工作。1952 年高校院系调整后，才逐步转回教学岗位。此后直到"文革"前，虽然"左"的政治运动不断，但仍然挤出时间备课、进修与科研。"文革"期间，糟蹋了近十年宝贵年华。"文革"后拨乱反正，从此才在宽松的大好环境下，努力从事科研活动。那时，虽年过半百，但亡羊补牢，犹未为晚。如果说有些成就，那多是 50 岁以后完成的。

现在，国家日益富强，为新生代学子铺平了康庄大道，不像老一代知识分子要经历那么多的坎坷路途。国家正期待年青一代努力学习，早日成才，为了中国也为了人类无限美好的未来！为此，我总是希望学生贱尺璧而重寸阴。

生平是和家庭分不开的。夫人宁荫与我同患难、共欢乐，这本文集中的成果也和她的支持分不开。

二、智力发展行程

由于经历坎坷，学海航程更是苦作舟。

少时未入小学，进私塾约 3 年。在此期间，《论语》《孟子》中某些警句，《左传》《史记》中一些精彩段落，《古文观止》中许多范文，大都熟读；唐诗宋词，也乐于背诵；虽然当时年幼，并不甚解。这段学历后发效应却是很大的。

其一，接受中华古代文化熏陶，体会古代知识分子的道德情操。

其二，古文靠竹简流传后世，行文必须简练。后来，自己写文章就务求言简意赅，行文也因之流畅。

其三，20 世纪 80 年代研究环境问题，悟到古代文学还有特殊作用。古代诗词歌赋多描述自然景观，以景寓情。若与现代景观对照，可以映实环境被破坏情况。

中学时期，因战乱辍学一年多，许多课程未能深入学习，只是在苏州工业学校学了比普通高中更多的数学。

进复旦大学初期，在农学院补修一些生物学课程，但还不知生态学原理。转经济系后，较多学习人文社会科学。1945年毕业时，系主任樊弘教授思想进步，支持学生运动。适巧"经济数学"少这门课程缺一教师，樊老师不顾校方反对，力争留我任教，就这样留在复旦一直到现在半个多世纪。

留校任教后，初任统计学与经济数学教学工作。1953年编写的《统计学原理讲义》被中央高教部列为全国交流教材。1956年还写了一篇与苏联统计学某专家论战的文章，受到统计学界关注。在追求真理的道路上，既向同行学习，又不迷信别人。在此期间，我觉得定量分析应建立在定性分析的基础上面，还要努力学习基础理论。

1959年得到3年进修机遇，仔细阅读中外历史，反复学习马克思、恩格斯、列宁的哲学著作，特别是师从王学文教授，细读、精读《资本论》。在北京这3年，包括假日的日日夜夜，无不用于学习和思考，深化了哲学社会科学功底。在此期间，还注意体质锻炼，每天早晚各跑步800米（体育场跑道两圈），这使我在70岁以后仍保有较好体质。

1962年，回到复旦，就任经济学系主任，直至1984年（"文革"中断）。从此，系统讲授3卷《资本论》，并编写3卷《〈资本论〉讲义》。这份讲义不是将原著当作教条加以注释，而是顺乎原有的逻辑，对各章节贯穿其要点。"文革"以后，讲义再充实为专著《〈资本论〉提要》三册。由上海人民出版社出版，发行数万册。咬定青山廿载，领会马恩思路，得到如下收获：

（1）"马克思主义不是教义，而是一种方法。""谁能辩证地思维，谁就能理解它。"这科学的方法就是被马克思改造的黑格尔辩证法。黑格尔认为"逻辑理念的发展是由抽象到具体"，并将它比作圆圈的圆圈，不过没画出来。当我理解了以后，豁然开朗，就用图形描绘出来。讲课时就在黑板上画出一连串的圆圈，传授这一科学方法。20世纪80年代，还运用这种方法，将3卷本《资本论》浓缩为《〈资本论〉脉络》（复旦大学出版社）。这本仅1万字的专著，积聚了《资本论》主要论点及其脉络。1999年第二版中又补充了《资本论》中关于生产力的论述。

（2）从方法论中体会到内容与形式的辩证关系不可分割。《资本论》就是从生产的物质内容（劳动力与生产资料所组成的生产力）论述到生产的社会形式（劳动力所有者与生产资料所有者结合成的生产关系）。例如，《资本论》第一章指出，表现商品经济（即人们所谓的市场经济）中价值规律，就是单位商品价值量以反比反映生产力变化的规律；而贯穿全书的价值增殖规律则是，以提高生产力为手段，达到价值增殖（生产关系）目的的规律。这就突破了传统的经济学教科书忽视生产力，囿于生产关系的形而上学观点。

（3）科学研究的目的在于揭示所研究对象的内在规律性。《资本论》初版序言就明确提示："本书的最终目的就是揭示现代社会的经济运动规律。""文革"以后我的科研活动就主要从事探索一条条经济规律，并注意这些规律所联结成的体系。这段时期发表的论文，不仅分别论述了社会生产力规律、生产力与生产关系相互作用的规律，还追溯到生产力的三个源泉（环境、人口、科学）各自的规律。20 世纪 80 年代后期，按照经济规律体系内在联系汇编成专著《生产力与经济规律》（复旦大学出版社），它与《〈资本论〉脉络》一起，至今仍是经济学院各专业研究生公共必修教材。

（4）《资本论》在科学的定性分析基础上，还进行量的分析，并将两者结合在一起，对此又写出专著《〈资本论〉中的数量分析》（山东人民出版社）。

（5）在学风问题上，《资本论》初版序言中也有这么一段话："任何的科学批判的意见我都是欢迎的，而对于我从来就不让步的所谓舆论的偏见，我仍然遵守伟大的佛罗伦萨诗人的格言：走你的路，让人们去说罢！"这一教导使我深深感到，作为理论工作者，应该具有科学态度，不做风派人物；应该具有坚持真理的勇气，不做阿谀奉承之辈。另一方面，不仅应该欢迎别人对自己的"科学批判的意见"，而且要不断纠正自己的错误。因为认识真理有一个过程，往往由片面到全面，由错误到正确。对此，马克思和恩格斯也树立了好榜样。他们说："我们两人于 1845 年在布鲁塞尔决定共同来阐述我们的同德国哲学的思想观点相反的观点……实质上也就是来清算我们过去的哲学信仰。"

（6）《资本论》理论能否运用于社会主义市场经济体系？又怎样来运用？也可从圆圈的圆圈方法来分析。生产力是内容，在内圈；生产关系是形式，在外圈。但生产关系又有两个层次：一是产品归谁所有（第一个外圈），二是生产产品的生产资料归谁所有（外圈的外圈）。《资本论》第 1 卷第 2 章指出，市场只要求商品属于交换者，而不问生产该商品的要素归谁所有。这就等于说商品（市场）经济既可以与资本主义私有制结合，也可以与社会主义公有制结合。现在的问题在于，生产资料从而生产要素的所有权与使用权，在经济上要由分配关系来实现，在市场经济中，分配关系又要由价格来实现。于是，要素的"两权"也表现为商品，形成市场，并且是市场体系中的源头市场，因为要素进入普通商品生产过程，它们的价格则进入这些商品的价格，成为普通商品生产价格的构成部分。如果它们（主要是资金和土地）价格不合理，一般商品价格就不会合理。因此认为经济改革的成败在于能否培育好资金市场与土地市场。

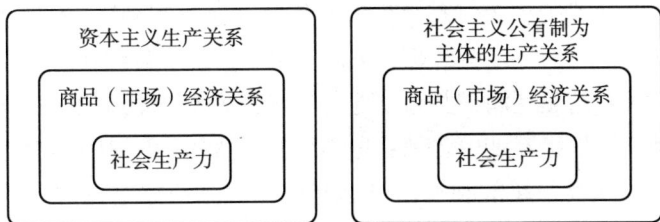

图1

从图1中可以看出，市场经济既可与资本主义也可与社会主义结合。它们都由社会生产力所决定，并反作用于社会生产力。但是，虽然市场经济本身不姓"资"也不姓"社"，姓"资"的和姓"社"的却要通过市场经济的价格形式来分配剩余价值，来实现自己的性质。这样，上面的图形又具体化为图2。

图2

《资本论》前两卷论述里面两个圈的关系，第2卷侧重分析外三圈之间的关系，并将四个层次综合起来，分析"资本主义商品生产总过程"。如果去其资本形式，这些原理不仅可以而且应该用于我国社会主义市场经济体制。基于这样的认识，20世纪80年代以来，科研活动就兵分两路：一路深入到生产力，一直深入到人口、资源、环境的可持续发展；另一路则探索生产要素产权（所有权与使用权）如何通过分配关系（利息、地租、利润），进而通过市场价格来实现。

三、重大问题的理论剖析

随着上述思路，理论联系实际，作了如下研究：

（1）关于中国土地批租制度。土地是自然环境的要素，又是资源宝库，本身也是重要资源。由于土地有限，土地产品（农产品、矿产品）的市场价值不是由社会平均价值（真实的价值，它转化为成本＋平均利润）决定，而是由已开发的最劣土地的产品个别价值（或个别生产价格，它等于成本＋平均利润＋超额利润）调节。这个个别价值超过真实价值的部分（超额利润），不是使用该土地的劳动者创造的价值，而是社会转移过来的价值。这部分价值还会转移到级差土地上面，表现为级差超额利润，并因土地所有权转化为级差地租。这些机理贯穿英国实践特别是香港批租制度中。马克思不仅在《资本论》中作了理论剖析，而且逻辑地导出，既然级差超额利润由社会转来，就应该还给社会；社会由国家代表，土地就应该国有，并由地租来实现国有。《共产党宣言》就指出，无产阶级在取得政权后，第 1 条措施就是"剥夺地产，把地租用于国家支出"。

十一届三中全会以后，深感新中国的土地制度必须改革，香港批租制度值得借鉴。1984 年在港澳经济研究会成立大会上，提交的论文《论社会主义经济中地租的必然性》从理论到实践阐述这一思路。论文载于《中国房地产》杂志1984 年第 8 期。

1985 年初，由于中央对土地管理体制改革的重视，上海市委研究室注意到这篇文章，嘱再写一篇《再论社会主义商品经济中地租的必然性——兼论上海土地使用问题》，载于该室《内部资料》第 6 期（1985 年 1 月 1 日印发）。文中一再指出："土地的有偿使用关系到土地的合理使用和土地的公有权问题。级差地租应该成为国家的财源之一，港英的租地办法可以采用。"并且指出："还有一个保护土地资源问题，它包括绿化城市、制止工业污染环境、控制……地下水等等。"接着，《再论》这篇文章又受到中央书记处研究室注意，嘱再补充，标题改为《论社会主义商品经济中地租的必然性》。1985 年 4 月 1 日载于该室内刊《调查和研究》第 5 期，发至全国各省市领导机关。这就为中国土地批租制度的建立提供了理论依据。

根据以上机理，土地国有化不仅排除土地私有制，而且排除土地集体所有制。因为集体单位使用土地带来级差超额利润，也是社会转移来的价值，不是他们劳动创造的价值。同理，国有企业也不应无偿使用土地。无偿划拨土地实质上是将国有土地变为企有土地。1987 年，在深圳参加"城市土地管理体制改革理论研讨会"上，就此提交论文《论土地国有化与地租的归属问题》。后来，深圳市政府将该市农村土地全部预征收归国有。

又经过若干年，当视线转到可持续发展问题时，写过《土地与环境》（《中国土地科学》1995 年 7 月），并认为房地关系实是人口与土地关系，写出《房地（人地）、环保与经济体制》（《上海土地》1997 年第 1 期）。

至今认为土地还有三大问题待解决：①从生产力讲，土地资源的保护与人口、环境保护的关系问题；②从生产关系讲，土地国有化问题；③从经济体制讲，国家如何垄断土地一级市场问题。

（2）社会生产力结构体系的范式。经济学研究的对象是什么？这是多年争论的问题。争论的焦点则在生产力是不是也作为对象。传统的政治经济学教科书一直将对象限于生产关系，将生产力排斥在外，导致我国实际工作中，脱离生产力发展水平，在生产关系方面，盲目追求"一大二公"，急于过渡。在生产方面，盲目追求增长速度，不顾增长方式。但从内容与形式的辩证联系来讲，形式（生产关系）是不能抛弃内容（生产力）的。《资本论》中两者也是连在一起的。"文革"以后，就将主要视线放在探索社会生产力发展规律方面，并形成以下要点。

①社会生产力是一个系统。这个系统由它的源泉（环境资源的自然力、人力、科学力）、它本身（劳动力、劳动资料、劳动对象）、它的结果（单位劳动生产的产品量）组成。如图 3 所示：

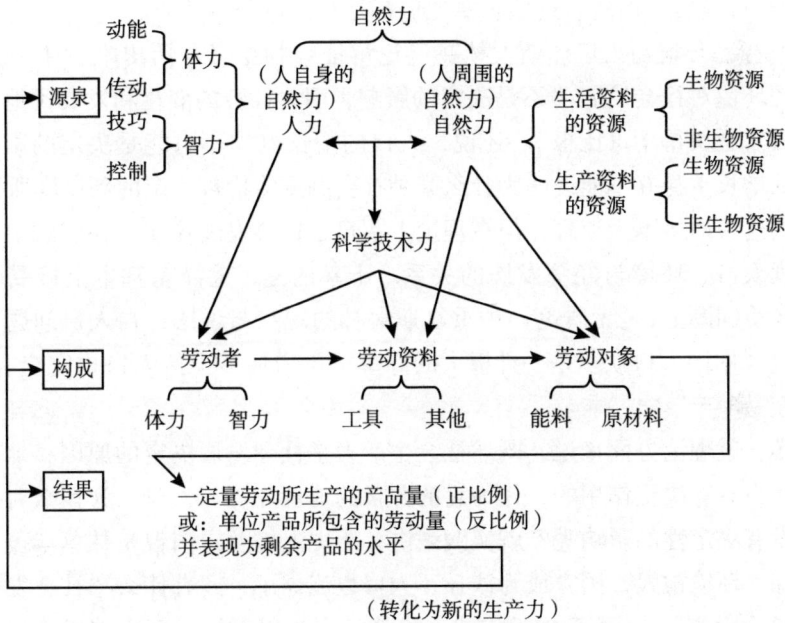

图 3

②这是一个运动中的系统。它包括物质的运输（可看作系统的"脉管"子系统）和信息的传递（可看作系统的"神经"子系统）。这也就规定了交通业属物质生产部门。后来，还主编大陆第一本《交通经济学》（上海社会科学院出版社 1992 年版）。

③这还是一个自我增殖的系统。系统的结果在扣除成本以后所得的剩余产品，用于积累又使自己增殖。

④用社会生产力标准规范局部生产力。局部生产者（个人、企业、集体或地区），往往只注意节约内部劳动，提高内部生产力，任意向外部排污，损坏环境。从社会生产力系统来说，实是破坏了生产力的源泉，此其一。再从核算来说，所生产产品还应追加治理损害环境的劳动，所以外部劳动应该内部化，此其二。这局部生产力作为社会生产力不是提高了，实是下降了。因为单位产品所耗社会劳动量 = 内部劳动 + 外部劳动。当然，也有相反情况，即外部劳动负值。例如在荒漠中植树造林，社会应给以补贴。

⑤系统的结构比例成为国民经济根本比例关系。显然，根本比例在系统的源头（自然环境与人口，人口中脑力劳动者与体力劳动者），然后是它本身（劳动力与生产资料，再表现为生活资料与生产资料两大部类），再是它的结果（产品用于消费与积累）。而所有这些重要比例都是和人口分不开的。

（3）生态环境与人口。斯大林在《论辩证唯物主义与历史唯物主义》一文说，地理环境对社会发展"不是决定的影响，因为社会的变化和发展比地理环境的变化和发展快得不可比拟"。还说，人口的增长也"不可能是决定的影响。因为人口的增长本身并不能说明为什么某种社会制度恰恰被一定的新制度所代替"。斯大林的这些话虽不无道理，但在理论上不符合社会发展规律，在实践上又导致人们忽视人口、环境与经济发展的关系。不幸的是，毛泽东基本上接受他的观点，在环境问题上，《矛盾论》中重复斯大林的观点与说法；在人口问题上走得更远，说"中国人口众多是一件极大的好事。再增加多少倍人口也完全有办法，这办法就是生产"。

其实，就理论方面来说，既然社会生产力是社会发展决定的原因，那么，对社会生产力有着决定作用的，作为它的源泉的地理环境与人口，为什么对社会发展反而没有决定性的影响呢？就实践来讲，历史上楼兰古国曾是林草丰茂，由于人口增加，环境被毁，国家成为沙丘，人口也流失了，还有什么"社会发展"可言。再说"生产"，不注意增长方式，也使社会难以发展。新中国成立以后，人口迅猛增加，以滥用资源、牺牲环境来进行生产，问题重重。

人口与环境对社会发展如此重要，它们各自的特点及其相互关系又是怎样呢？20世纪80年代初，我努力学习生态学，逐步探索人口发展与环境关系。终而悟到环境之所以遭受破坏，主要是人口量大质低，因而认为社会能否持续发展，核心在于人口问题。

起初，受到生态学的启示，注意到人口的二重性。人作为自然人（人是动物），处于生物食物链金字塔顶部。食物链按十分之一递减规律，多样性的生物，在食与被食的天敌关系中，相生相克，维护其生态比例。一旦生物多样性比例破坏，环境就受损害。人作为社会的人，却可以消灭他的天敌，豺狼虎豹反而成为珍稀动物；人口就可以在无天敌下盲目发展，终而使环境不胜负载，也使生物金字塔崩溃。

接着，再用圆圈法将人工生态环境分为三个层次：①内圈（核心层）是生命赖以生存的环境（基础环境），它为生命提供所需物质（阳光、水、土、大气、有机化合物等）。②中圈为在基础环境中生存的生物群落（植物、动物、微生物以及内含的多样性基因组）。内外圈复合为生态环境。森林是生态环境的支柱。③外圈的外圈是人类社会。三个圈复合为人工生态环境。这三个层次的辩证关系是内圈决定外圈，外圈反作用于内圈。如果基础环境因子被毁，生命失去物质资源就不能生存，人也随之不能生存。反过来，人类在不了解生态规律而膨胀自己的时候，人口增长首先破坏生态环境的支柱（森林），进而破坏生物多样性，破坏基础环境各因子的物理运动。在工业化之后，又通过滥用资源，排放三废，化学性的污染环境因子等等。

总之，人类必须约束自己，人口数量不使环境超载，人口素质知识化要懂得如何保护环境。我认为现行的计划生育政策不够科学。中国人口过剩主要在农村，政策反而允许比城市多生一个，而且放任大量超生。又如少数民族之所以成为"少数"，是适应于所在地区生态的脆弱性，如果人口增多成为"多数"，环境将因超载而破坏，就害了他们。而现行政策却是让他们多生。政策应该科学化，应特别限制农村人口，包括少数民族人口应保持"少数"，同时大力在农村与少数民族地区办好教育，提高他们的素质，才是真正关心和爱护他们。

不仅人的出生，而且人的消亡，也应按生态规律处理。土葬使人的尸体化作春泥，作为植物养料，进行生态良性循环。火葬不仅消耗能源，且污染大气。改革不宜将土葬改为火葬，而应是将土葬方式（砍树为棺，占地为坟）改为新的方式（以硬纸盒代棺，深埋不占地，且在上面植树纪念）。

在环境问题上，除了认为人口是核心问题，还注意到森林是生态系统的支柱，提出林业是国民经济基础（农业）的基础。林业本身不应是砍伐森林业，而应是培育森林业。并因此指出，现行的农林牧副渔排序不合理，应改为林农牧渔副为序。这一观点，《中国林业报》曾广为宣传，并受到生态经济学界赞许。

（4）人口与科学。社会生产力的最终源泉在自然环境，社会生产力的发展要靠科学，核心问题则在于克服人口量大质低。人为万物之灵，灵就灵在智力的发展。智力发展的结晶是科学。通过教育传授科学知识是提高人口素质的根本途径。

现代科学形成一个知识体系。它一方面体现自然科学奔向社会科学，另一方面要求社会科学深入到自然科学，一般说来，自然科学的发展历史是由物理学开始的，由物理学到化学，再到生物学。当生物学研究到作为动物的自然人时，这自然人又蜕变为社会的人，于是自然科学展开到人文科学。人文科学指研究人类社会文明的科学，所以它可以被社会科学所涵盖。文明是从物质到精神，于是社会科学由研究物质文明的经济学开始，到政治学、法学，到研究意识形态的伦理学、文学，等等。粗略地看，两类学科的联节点在生产力经济学。因为，随着近代工业革命，自然科学在工艺上的应用转化为现实生产力。这样，"生产力中也包括科学"，并且"首先是科学的力量"（马克思）。也就是说，"科学技术是第一生产力"（邓小平）。这样，经济学在研究生产力时，就应深入到自然科学。但是，问题还不仅在于微观上科学在工艺上的应用，更在于宏观上保护社会生产力的源泉——环境与适度的人口。现在，经济科学工作者已经注意到克服自己的片面性。经济学研究的对象不能仅限于生产关系，不仅要深入到生产力，而且要追溯到开发与利用资源对环境的影响，这些影响又与人口有着什么关系。于是建立起环境经济学或生态经济学。这门新兴学科之所以特别重要，主要在于它探索和揭示人口、资源、环境与经济发展的内在联系；分析人类自身的数量与素质，从而在社会经济生活中提高对资源的使用效率，终而对生态环境产生生物、物理、化学的影响。

具体说来，在环境问题中，如何趋利避害，使人类有着美好的未来，这就需要科学知识。其中，揭示第一层次规律的是环境物理学和环境化学，揭示第二层次规律的是环境生物学或生态学，揭示第三层次规律的是环境社会科学。由此可知，正是物质世界中人工生态环境三个层次的客体结构，使反映这一客体的环境自然科学和环境社会科学复合在一起成为环境科学。

基于以上认识，20世纪90年代以来，研究方向不仅注意人口、资源、环境与生产力的协调发展，而且注意科学对此所起的作用，更加热爱教育工作。

附录3 部分学者对张薰华经济思想的述评

经世济民大情怀——张薰华教授经济思想评述[①]

严法善，王听，陈逸鉴

（复旦大学经济学院）

【摘要】张薰华教授在60余年教学与学术生涯中，不仅对《资本论》的教学和传播不遗余力，而且科学地运用《资本论》的基本理论和方法研究社会主义经济，对马克思主义经济学做出了卓有成效的探索与发展，取得了丰硕成果，为经济学界所称道。20世纪80年代他开始着重研究以社会生产力系统为中心的经济规律体系，并特别研究了人口经济、土地经济、科学技术经济和交通经济，在国内首次提出了"土地批租"的政策建议，并得到了政府采纳，影响深远至今。张薰华教授还特别注重对生产力和经济规律的研究和探索，对生产力、生产关系和上层建筑的关系以及经济学的基本规律进行了创新的阐述，把马克思主义经典理论与中国现实问题结合起来。在长期的研究和教学工作中，张老形成了两条独特的研究思路：一是从生产力研究出发、深入到人口、资源与环境的可持续发展问题；二是探索各种生产要素的产权、使用权和所有权如何通过利息、地租和利润等分配关系在市场上的实现途径问题。

【关键词】土地批租；经济规律；大农业；生产力；生态系统

张薰华教授一生致力于马克思主义经济学的基础理论研究和《资本论》的教学与研究工作，是我国著名经济学家。19岁时（1940年）进入复旦大学农艺系学习，后转入经济系。在当时轰轰烈烈的抗日救亡运动和争取社会主义光明的斗

---

① 本文载于《当代经济研究》，2012（12）：82－85＋4.

争中，深觉国无宁日，虽薄技随身亦复何用，遂转攻社会科学[1]。1945 年留校任教至今，曾担任复旦大学经济系主任近 20 年。

张老丰富的人生经历对其治学方向和学风的陶冶起到了至关重要的作用。在旧社会时对各阶层人物经济生活的关注、抗战时期的辗转、社会主义革命和学生运动中的政治锻炼以及新中国成立之后的行政、学术工作，形成了张老不惑于表象，不随波逐流的追求真理、坚持科学的人生观，尤其是在钻研基础理论时，努力探索事物的内在联系，更是体现出他的"贱尺璧而重寸阴"的人生态度。

在 60 余年的教学与学术生涯中，张薰华教授不仅对《资本论》的教学和传播不遗余力，而且科学地运用《资本论》的基本理论和方法研究社会主义经济，对马克思主义经济学做出了卓有成效的探索与发展，取得了丰硕成果，为经济学界所称道。

张薰华教授的马克思主义经济学理论功底深厚扎实、治学严谨。20 世纪 80 年代开始着重研究以社会生产力系统为中心的经济规律体系，并特别研究了人口经济、土地经济、科学技术经济和交通经济，在国内首次提出了"土地批租"的政策建议并得到了政府采纳，影响深远至今。20 世纪 90 年代，他开始重视环境经济规律和社会主义市场经济规律的研究。在长期的研究和教学工作中，张老形成了两条独特的研究思路：一是从生产力研究出发、深入到人口、资源与环境的可持续发展问题；二是探索各种生产要素的产权、使用权和所有权如何通过利息、地租和利润等分配关系在市场上的实现途径问题[2]。

一、"土地批租"社会主义经济中地租的必然性

张薰华教授在对经济问题研究中始终遵循着从上层建筑深入到经济基础，从经济基础问题到生产力，从生产力再深入到人口、资源、环境的整体思路。由于诸多资源如矿产、动植物等都是依托土地生产，那么土地问题也就可以归结为人口、资源和环境问题。"土地批租"的提出源于《资本论》中马克思的地租理论和以及当时英国殖民当局在香港实行的"批租"政策。

马克思的地租理论认为，土地本身是没有价值的，但是土地产品是有价值的。根据价值规律，商品的价值量由生产它的社会平均劳动时间决定，由此产生平均价值。土地资源的有限性也就决定了土地产品在市场上不能按照土地的平均价值出售，而按照业已开发的最差的土地产品的价值出售。最差的土地产品的劳动生产率低于社会平均生产率，因此最差土地产品的个别价值高于市场平均价值，由此形成了个别价值与平均价值的差额。在现实中，这个差额转化为地租，

由优等土地的所有者所得，属于社会转移的价值，因此地租应最终返还给国家。马克思地租理论的结论是土地应该实现国有化。

"土地批租"理论提出还源于当时港英殖民当局的土地政策实践"在英国，土地所有者把绝大部分用于建筑的土地不是作为自由地出卖，而是按 99 年的期限出租。或者在可能时，按较短的期限出租。这个期限已满，建筑物随同土地本身一起落入土地所有者手中。"[3] 在 1997 年以前，港英殖民当局本来采用英国的土地法，港英当局拥有香港土地的最终产权，土地的出卖只是出卖了土地在一定时期内的经营权，年限到期时土地和土地上的建筑设施交还当局，而当局可以通过这种"卖地"的方法获得很多财政收入。

在我国经济社会发展过程中，逐渐演化成国有土地的实际所有权（收益权）归地方政府所有，出现了土地归地方政府支配，地租收入归地方政府所得的局面。由于地方政策在取得土地的实际所有权和使用权后时，更多地考虑到地方利益而不是国家的整体利益，一定程度上造成了土地的滥用。因此，张老根据"土地批租"理论对上海土地的使用提出了建议，主要包括以下几点。

（1）上海是全国经济中心，每一块土地相对于全国来说都具有优越的位置。上海的土地经营应该取得超额利润，每块土地都应该收取地租。任何单位和个人占用土地都必须有偿使用，并根据地块的位置拉开地租的级差幅度。

（2）上海的全国经济中心地位与其优越的交通运输条件不可分割。上海必须要继续改善交通条件，如上海港的深水泊位收取高额地租，并且外迁与港口无关的单位，提高泊位地块的使用效率，获得地租的差额。上海的发展离不开空运，浦西地块昂贵，在浦东建造大型国际机场的效率更高，浦东机场的建成初期，其地租要小于已有的虹桥机场，但随着浦东的经济社会开发和机场营运水平的提高，地租也应日益上升。

（3）上海郊区土地适宜种蔬菜等经济作物，已经进行鱼虾养殖，而不应发展粮食农业，随着浦东机场交通的建立，郊区农民将富裕起来，这种富裕来源于郊区土地的优越位置所带来的级差超额利润。[4]

张薰华教授于 1984 年在《中国房地产》杂志上发表《论社会主义经济中地租的必然性》一文，阐述了上述中国"土地批租"制度的必然。1985 年张老在《调查和研究》第 5 期上发表了《论社会主义经济中地租的必然性——兼论上海土地使用问题》一文，该文在论述社会主义经济地租的必然性的基础上，阐述了有关上海土地使用的建议。随后，此文由中央下发到各省市领导机关，产生了深远的影响。1988 年 8 月 8 日，上海有偿出让虹桥开发区 26 号地块，这是新中国第一个批租国有土地使用权。

"土地批租"理论并没有停滞不前，而是在不断的发展和创新。20世纪末，张薰华教授总结多年来的"土地批租"实践活动，对该领域的新问题进行了进一步的探索。他在阐述"土地批租"的一般原理并进一步明确了土地国有的必要性和必然性之后指出，基于"中国法律上是土地所有权国有与集体所有并存，国有退化为地方所有"以及"土地使用权有偿与无偿并存，无偿退化为企事业单位所有"这两个方面问题，国有土地的收益应该像国有银行的收益一样，不应层层下放给地方。同样不应将土地无偿划拨给国有企事业单位，更不应让国有企事业单位自行出卖土地取得收益。否则，国有土地将蜕变为企事业单位所有。

我们看到，张老有关"土地批租"的政策建议，逐步地得到采纳，变为现实。譬如上海市政府迁出外滩，将外滩以高地租租给外资金融单位；建设浦东机场，改变郊区农民种植结构，推动农民致富等政策的不断出台并得以贯彻实施。

二、生产力与经济规律的探索

长期以来，张薰华教授对生产力和经济规律进行了潜心的研究和开创性的探索，对生产力、生产关系和上层建筑的关系以及经济学的基本规律进行了创新的阐述。

经济学研究的对象是生产方式，其目的是揭示对象的规律性，即经济规律，采用的方法则是唯物辩证法，即从生产方式的物质内容（生产力）出发，到其他社会形式即生产关系，并延伸到"形式的形式"即上层建筑。黑格尔曾经形象地说，科学是"圆圈的圆圈"。但是黑格尔并没有把这个"圆圈"画出来。马克思在《资本论》中指出："一定的生产方式以及它相适应的生产关系，简言之，社会的经济结构，是有法律和政治的上层建筑树立起来并有一定的社会意识形态与之相适应的现实基础"。[5]马克思也没有用圈层的方法对经济学进行阐释。而张老正是用了"圆圈的圆圈"的方法梳理了马克思主义政治经济学的体系。

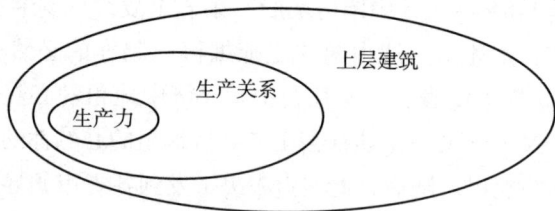

图1

圈中内圈是内容，外圈是形式，体现着内容决定形式，形式反作用于内容的辩证关系。20 世纪 90 年代以来，生产力的源泉，如资源、环境和人口问题突出，涉及整体的圈层能否持续发展；随着改革开放和经济的市场化改革，在生产关系中又突出社会主义如何与市场经济结合。张老将经济关系的三个圈层（见图 1）细分为六个圈层（见图 2），其中内部的四个圈层是社会生产方式所展开的经济结构，而外面的两个圈层是由内部四个圈层衍生出来的，内部是外部圈层赖以建立的基础。经济学的创新首先要尊重唯物论和客观规律，需要去探索内 5 个圈特别是内四个圈的物质运动规律，同时运用辩证法，探索内圈层的内在联系，揭示经济规律体系。对经济学研究方法的创新，是张老留给我们的宝贵财富。

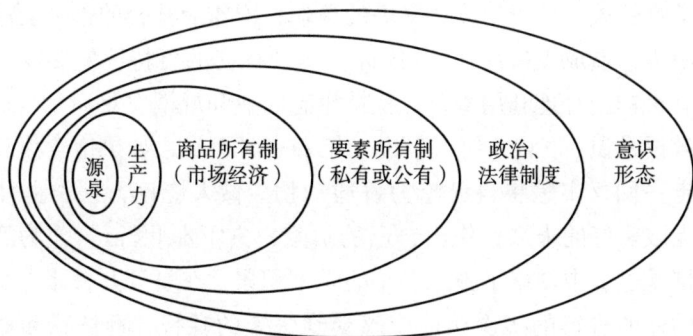

图 2

三、马克思主义经典理论与中国现实问题的结合

创新一直是学术研究的最根本的活力和生命力，张薰华教授除了对马克思主义政治经济学的研究方法创新并进行经济规律体系的梳理之外，还特别注重马克思主义经济学原理与中国现实问题的联系，寻求方法解决改革开放后中国面临的诸如人口、资源、环境、农业发展等根本性问题。

张薰华教授指出，人口、生态、环境是一个有机的统一体，而环境科学是人们系统认识环境的各种运动规律及其表现形式的科学。认识到经济学研究的对象不能仅限于生产关系，不仅要深入生产力，更要研究资源的开发利用对生产力的影响，以及资源的开发利用和人的关系，从而探索和揭示人口、资源、环境与经济发展的内在联系，分析人类自身的数量和素质，提高对资源的使用效率，减少浪费，通过最终对生态环境产生生物、物理、化学的影响，实现人与自然、资源的和谐，以及经济社会的可持续发展。[6]

环境经济的研究不仅体现着对生产力的研究，还要求从生产关系的角度对环境进行保护。根据我国的实际国情，要通过制定合理的国土规划体系，通过市场改革不合理的价格体系，从而改变资源价格偏低的现状，改变资源低价而造成的资源浪费，建立资源节约型的经济模式。

在张薰华教授有关人口、资源、环境的论述中，特别提出了森林是自然生态系统的支柱，保护和培育森林生态系统是人类环境保护的基础，而林业是国民经济基础（农业）的基础。[7] 在大农业的排序中，不应该是农林牧副渔，而应该是林农牧渔副。他从生态保护与可持续发展的角度对大农业的排序进行了创新，具有很强的前瞻性。他还提出了发展经济一定要对人口进行严格的控制，认为中国现阶段人口、资源、环境关系紧张的核心问题应归结于人口问题以及中国的小农经济。作为动物的人，处于生物金字塔的顶端；但作为社会的人，会战胜所有阻碍其生存的困难，造成人口爆炸。[8] 因此，实现社会的可持续发展需要以遏制人口增长为核心目标，合理利用资源，扶持生态农业和规模农业。

张薰华教授常说："对任何人来说，年寿有时而尽，如果饱食终日，无所用心，在人间走一回，实是将自己沦为普通动物。做人应该为人类群体智力的进化、为人类无限美好的未来，作出自己的贡献，方不虚此行。"作为经济学的后辈，笔者在撰稿过程中领略了张老多年的学术积累，在复旦九舍张老那间狭小却堆满了书籍的住所进行的多次访谈中感受到张老的睿智、责任感和对晚辈的关爱。"贱尺璧而重寸阴"，是张老的座右铭，也是他人生态度的真实写照。笔者深深感到，张老的人格魅力和他的学术贡献一样，让我们受益终生。

参考文献

[1] 张薰华. 孜孜不倦探索经济规律 [J]. 毛泽东邓小平理论研究，2011，(3).

[2] 朱国宏. 贱尺璧而重寸阴——为张薰华教授 90 华诞而作 [N]. 解放日报，2010-08-07.

[3] 张薰华. 论社会主义商品经济中地租的必然性 [J]. 调查和研究，1985，(5).

[4] 张薰华. 论社会主义商品经济中地租的必然性——兼论上海土地使用问题 [J]. 调查和研究，1985，(5).

[5] 马克思. 资本论：第 1 卷 [M]. 北京：人民出版社，1975：99.

[6] 张薰华. 孜孜不倦探索经济规律 [J]. 毛泽东邓小平理论研究，2011，(3).

[7] 张薰华. 林字当头与林农牧渔副为序 [J]. 林业经济, 1992, (1).

[8] 张薰华. 控制人口与可持续发展 [J]. 复旦学报, 1996, 增刊.

用辩证法指导经济规律探索
——张薰华教授的学术风格、学术成就与经济思想[①]

何干强, 冒佩华

(南京经济学院, 上海财经大学)

张薰华教授生于 1921 年 12 月 31 日, 江西省九江市人。1939 年就学于苏州工业学校土木科, 并参加中国共产党地下外围组织"上海市学生抗日救亡协会"。1940 年进复旦大学农艺系, 两年后转经济系, 在爱国学生运动中, 又参加了共产党外围组织"中国学生导报社"。1945 年毕业留校任教, 并于 1947 年加入中国共产党。新中国成立初期, 他参与了复旦大学的接管和学校领导层的行政工作。1952 年全国高校院系调整以后, 逐步转回教学岗位。1962～1984 年("文革"期间中断) 任经济系主任。多年担任复旦大学工会主席。现任中国《资本论》研究会顾问、上海市经济学会名誉会长、上海市土地学会顾问、上海市人民政府立法咨询委员会委员、复旦大学经济学系教授、博士生导师。多年来, 张薰华教授始终专注于教书育人和学术研究, 从不松懈。他勤奋工作, 以"贱尺璧而重寸阴"自律, 刻苦治学, 坚持"尊重科学而不做风派"。他 80 诞辰之时, 正好进入 21 世纪。老骥伏枥, 壮心不已, 他回顾几十年经济学教学与学术生涯, 憧憬着中国理论经济学的前景, 充满自信地说, 我"还将探索经济规律"(《经济规律的探索——张薰华选集》, 第 3 页, 复旦大学出版社 2000 年版)。

追求真理, 严于律己

如果用最简练的语言来概括张薰华教授的学者生活, 那就是追求真理, 严于律己。无论是面对学生的课堂教学, 还是独立思考的学术探讨, 或者是与同行的相处共事, 都可以让人感觉到他的这种精神风貌。

(1) 教书育人兢兢业业, 一丝不苟。张薰华教授在复旦大学先后承担统计

---

① 本文载于《高校理论战线》, 2002 (07): 26 - 31.

学、经济数学、政治经济学、《资本论》的教学工作，1953 年他编写的《统计学原理讲义》被高教部列为全国交流教材。多年来在讲授"《资本论》""《资本论》脉络"和"政治经济学研究"等课程的过程中，他将自己简报研究成果融入其中，以严谨的态度和清晰的思路受到学生的普遍欢迎。他对研究生一向要求严格，希望学生能够"重寸阴"，夯实经济学的理论基础，最反对虚度光阴和不学无术。他把"学风"与经济科学的研究对象、目的、方法、体系等列写入了研究生课程的"教学纲要"之中，把对研究生进行世界观、人生观和价值观的教育与经济学科学的教育自然地揉合在一起，提供了教书与育人融为一体的极好范例。由于一贯坚持这样的教学风格，他在 1989 年被评选为全国优秀教师，1999 年获得复旦大学研究生教学一等奖。从恢复研究生招生以来，他共培养了 33 名硕士和 24 名博士。如今 81 岁高龄的他依然担负着博士生的指导工作，斗志昂扬地坚持在教学科研第一线。

（2）学术研究严谨求实，尊重科学。张薰华教授长期致力于马克思主义理论经济学的研究、应用和发展。党的十一届三中全会之后，张薰华教授焕发出从未有过的"青春活力"，开始进入经济科学研究的"黄金时期"。凭借多年钻研《资本论》的厚实功底，一方面他发表了大量《资本论》原著研究的学术著作和论文；另一方面积极将《资本论》的理论和方法应用于研究中国现实问题和经济规律，取得了丰硕的成果，尤其在人口、资源、环境与可持续发展的关系、科学与生产力的关系、市场机制与生产力的关系、土地经济学等方面，联系社会主义市场经济的实践，提出了许多深刻的创见，受到理论界和中央地方经济管理部门的重视。在张薰华教授的论著中，有一个使用频率很高的词语，这就是"科学"。他崇尚以科学精神研究经济学。他说，"科学按其本性来说只承认事实和规律，它不崇拜任何偶像，它使人们厌弃迷信和愚昧，勇于探索、开拓和创新。"（同上书，30 页）"经济学只有在揭示经济规律时才成为科学，才能够发展。"（同上书，48 页）他十分拥护老一辈革命家陈云提倡的"不唯上，不唯书，只唯实"，坚决主张在学术研究中彻底贯彻解放思想、实事求是的思想路线。他指出，"不唯书容易，不唯上难办"（同上书，30 页），应当鄙视那种不问具体场合，把领导人每句话都当金口玉言的唯上学术袭风。他自觉地把这种科学精神贯彻到行动中去。正因为如此，在他的学术成果中，人们可以体会到一股凛然正气。

（3）学者风范，严于律己，追求高尚。张薰华教授在其教学、科研生涯中，始终贯彻科学精神与革命精神的统一，实践治学与做人的统一。他至今缅怀在新中国建立之前领导过他而光荣牺牲的地下共产党员。他对青年人说，在革命战争时期，真是"艰苦创业百战多"呵，那一代热血进步青年总是激情满怀，为追求真理、解放全中国，抛头颅、洒热血。我们现在的江山确实是用他们的鲜血和生命换来的，我们作为幸存者、后来人，如不能把社会主义建设好，也愧对英烈之魂哪！这一席话，揭示了张薰华教授治学与做人的精神动力。他严于律己的风范，不仅在复旦大学有口皆碑，也受到外地学者的由衷敬佩。平时，与他接触过的人，都感到他和蔼可亲、诚实待人；读过他论著的人都体会到他有一种坚持科学态度、锲而不舍探索真理的韧劲。这是因为，他既把自己看作学者，又把自己视为革命者和建设者，因而才能时时身体力行，表现出高尚的思想品格。

咬定青山廿载，研究《资本论》辩证法

追求真理，就是尊重客观规律，而探索客观经济规律，需要掌握科学的方法。张薰华教授长期深入研究并力求掌握《资本论》的唯物辩证法，为的是确立研究社会主义社会经济规律的正确指导思想。

（1）致力于把握《资本论》的精华。《资本论》这部百科全书式的社会科学巨著，是人类先进文化和科学思想的结晶。马克思创作《资本论》的目的，是揭示资本主义社会的经济运动规律。其基本思想，就是唯物史观，就是用唯物辩证法研究一定历史阶段社会的经济运动。谁能掌握《资本论》中的唯物辩证法，谁就真正学到了《资本论》的精华，从而把握了研究社会主义社会经济规律的科学思想武器。张薰华教授深谙此道。他1959～1961年去中央党校理论班进修，师从著名《资本论》研究专家王学文教授。这三年，为了深化对《资本论》的理解，他如饥似渴地钻研马克思主义的哲学著作，包括节假日的日日夜夜，他都用于学习与思考，这为他进一步研究《资本论》的辩证法打下了坚实的基础。1962年，他回到复旦大学，即把教学工作和研究、应用《资本论》方法结合在一起。在"文革"以前，他已编写出一套《〈资本论〉讲义》，力图顺乎原著逻辑，逐卷逐章逐节阐述要点。1977～1982年，在这部讲义的基础上，他又出版了《〈资本论〉提要》3卷。在80年代，中国理论界曾掀起研究《资本论》的热潮，陆续有《资本论》研究的著作问世，张薰华教授这套著作，是当时发行量大又颇具特色的同类著作之一。其特点是，遵循原著思路，提纲挈领，要点突出，言简意赅，深入浅出。尤其是每卷书都附有"难句试解"，将公认的原著中的难点问题一一列出，释疑解惑，受到当时正在学习《资本论》的高校师生和理论工作者的普遍好评，成为许多人必备的参考书之一。可以说，没有对《资本论》原著这样深入的理解，他日后就不可能写出那么多研究方法论和经济规律的论著。张薰华教授对《资本论》原著的研究，有一个显著的特点，这就是自觉反对本本主义。

他极其尊重马克思，又不把马克思当作神。在钻研原著的过程中，他发现马克思在计算中有一些笔误或讹错，于是在 1980 年第 3 期《中国社会科学》上，发表了《试校〈资本论〉中的某些计算问题》。这是中国理论界第一次有人敢于指出马克思在《资本论》这部光辉著作中也有常人会犯的错误。在 20 世纪 80 年代初始，这种解放思想，实事求是的理论研究成果，起到了加速驱散"左"的思想阴霾的积极作用。该论文发表后，学者、研究生纷纷撰写论文，或提出补充意见，或对他的有关校正提出商榷。两年之后，他进行了严肃认真的答辩，坚持正确意见，同时又虚心地对个别地方作了再校正。事实上，张薰华教授这篇论文的价值，远远超过了其内容本身。人们公认，这篇论文有理有据，"校正"真诚中肯，为中国理论界弘扬马克思主义严谨学风作出了表率。这篇论文体现的正是马克思本人一贯坚持的科学精神。也正是深刻领会马克思科学精神的人，才有勇气客观地对待像马克思这样的伟人。应当说，这篇论文是党的解放思想、实事求是思想路线在中国理论界结出的硕果，意义十分深远。

（2）深入研究并通俗地阐述《资本论》的方法。张薰华教授认真贯彻列宁关于充分地利用《资本论》的逻辑来解决当前问题的精神，把深入探索、宣传《资本论》体现的唯物辩证法，并用以指导认识、发现客观规律，当作自己毕生的任务。他不仅力求自己弄懂弄通，而且设法让人民群众理解《资本论》的方法，因为作为经济学家的他，深知一个基本道理，科学的方法论只有为群众所掌握，才能变为巨大的物质力量。但科学思想的通俗化又必须在深入理解的基础上才能办到。因此，深入浅出成为张薰华教授研究《资本论》方法的一大特色。还在《〈资本论〉提要》第 3 卷的"难句试解"中，他已经简明扼要地阐述了自己对《资本论》辩证法的理解，用资本的直接生产过程（里圆圈）、资本的流通过程（中间圆圈）、资本主义生产的总过程（外圆圈）三个圆圈扼要地概括《资本论》中的唯物辩证法，阐述马克思从《资本论》第一卷至第三卷，在叙述方法上是如何从资本主义经济制度的本质逐步接近其现象的。沿着这样的基本思路，张薰华教授于 1987 年发表了研究《资本论》方法的重要成果《〈资本论〉脉络》（复旦大学出版社）。他指出，应当从研究方法和叙述方法两个角度来领会《资本论》的方法。在研究方法上，马克思的研究方法是唯物的，"是从实际出发，由表及里从感性认识深入到理性认识"；而叙述方法要建立在用这样的研究方法得出的理性认识的前提下，这是马克思与黑格尔的根本区别，有了对客观规律的科学理性认识，才能辩证地展开叙述，也就是"由里及表从内在规律来阐述外在的表现"（同上书，19 页）。张薰华的《〈资本论〉脉络》就是按这样的深刻理解，用小圈外套大圈、圈圈拓展的形象方式，给人们展示了马克思应用在人类社会的唯物辩证法。人们以这部 18 万字的著作为向导，可以克服理解上的障碍，较快地进入《资本论》这座人类智慧的宫殿，沐浴科学思想的阳光，从而尽情地感受获取思想营养的快乐，加深对《资本论》巨著是客观地、历史地、辩证地反映资本主义社会经济运动规律的"一个艺术的整体"（《马克思恩格斯全集》第 31 卷，135 页，人民出版社 1972 年版）的理解。

（3）将研究《资本论》方法与认识发现经济规律体系结合起来。张薰华教授认为，对于经济学家来说，掌握唯物辩证法的目的在于全面地认识并积极地发现客观经济规律。对于局部的经济规律，应当从它与整个社会经济规律体系的联系中来把握，才不会犯形而上学的错误。为此，他力求弄清马克思是如何运用唯物辩证法揭示一定历史条件下的社会经济规律体系，规律体系究竟包含哪些子系统规律，各子系统规律之间以及各种经济规律之间究竟存在哪些内在联系。他认为，在商品经济中整个社会经济规律体系由社会生产力发展规律、生产力与生产关系相互作用的规律，价值规律三个子系统规律构成。社会生产力发展规律子系统是一切社会共有的首要的经济规律，它又包括环境经济规律、人口经济规律、科学技术经济规律、生产力自身结构变化规律、交通经济规律、剩余劳动规律、国民经济按比例发展规律和国民经济发展速度规律构成。生产力与生产关系相互作用的规律子系统由生产力决定生产关系的规律、生产关系反作用生产力的规律和生产力与生产关系、分配关系相互作用的规律构成。价值规律子系统则由生产过程价值规律、流通过程价值规律、分配过程价值规律和价值实现规律构成。应该说，张薰华教授对《资本论》的方法，是从体系上把握的，因而是多层面、多视角的。他为引导人们从方法论上把握《资本论》的精华，即应用于认识人类社会客观规律的唯物辩证法或历史辩证法，做出了重要的贡献。

运用"圈圈方法论"，研究社会主义市场经济

马克思主义不是教义，而是方法论，《资本论》本身就深刻地体现了唯物辩证法对经济研究的指导作用。张薰华教授深入钻研《资本论》的方法，是为了用它来指导社会主义经济实践。在 2002 年 4 月全国《资本论》研究会第十一次年会上，张薰华教授宣读了自己的新作《经济学创新与唯物辩证法》。这篇论文集中地反映了他长期以来形成的思想，即在新的历史条件下，创新经济学一定要同马克思主义的科学方法论紧密结合起来。

我们知道，政治经济学有广义和狭义之分。要发挥马克思主义经济学方法对社会主义市场经济建设的指导作用，必须从马克思研究资本主义经济所创立的狭

义政治经济学原理中，提炼出适用于各种社会的广义政治经济学原理，也就是从个别上升到一般，然后再用这种一般来指导社会主义市场经济（区别于资本主义经济的个别）的实践。在这个过程中，很重要的是要提炼出经济学研究的一般科学方法论，即广义政治经济学中的唯物史观方法论。张薰华教授在这方面做了开拓性的探索。他根据马克思在《政治经济学批判序言》中阐述的唯物史观的基本原理，确立了这样的认识：经济学研究的对象是生产方式，目的是揭示对象的规律性（经济规律）；方法则是唯物辩证法，即从生产方式的物质内容（生产力）出发，到其社会形式（生产关系），并延伸到这形式的形式（上层建筑）。于是，他结合《资本论》方法，提炼出广义的政治经济学的方法，并采取画圈圈这种形象的方式，通俗地表述出来，以便让更多的人理解和运用这种方法。理论界的同志们称张教授的方法为"圈圈方法论"。

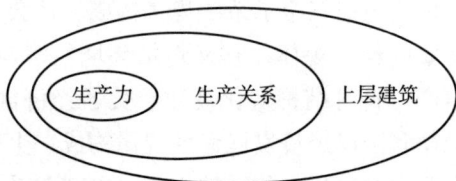

图1

张薰华教授的"圈圈方法论"贯穿着内容与形式的辩证关系这根红线。如图1所示，他把唯物史观关于生产力、生产关系和上层建筑三个层面的相互关系，画为三个圈。内圈是内容，外圈是形式，内圈（内容）决定外圈（形式），外圈又反作用于内圈；圈外有圈，层层扩展；由此简练而形象地描述了广义政治经济学最一般的方法论原理。

接着，从抽象到具体，又把上述三个圈扩展为6个圈。这6个圈清晰地展现出人类社会经济生活和与之有联系的最重要的6个层面。

如图2所示，张薰华教授把"源泉"，即由人口、资源和环境构成的生产力的源泉，作为最内层的圈，作为生产力的基础，也就是人类社会生存和发展的基础，这是十分值得重视的，也是他的"圈圈方法论"的显著特色。这个圈的"设置"，不是他主观的臆造。20世纪60年代以来，人类社会提出了可持续发展问题，越来越多的人开始意识到一个事实，发展生产力不能不注意人与自然之间的物质变换规律，不能不注意到人类生态环境的保护和改善、人口的合理控制以及资源利用的"代际平等"（后代人应与这一代人享有自然资源的权利平等），人

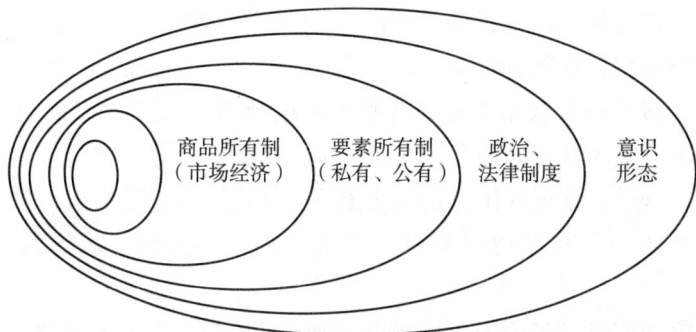

商品所有制
（市场经济）　　要素所有制
（私有、公有）　　政治、
法律制度　　意识
形态

图 2

类在这些方面都能自觉地遵循规律，才能真正持续地发展生产力，持续地文明进步。把人口、资源和环境的协调发展理解为发展生产力的基础，这是对生产力认识的十分重要的深化，也是对生产力、生产关系和上层建筑这三者相互关系认识的深化，从而是对唯物史观基本原理的深化。这种认识的正确性已经为 1997 年长江洪水、北方城市的沙尘暴所证实。应当说张薰华教授的"圈圈方法论"及时地反映了人类认识的最新成果。他从理论上把"源泉"肯定为生产力的基础、对生产力持续发展起决定性作用的"内容"，这丰富和发展了唯物史观，推动着人们从整个社会系统生存和发展的高度，来重视人口、资源和环境协调发展，这使"圈圈方法论"具有了时代感、现实感，也证实了他的"圈圈方法论"并不是主观地用"圈圈"设计、裁剪现实，而是从现实中抽象出"圈圈"。也就是说，"圈圈方法论"的基础是历史唯物论，它是为人类社会持续健康发展月及务的具有实践价位的方法论。

在 6 个圈中，里面的一、二两圈与其外的三、四两圈是内容与形式的关系，即生产力与生产关系之间的关系。它们之间是作用与反作用的关系。张薰华教授把表示生产关系的两圈分为商品所有制（市场经济）和要素所有制（私有或公有）两个圈。这两个圈清楚地描述了生产关系共性同生产关系个性的区别。他把人类社会共性的市场经济关系放在里圈，把个性的要素所有制关系放在外圈，意在阐明现存的有个性的所有制关系（资本主义所有制或社会主义所有制）都包含着市场经济关系的共性。他还指出："①产品作为商品交换只须属于不同所有者，而不一定要属于私有者；②作为经营者的商品所有者不必是该商品的生产资料所有者，因为经营权可以和所有权分离；③因此，在两权分离的条件下，商品属于不同所有者，生产资料却可以是同一所有者。"（《经济规律的探索——张薰华选集》，94 页）这些理由说明，虽然不同国有企业的生产资料者都归全民所有，但是它们生产的产品却可以分属企业所有。这样，在实践中就应当努力实现国有生产要素的有偿使用，在国有资本保值增值的前提下，通过政企分开，所有权同经营权的分离，将经营权放给企业，并将产品的所有权从而产品的定价权放给企业，就能使企业成为真正的商品生产者，实现社会主义公有制与市场经济的有机结合。显然，这是一条促使国有企业从传统计划经济中解脱出来，去主动地适应市场经济的主张，是与那种"消极退却论"根本不同的、积极的"体制创新论"。

在阐述第四圈时，张薰华教授指出，要素所有制关系中存在着一般与特殊。他认为，在市场经济条件下，任何人类社会都存在着的剩余劳动必定以剩余价值的形式表现出来，问题在于剩余价值归谁所有。在社会主义公有制经济中，剩余价值归公有制占有。而承认社会主义公有制经济的剩余价值，意味着在生产经营中要尊重价值规律和价值增值规律，要努力提高生产力，降低商品个别价值，提高市场竞争力。这就说明了社会主义公有制生产关系的建设与提高、发展生产力是紧密联系的。社会主义比资本主义更应利用市场价值规律与价值增值规律去清除封建羁绊，促进生产力的发展。

在图2中，第三、四两圈与第五、六两圈又是内容与形式的关系、作用与反作用的关系。第五圈由第三、四圈决定，即在一定生产力基础上建立的生产关系，决定了一定的政治法律制度，而后者的形成，又对前者起反作用。在后者的反作用中，张薰华教授指出，社会主义国家是代表占主导地位的社会主义生产关系人格化阶级的利益的，国家应当用"看得见的手"对里层的各层关系，直至"源泉"，进行合理调控。最外层的第六圈是意识形态，这是社会经济生活最外在的表现形态。因为一至五圈各层关系，都与人的活动有关，都要人格化，而人格化行为最终是受人的思想意识指导的。他特别指出，市场经济要求自由、民主，这是积极的一面，但是它又是滋生个人主义、拜物教观念的土壤，这又是消极的一面，应充分发挥社会主义公有制生产关系的决定性作用，发展最广大人民的自由、民主，同时，提倡集体主义，尽可能抑制拜物教观念和个人主义的消极影响。

可以说，张薰华教授的"圈圈方法论"，用通俗易懂的形象方式，为人们研究人类社会经济形态这座大厦，搭起了一个有利于攀登的"脚手架"。事实上他的每一圈，都有相应的较为明确的研究对象，这就为理论家们的科学研究拓展了巨大的空间。尽管理论界的学者们关于辩证法的"圈圈"有不同的理解，但是张薰华教授阐述的"圈圈方法论"却是自成体系，自圆其说，贯彻了唯物史观，有其应用价值。

在社会主义理论经济学需要积极创新的历史新时代，重视唯物辩证法的应用，十分重要而迫切。当前，有些青年学者似乎只对西方资产阶级经济学的方法有兴趣，应当说，西方经济学的某些分析方法也是需要借鉴的，但是，从总体上说，其方法论是体现唯心主义历史观的，是为维护资本主义经济制度服务的，因而是不科学的，也不能用于指导建设有中国特色社会主义经济的实践，切不可本末倒置，陷入误区。从这方面来看，张薰华教授强调创新经济学必须运用唯物辩证法，这很有针对性，对理论界正本清源，弘扬科学方法论，有重大警示意义。

深入研究生产力系统，解决可持续发展问题

研究张薰华教授的文稿，可以清晰地看到，他运用唯物辩证法探索经济规律，始终坚持理论联系实际的学风，注重解决经济建设中的重大问题。既然由人口、资源和环境构成的生产力的"源泉"是人类社会经济形态的核心圈，而这个核心圈在现有的经济学研究中又没有被提到应有的高度；那么，一旦认识到这一点，张薰华教授就把"源泉"当作自己的一大重点研究对象。从20世纪80年代以来，张薰华对"源泉"的研究围绕生产力系统的内容、土地、人口和环境等专题展开，在各个专题的研究中，均提出了精辟的见解。

（1）提出社会生产力结构体系的范式。张薰华教授总结中国经济建设的经验与教训，确立了这样的认识，即生产力和生产关系是辩证联系着的，经济学在研究生产关系（形式）的时候，不能抛弃生产力（内容），社会生产力发展的规律也是政治经济学应当研究的。为此，他深入地研究了生产力系统，形成了对社会生产力结构的独到见解。主要是：①社会生产力是一个由它的源泉（环境资源的能力、人力、科学力）、它本身（劳动力、劳动资料、劳动对象）和它的结果（单位劳动生产的产品量）构成的系统。②这个系统是运动着的，它包括物质的运输、信息的传递。这个系统是自我增值的。系统的结果在扣除成本以后所得的剩余产品，用于自己积累又使自己增值。③社会生产系统存在局部与整体的关系，局部生产的增长如果不顾整体要求，会对整体生产力系统起负作用，所以，要处理好两者的关系。④生产力系统的结构比例关系成为国民经济的根本比例关系。显然，这些根本的比例关系首先是源头的比例关系（自然环境与人口，脑、体劳动者的比例），然后是它本身（劳动力与生产资料，再表现为生活资料与生产资料两大部类），再后是它的结果（产品用于消费与积累）。而所有这些重要比例关系都是和人口分不开的。

（2）提出当代中国应建立土地批租制度。他指出，土地是自然环境要素，又

是经济资源宝库，本身也是重要的经济资源。基于这种深刻的认识，他在改革开放初期，便论证了社会主义经济存在地租的必然性，认为土地的有偿使用关系到土地的合理使用和土地的公有权问题，地租应该成为国家的财源之一。同时强调了对土地资源的保护。他的意见受到中共中央书记处研究室的重视，并得到了政策部门的采纳。这是他对中国土地批租制度的建立所做的突出贡献。

（3）提出林业是国民经济的基础（农业）的基础。张薰华教授强调生态系统的整体效益的重要性。他在所著《生产力与经济规律》（复旦大学出版社 1989年版）一书中明确指出，过去将农业（大农业）内部构成以及与之相联系的副业按重要的次序排列为：农、林、牧、副、渔，这种排列不够科学。他从生态农业这一高度出发，着眼于整个大农业，对农业生态系统进行深入研究，在学术界首次提出林、农、牧、渔、副这种新的排列次序的观点。这是因为，农业只有成为生态农业才有发展前途，而森林是生态系统的支柱，没有"林"，生态系统就会崩溃，也就没有农、牧、渔的发展。"农"关系人们吃饭，而"林"关系人类生存。尽管农业搞不好会饿死一些人，但是森林砍光了则会使整个人类难以生存下去。因此，"林"应放在首位。至于副业非大农业的正业，应放在末位。所以，比较科学的次序应当是：林、农、牧、渔、副。张薰华教授认为，过去提出农业是国民经济的基础，这是重要的，但是并未讲到位，科学地讲应该是"超过劳动者个人需要的农业劳动生产率，是一切社会的基础"（《马克思恩格斯全集》第25卷，第885页，人民出版社 1974年版），即超过必要劳动的劳动生产率，或者说能够提供剩余劳动的农业劳动生产率，才是国民经济的基础。而提高农业劳动生产率的基础又在于保护和优化森林培育业。由此他得出结论：能够提供剩余劳动的农业劳动生产率是一切社会的基础；这种生产率又以发达的森林培育业为基础。简单地讲就是，林业是国民经济的基础。这一重要见解对于提高人们保护生态环境的自觉性具有重大意义。他还认为，小农经济阻碍生产力的发展，又是封建经济的基础，还是繁衍人口的诱因。应该实行规模经营，来发展生态农业的生产力，中国才有前途。

（4）强调生态环境与人口对社会发展的决定性影响。张薰华教授旗帜鲜明地批评了一种传统观点，即认为地理环境和人口增长对社会发展不起决定作用。他诘问："既然社会生产力是社会发展决定的原因，那么，对社会生产力有决定作用的，作为它的源泉的地理环境与人口，为什么对社会发展反而没有决定性的影响呢？就实践来讲，历史上楼兰古国曾是林草丰茂，由于人口增长，环境被毁，国家成为沙丘，人口也流失了，还有什么'社会发展'可言。"（《经济规律的探索——张薰华选集》，12～13页）因此，张薰华教授从唯物史观的高度强调保护生态环境和控制人口的极端重要性。他从中国的实际出发，把经济学与生态学结合起来研究，进一步悟出一个道理，生态环境被破坏的根本原因在于人口数量大，素质低；结论是，社会可持续发展的核心在于控制人口数量、提高人口质量。他指出，在人口与环境的关系上，人口具有二重性。人作为自然人（高级动物），处于生物食物链金字塔顶部。多样性的生物在食与被食的天敌关系中，相生相克，维护其生态比例，一旦这种生物多样性的比例被破坏，生态环境就受损害。而人作为社会的人，却可以消灭其任何天敌。如果作为社会的人因其无敌于天下而盲目地发展，任意破坏生物的多样性，破坏生态环境，那么，终将使环境不胜负载，使生物金字塔崩溃，也使作为自然人的人无法生存，社会的人也就难以存在。为此，张薰华教授指出，人的出生和人的死亡两者的处理方式都应该尊重生态规律。